Dieta para Mudar sua Vida

O livro da culinária natural

Dados Internacionais de Catalogação na Publicação (CIP)
(Câmara Brasileira do Livro, SP, Brasil)

CIP-BRASIL. CATALOGAÇÃO NA PUBLICAÇÃO
SINDICATO NACIONAL DOS EDITORES DE LIVROS, RJ

S539d
6. ed.

Shalders, Margot
Dieta para mudar sua vida : o livro da culinária natural / Margot Shalders. - 6. ed.
- São Paulo : Ícone, 2021.
392 p. ; 23 cm.

Inclui índice
ISBN 9786586179095

1. Culinária (Alimentos naturais). 2. Alimentos naturais. I. Título.

21-72162 CDD: 641.5637
CDU: 641.561

Camila Donis Hartmann - Bibliotecária - CRB-7/6472

21/07/2021 21/07/2021

Índices para catálogo sistemático:

Margot Shalders

Dieta para Mudar sua Vida

O livro da culinária natural

6ª Edição

Ícone editora

Capa e diagramação
Patricia Gomiero

Revisão

Tânia Lins

ÍCONE EDITORA
Rua Javaés, 589 – Bom Retiro
CEP: 01130-010 – São Paulo/SP
Fone/Fax: (11) 3392-7771
www.iconeeditora.com.br
iconevendas@iconeeditora.com.br

NAMASTÊ!

Sou Margot Shalders, yogue, formo instrutores e ensino Yoga. Sou astróloga, e Joe foi o meu professor! Sou formada em Educação Física, mas, antes de me formar, já havia escrito este livro, já ensinava Yoga e era astróloga. Sou *chef* de Culinária Vegetariana Natural prática, pois não tenho formação em gastronomia. Sou acupunturista e terapeuta holística.

Desde criança, cuido de minha comida, tenho problema com carnes e penso no apocalipse. Na adolescência, eu pensava que o mundo iria acabar no ano 2000 e ficava triste, pois estaria muito jovem para morrer. Escrevi este livro em 1979 e, em seguida, saí do país para peregrinar nos Andes em busca dos mestres da nova Era – quando o Himalaia foi fechado para o mundo, o local de peregrinação passou a ser nos Andes, no Lago Titicaca. No Peru, as coisas mudaram, não encontramos a Abadia, mas fomos encaminhados a Cusco e montamos um novo Instituto, OPUS (tínhamos um em Brasília e o deixamos aos cuidados de amigos) e um "Comedor Vegetariano Naturista Shamballah". Durante dois anos, descobrimos a culinária local, a quinoa, os "rocotos", as ervas frescas e muito mais. Criamos pratos naturistas crus incríveis e outros cozidos, iogurtes e muita coisa boa durante o tempo que estivemos por lá.

A primeira publicação deste livro foi em 1982/1983, pela Editora TAO, de Brasília, do meu amigo Wanderley Lopes em parceria com a Parma, do querido Luiz Fanelli, de São Paulo. Depois do Peru, fui para vários países europeus e escandinavos e me estabeleci em Londres. Meus editores prepararam outras edições; a TAO acabou; ao final dos anos 1980, fui convidada por Luiz Fanelli a atualizar e preparar a 5ª edição, com nova capa pela Ícone Editora. Em 2020, no início do ano, Luiz Fanelli me surpreendeu com o convite para mais uma edição do *Dieta Para Mudar Sua Vida*. Que bênção! Como sempre, o bom editor teve uma brilhante intuição, e foi antes da pandemia! Tive tempo para digitar, pois o livro antes foi todo datilografado e editado em fotolitos. Rever tudo o que eu havia dito há tanto tempo me trouxe muitas memórias e uma grande oportunidade de ampliar horizontes e atualizar a vida. Como poderia ser melhor???

Nos anos 1960, eu já fazia Yoga. Comecei estudando e praticando o que lia e via em fotos. Logo tive um professor, o Mario Belo, que me ensinou muito e a quem sou eternamente grata. O Yoga me ajudou a dormir, acalmar e gostar mais de mim e da vida. Não me achava muito boa, nem bonita, e meus familiares me chamavam de "Chatonilda"! Enfim, minha sorte era ser sagitariana, otimista e autossuficiente demais. Com isso, eu "segurava a onda", buscando a felicidade a todo o custo.

Fui nadadora, esportista de certo destaque em Santos e, volta e meia, aparecia no jornal. Era muito disciplinada com treinos, alimentação e hábitos. Além disso, uma escoliose e um cisto tireoglosso nortearam o meu destino em busca de melhores condições de saúde. Hoje, sou muito grata! Aprendi cedo com os Mestres da Grande Fraternidade Branca que quando nascemos com algum mal é uma proteção, que nos vai direcionar pelos caminhos que precisamos trilhar. Como poderia ser melhor? Gratidão à vida!

Tenho Lua em Capricórnio e Saturno no meio do céu. O tempo me influencia e as muitas fases da minha história me inspiraram sempre a um caminho holístico com base no todo e nas ciências ancestrais que desde cedo foram minha escolha corajosa, destemida e irreverente. Em Londres, dei aulas de culinária vegetariana e de aeróbica numa escola do governo local de Brent que, paralelamente ao ensino de jovens e crianças, tinha o ensino de diversas ciências para os adultos. Um dos motivos que me trouxeram de volta para o Brasil foram a 5ª edição do *Dieta Para Mudar Sua Vida!*

Voltamos para Brasília em 1989. Nos anos 1990, reabri o OPUS, que mantive por mais alguns anos. Logo fiquei viúva, tornei-me avó, tentei me casar de novo, acabou, e muitas águas passaram... Me formei na UnB em Educação Física e como Acupunturista na Escola Yang de Brasília.

Fui professora substituta, por dois anos, na Faculdade de Educação Física da UnB. Criei o Espaço Ta Yu, a chácara Vale do Budha, escrevi na Tribuna do Brasil, ensinei Yoga no Colégio Marista João Paulo II, ensinei culinária vegetariana e natural na Kaza Chique, tive programas virtuais, Alto Astral e Ecos do Conhecimento, na primeira TV *on-line* brasileira, o Painel Brasil, tive o programa Gosto de Viver e o projeto Vida Melhor...

Mas tive contratempos e, graças a eles, tive tempo para rever decisões e posicionamentos vitais. A descoberta de um vírus encubado, o VHC, hepatite C, que nem sei exatamente como entrou no meu corpo, mudou muito meus rumos também. Sendo muito saudável e com anos de alimentação regrada, tenho um fígado excelente, que estava intacto, e deu a mim e aos médicos que me acompanharam bastante tranquilidade. Prossegui comendo bem, mas inseri carnes de fácil transformação em proteína no corpo. Continuei com atividades físicas, mas ganhei alguns quilos. Carne de vaca foi impossível, mas pior eram as carnes vegetarianas, que, normalmente, produzem muitos gases e nem com mastigação cuidadosa e longa adiantava. Mas fiz tratamentos espirituais, fiz tratamento com a M. A. O. Bianca com hormônios, tive um médico gastroenterologista maravilhoso que me apoiou muito, Dr. José Eduardo Trevizoli, e fiz acupuntura com o Dr. Alberto Guerra. Do momento que descobri o problema até iniciar o tratamento drástico já me sentia melhor, pois sentia que havia algo estranho, mas não sabia o que era, e entender que realmente havia um corpo estranho no meu sangue foi o primeiro passo da cura. No primeiro exame de sangue, após o tratamento convencional, já não apresentava quantidade relevante do vírus e só não parei o tratamento porque queria eliminar totalmente o vírus e não ter risco de passar novamente por esse trauma. Fiz esse tratamento de quimioterapia caseira por 6 meses. Contudo, preciso reafirmar que os tratamentos paralelos foram de um peso incrível e fenomenal.

Hoje, muitos anos se passaram, e moro com minha neta, Vitória Shalders, que é minha parceira e sócia. Damos aulas de Yoga e criamos o Sankalpa, que é uma nova escola e um projeto. Vitória tem 24 tatuagens, é modelo alternativo e, com 22 anos, está no oitavo semestre de Psicologia. Temos planos de juntar as ciências e trabalhar com autoconhecimento, expansão da consciência, saúde e prazer. Estou me reinventando com essas aulas *on-line* que a pandemia nos levou a implementar. E esta nova edição deve trazer aos leitores liberdade e desapego de hábitos alimentares restritivos, prejudiciais ou fanáticos.

Tudo que devemos ao Universo é realizar o que somente nós podemos realizar. Então, que a comida seja a ajuda para a realização mais alegre e leve que podemos ter. Que não seja uma obrigação, uma restrição ou repressão insana. Que a comida seja melhor, mais deliciosa e saudável para nosso corpo! Haja lucidez e flexibilidade sempre. Comer e amar devem ser partes do cotidiano. Na dúvida, pergunte ao seu corpo se aquilo é o que ele deve ingerir. Coma com prazer e mastigue bem seus alimentos.

Namaskar!

Margot Shalders

AGRADECIMENTOS

Álvaro e Odete, pai e mãe queridos, alicerces de trabalho e doação de si.

Joe, marido e melhor amigo, chave que abriu meu coração.

Sharda, deusa que embelezou e iluminou minha vida, e Veralúcia, amiga, irmã de muitas jornadas.

Vitória, novo horizonte, novos pontos de vista, libertação de preceitos e preconceitos, nascimento do real feminino e dos prazeres de existir.

* * *

Assim como realizo com este livro um ideal de muitos anos, é meu desejo que os que façam uso dele realizem seu ideal de viver naturalmente, curando-se e purificando-se de forma fácil, consciente e imediata, sem as dificuldades de materiais, compartilhando conhecimentos que experimentei anos atrás. Trago aqui experiências e estudos que me proporcionaram muita felicidade e autoencontro.

Aproveitem a chave que abre esta porta e entrem. Garanto que só o bem atingirão, pois nesta fenda está refletida uma criação do EU Sou, que bate no meu peito. Eu Sou Uma Ponte De Luz Vivente!

Margot Shalders

SUMÁRIO

APRESENTAÇÃO 15

MEDITE A RESPEITO 23

O Processo da transformação consciente 23

PRIMEIRAS MUDANÇAS PRÁTICAS 27

Cereais integrais 27

Arroz integral 28

Açúcar 30

Açúcares provenientes da cana-de-açúcar 30

Açúcar de coco 31

As carnes animais 32

MUDANÇAS SECUNDÁRIAS 35

Leite de vaca 35

Laticínios 36

Ovo de galinha 36

Químicas e conservantes 37

HÁBITOS DESNECESSÁRIOS 39

Trio perigoso ... 39
Bebidas alcoólicas ... 40
Drogas e alucinógenos ... 40

PERCEPÇÕES SUTIS ... 43
O ato de comer ... 43
O espírito do cozinheiro ... 44

DIETAS ... 47
Dietas purificadoras ... 47
Dietas de Acordo com as estações ... 51
Alimentos crus ... 52
Alimentos mortos ... 53
Combinações perigosas ... 54
Boas combinações ... 55
Variação diária ... 55
Corte de legume ... 57
Cascas ... 58
Ervas e suas utilidades gerais ... 59
Minerais ... 82
Cereais ... 103
Sementes ... 146
Frutas oleaginosas ... 148
Frutas ... 163
Sucos medicinais ... 196
Sucos para anemia ... 199
Tônico nervoso ... 200
Hepático ... 200
Para laringe ... 200
Para fortalecimento do organismo durante a gravidez ... 200
Combate à insônia ... 201
Varizes ... 201

Calmantes naturais 201
Estimulantes naturais 201
Bebidas nutritivas 204
Chás 207
Utensílios necessários a uma cozinha de naturistas 212

RECEITAS 215
Coquetéis e bebidas especiais 215
Xaropes 222
Batidas 224
Saladas 226
Molhos e condimentos especiais 236
Pratos especiais 243
Tortas 266
Sopas 268
Queijo e manteigas 277
Recheios 281
Pastas e patês 283
Massas 288
Sobremesas 298
Merendas – bolos e biscoitos 309
Pães 320
Bolos 334

ESTÁGIOS DA VIDA QUE MERECEM ATENÇÃO 349

Gestação 349
Yoga 349
Velhice 352
O primeiro ano de vida 352
Complementos de uma boa dieta 353
Apelos, meditações e mantras 354
Bênção do alimento 354

Gratidão 355
Lei do perdão 355
Mantras yogues 357
Ho'oponopono 358
Oração ho'oponopono 358
Ho'oponopono – oração resumida 360
Barra de *access* 361
Yoga 361
Dança ou ballet 365
Ginástica/ "work out"/ "fitness" 366
Cuidados naturais com a aparência 368
Máscara facial natural simples 369
Esoterismo 369

NOTA FINAL DA 6ª EDIÇÃO 371

FRAGMENTOS DE CONHECIMENTO 373

APRESENTAÇÃO

(em memória de Joe Shalders)

Há quarenta anos (1981), no Restaurante macrobiótico do Instituto Shin Sekae, em Santos, uma jovem entrou na recepção e pediu um pastel recheado de bacalhau. Minha resposta, então, por detrás do balcão, como administrador ajudante de Teruko (D. Rosa), foi uma pergunta: você ainda come carne? Sua surpresa foi tão grande ao constatar que peixe também era carne que a primeira reação foi realmente largar o pastel e, a partir daí, nunca mais comeu carne de qualquer espécie animal. Assim conheci Margot, minha companheira, amiga, esposa e complemento divino. Depois desse início de conversação, não conseguimos mais parar de falar e, exatamente nesse dia em que nos reencontramos neste belo planeta Terra, nos foi revelado que seríamos complemento um do outro! E, logo que o percebi, tratei de elevá-la à altura que eu pensava que minha companheira deveria estar. E o resultado não poderia ser melhor, pois aí está minha querida e amada Margot para todos nossos irmãos terrestres verem. A companheira, amiga, irmã e complemento que sempre desejei: dinâmica, realizadora, estudiosa, disciplinada, incansável na arte de aperfeiçoar-se, e, o que é mais importante, buscando a ascensão!

Nossa união começou por identidades de objetivos espirituais e, assim, progrediu sempre; e agora é chegado o momento das concretizações de tantos estudos e tantas experiências passadas juntos, e, o que posso sugerir a você, amado irmão, que está lendo este livro, é seguir bem os conselhos de Margot, pois com segurança você estará dando passos largos para sua libertação da roda kármica e, consequentemente, tendo possibilidade de realizar a ascensão, meta final de todo o ser humano. Estamos entrando na Era de Aquário, a Nova Idade de Ouro da Humanidade, e os "escolhidos" já devem ter se manifestado, pois o prazo para a "preparação" já, pode-se dizer, não há mais. A escolha deve ser imediata, pois o tempo que nos resta é ínfimo. Na Terra, povoando a Era de Aquário, ficarão apenas aqueles que souberem fazer de seu corpo físico uma manifestação crística, acelerando as velocidades de cada elétron desse corpo até alcançarem a velocidade da Luz, quando, então, O Cristo, A Presença EU SOU em nosso coração poderá se manifestar plenamente, proporcionando a nós a realização da Igualdade da Santíssima Trindade.

Porém, não há possibilidade de acelerarmos as velocidades de nossos elétrons se nos mantivermos comendo alimento morto, ou seja, alimentos cozidos pelo "fogo da morte"[(1)]. É claro que não podemos passar de uma alimentação carnívora e cozida para uma alimentação frugívora e crudívora, como recomenda nosso querido Mestre Jesus. Havemos de passar primeiro por uma série de etapas que, como sugestão, poderia ser mais ou menos assim: macrobiótica, vegetarianismo de alimentos cozidos, naturalismo (maior percentagem de alimentos crus do que cozidos), crugivismo e frugivismo.

O grande problema que enfrentamos agora é a premência de tempo em que estamos, pois seria maravilhoso se pudéssemos fazer essa transformação paulatinamente. Mas os tambores da Terceira Guerra Mundial já estão soando, anunciando o início do fim desta nossa civilização, e se você procura a ascensão como nós, seja RÁPIDO! Tenha pressa de chegar aos céus, como George Oshwa em seu livro Macrobiótica Zen. Largue agora mesmo a carne e faça um regime vegetariano, sem produtos animais, para "em seguida (uns três ou quatro meses depois)" passar a uma porcentagem de 50% de alimentos crus e cozidos. Mais uns quatro meses e passe ao alimento cru somente, para depois passar às frutas somente. Posso lhes dizer por experiência própria de quem já passou por todos estágios, desde a macrobiótica, que não há alimento mais saboroso, energético, saudável e alimentício do que as frutas. Mas é claro que se você passa de uma dieta "normal", cheia de carnes e alimentos mortos para uma dieta de frutas, sem o período de adaptação, a "besta" vai reclamar e com razão! Por menor que seja, tem-se que passar por uma fase de adaptação, pois inúmeros são os casos de pessoas sãs que adoeceram por entrar num regime de crus sem passar por uma adaptação. Cientificamente, podemos explicar o processo da purificação da seguinte maneira: nosso sangue, portador do karma e de todas as substâncias energéticas para nosso corpo físico, percorre esse imenso microuniverso que carregamos conosco (nosso corpo) transportando todas as substâncias que passam pelo metabolismo, ou seja, tudo que respiramos e ingerimos. Conforme nossa predisposição kármica, ou, para ser mais científico, predisposição genética, certas partes de nosso corpo estarão propensas a contrair alguma enfermidade, se o sangue que por aí passar não for puro, pois, de acordo com nossos atos passados, tivemos uma conformidade físico-genética quiçá defeituosa. Seja uma deficiência hepática, cardíaca, intestinal, estomacal ou qualquer outra. E, para identificar isso, aí está a Astrologia, a Mãe de todas as ciências.

Seria necessário, então, que o sangue passasse sempre puro por esses locais para que, além de não proporcionar condições de enfermidades, pudesse ir "consertando" o dito órgão. E como seria a condição ideal do sangue para que isso ocorresse? Deveria ser um sangue tão puro que não produzisse mucosidade alguma por onde passasse, ou seja, alcalino. E o que acontece na maioria dos casos? Todos os alimentos que se ingere nesta decadente civilização da Era de Peixes são produtores de mucosidade, que vem "sujar" o sangue e produzir enfermidades. Somente os alimentos crus e, especialmente as frutas, são em grande proporção alcalinizantes do sangue, ou seja, não produzem mucosidade, mesmo sendo ácidas as frutas, porque vão equilibrar a taxa dos ácidos e álcalis em nosso corpo.

Existe uma experiência do professor Arnaldo Ehret, um cientista alemão, que ilustra bem os efeitos dos alimentos em nosso corpo e quiçá venha mostrar à luz da ciência uma explicação de muitos "milagres" de nosso bem-amado Mestre Jesus em Sua gloriosa encarnação de Cristo. Diga-se de passagem que este professor é frugívero há mais de trinta anos e respeitadíssimo na Europa. Segundo ele, passou por volta de dois anos comendo somente frutas e alguns vegetais, tudo cru. Fez, então, em seu braço, uma incisão profunda com uma faca, a título de experiência. O resultado foi surpreendente: não sangrou, pois o sangue logo se coagulou e o processo de cicatrização imediatamente se iniciou. Em três dias, a casquinha caiu, demonstrando a total recuperação e cura. Em seguida, depois de um outro tempo comendo agora somente frutas e vegetais crus, mas, também, cereais integrais e legumes cozidos, cortou-se com uma faca da mesma maneira. Dessa vez, sangrou mais, e a cicatrização custou umas duas semanas, até que a casca caísse de vez, constatando a cura. Ele realizou mais uma experiência. Dessa vez, comendo carne e produtos animais, além dos alimentos cozidos que "normalmente" se come. O resultado foi mais surpreendente ainda: sangrou como uma hemorragia, criou pus e a ferida não cicatrizava. Durante três semanas o pus se mantinha e foram precisos dois dias de jejum para que ele cessasse e pudesse ser iniciado o processo da cura.

Este mesmo professor, Arnaldo Ehret, em seu livro, *Jejum Racional*, defende e argumenta muito bem sua teoria da "mucosidade" como causadora das enfermidades no corpo humano. A título de curiosidade, seguem alguns alimentos produtores de mucosidade no organismo: carnes, cereais (integrais ou não e seus derivados) leguminosas (excetuando-se a soja), tubérculos (batatas, mandioca, cará, inhame), e todos os alimentos ricos em amido, o qual é, fundamentalmente, o causador de toda mucosidade. Claro que os cereais integrais produzem menos mucosidade do que os refinados, que na maioria dos casos contêm apenas amido e outros ingredientes químicos, como talco, parafina etc. E claro está que todo alimento químico só produz mucosidade. Em contrapartida, eis alguns dos melhores alimentos para combater a mucosidade, baseado nas tabelas de Ragner Berg, famosíssimo naturista suíço:

> Pão negro com mel, de "westfalia" (único cereal que reduz a acidez), rábano preto (com casca); escarola, alface, espinafre, dente-de-leão, ervilhas frescas e soja orgânica (seus derivados), as frutas em geral (especialmente figo, passas de uva, azeitonas) açúcar mascavo, chás e mates e, naturalmente, água pura. Sei que para o verdadeiro buscador da verdade, a vontade imediata é passar a comer frutas somente, mas tem-se que mudar com cuidado para não sofrer demasiadas consequências, pois a mudança para uma alimentação sem mucosidade, de imediato, pode produzir uma limpeza muito drástica no organismo e o mal-estar proveniente pode ser muito desagradável, quiçá com agravamento de alguma enfermidade, porque, ao se limpar as mucosidades do organismo, estas vão para o sangue para serem expelidas pelos rins, resultando que passam por todo o corpo, pelas veias e artérias, produzindo, pois, as mais variadas reações, de acordo com a predisposição kármica ou genética de cada um. Podem haver casos até de morte, quando as toxinas são tantas que o corpo não tem tempo de as

expelir e não resiste. Claro está que as pessoas mais idosas têm que realizar essa mudança com equilíbrio e parcimônia...

Da mesma forma, o jejum deve ser usado com parcimônia, por qualquer um, pois, mais do que com as frutas, as mucosidades são expelidas com uma rapidez tal que o jejum pode ser fatal, principalmente se por tempo muito prolongado. Por outro lado, se faz uma preparação para se jejuar através de uma dieta pobre em mucosidade, durante alguns dias, o resultado pode ser excelente. Deve-se iniciar a preparação através do jejum matinal, ou seja, suprime-se o café da manhã ou o desjejum. Muitos casos de cura se processaram com esse simples jejum pela manhã. E, diga-se de passagem, os essênios o fazem diariamente como uma disciplina sagrada. Normalmente comem duas vezes ao dia e somente alimentos crus. Seguindo o caminho do jejum mais prolongado, depois de se ter como hábito o jejum matinal, passa-se ao jejum de 24 horas, quando se come num dia somente às 15 horas e num prazo não superior a 1 (uma) hora e volta-se a comer apenas nas 15 horas do dia seguinte. Os resultados poderão ser satisfatoriamente crescentes se se vai aumentando os dias de jejum metodicamente e alternando com dias de alimentos frugíveros somente. Por exemplo, depois de um jejum de 24 horas, come-se normalmente durante três dias. Depois, três dias de jejum e três dias de frutas, quatro dias de jejum e quatro dias de frutas, aumentando até dez dias de jejum, sempre alternando a partir do quarto dia com iguais dias de comida sem mucosidade. E nos dias de jejum deverão ser ingeridos sucos naturais de laranja, limão ou maçã, de preferência um só durante todo o jejum. Não se deve realizar jejuns secos ou somente com água para que as paredes do estômago não se contraiam até um ponto perigoso, quando a ingestão de um novo alimento poderá ser perniciosa e até fatal. A saída do jejum deve ser bastante cuidadosa, assim como foi a entrada. Frutas de fácil digestão (maçãs, de preferência) e durante muito mais tempo. A partir de um jejum desses, comer um alimento que não seja fruta é, como dizem os povos de língua espanhola, "tonteria"! O corpo agora está num ponto alto de purificação e pronto para jejuns mais prolongados, cuja meta poderia ser 40 dias, período que todos os mestres ascencionados jejuaram!

Mas, é com o intuito de transição que a Margot colocou, aqui, explicações detalhadas de alimentos, até certo ponto (o da ascensão) realmente nocivos, porém razoáveis sob o ponto de vista transitório. Assim, deve-se evitar todos os alimentos de origem animal já num processo de purificação total, pois, sendo os animais pertencentes a uma onda de vida inferior à nossa, seus elétrons, mesmo vivos, não chegam nunca a alcançar a velocidade dos elétrons do mais atrasado dos homens! E o que pensar deles mortos! Na realidade, as vibrações do seu corpo astral não se desprendem dele até que o defunto corpo físico seja completamente desfeito, e essa vibração astral animal é também ingerida e assimilada em forma de qualidades animalescas. Assim, como aprendemos no primeiro grau (antigos primário e ginásio) que os canibais comiam somente os inimigos mais valorosos para adquirirem suas qualidades, porque conheciam esta Lei Universal, assim está o homem "civilizado" animalizando-se quando come carne. Ao comer carne de vaca está "avacalhando-se", carne de porco "aporcalhando-se", carne de galinha "agalinhando-se" etc. E por isso é incapaz de resolver os problemas da humanidade, pois não se porta como ser humano, mas como os animais que está ingerindo: irracionalmente!

Os grandes dirigentes do mundo já sabem do planeta que está vindo em rota de colisão com a Terra, assim como os cientistas e religiosos, mas nada fazem para tentar mudar o curso da História. Seguem lutando por seus falsos interesses e seus tronos de vidro. Os impulsos animalescos prevalecem em cada coração, e o perdão, o amor universal e a fraternidade são esquecidos. E por isso os "escolhidos" são poucos, pois poucos se escolhem, mudando o processo de vida que foram ensinados a levar e que somente leva à autodestruição.

O ideal, repetindo, então, seria a ausência dos alimentos de origem animal, já num processo de transição. Mas a consciência de cada um é que vai responder a qual dieta vai se identificar e até quando. O futuro está aí para vermos as palavras de Jesus se concretizarem: "não ficará pedra sobre pedra antes que passem minhas palavras e Eu retorne".

Os ensinamentos de Margot neste livro vão desde a mais simples substituição do leite animal pelo leite de soja até às mais complexas como a do coco substituindo as manteigas e outros produtos animais. Nas frutas, na realidade, estão todas as vitaminas necessárias para nossa subsistência, bem como todas as proteínas necessárias para nossa energização. Seus ensinamentos incluem também o perigo astral de se comer cebola e alho, muito fortificantes e energéticos para a "besta", o animal que carregamos, mas perniciosos para o espírito, O Cristo em nosso coração, uma vez que são estimulantes dos chakras inferiores e, consequentemente, dos desejos astrais inferiores, sendo conhecidos pelos mestres ascencionados da sabedoria, da Grande Fraternidade Branca, como os alimentos trazidos para nosso planeta pelas forças do Dragão Negro! A Grande Besta Universal!

Seus ensinamentos não param na alimentação, pois esta só não é suficiente para que logremos alcançar a ascensão, se não que avança até exercícios "yogues" respiratórios, como o "pranayama" polarizado, fundamental para o controle das emoções, as orações e os apelos, os quais devem ser feitos agora em voz alta para que desenvolvamos o chakra laríngeo, o qual está como um todo sendo desenvolvido pela humanidade para a Era de Aquário, e a importância das ginásticas, danças e atividades artísticas como expressão do Cristo interno e como formas de se liberar as "carcaças" astrais que se formam ao longo de nossa peregrinação aqui na Terra; essa escola que, afinal de contas, é saturnina! E que, portanto, exige perfeição para que possamos "colar grau"! Claro está que são pinceladas somente, as quais deverão ser desenvolvidas por cada um que se interessar. Enfim, ciente de sua missão, anunciadora da Nova Idade de Ouro da Humanidade, discípulos do bem-amado mestre ascencionado Saint Germain, que se esforça por estabelecer na Terra a referida Idade de Ouro, Margot, por sua parte, esforça-se por deixar algo prático e útil para todos aqueles que, como nós, também querem estar ao lado de Saint Germain na entrante Era de Aquário, fazendo por merecer a qualificação de "escolhido", que, mais uma vez, nada mais é do que aquele que se escolhe. Este é, pois, seu esforço pela humanidade, agora que escolhemos o caminho dos Andes, a nova região espiritual do homem, onde se encontra o foco de Iluminação do Novo Mundo, O Templo da Iluminação dos Deus e da Deusa Meru, Hierofante do Templo e Monges da Irmandade dos Sete Raios, nossa meta, logo que nosso trabalho aqui na civilização esteja satisfatório. A Abadia, Retiro Exterior desse templo e situada ao norte do Lago Titicaca, constitui-se, atualmente, na meta mais palpável dos "escolhidos", e nosso anseio é que todos nós, irmãos e ancorados em Cristo, possamos lá nos encontrar!

Saiba, pois, irmão leitor, aproveitar esta obra realizada com amor através de nossas experiências da vida do dia a dia, as quais Margot, com sua característica tenacidade, disciplina e perseguição da perfeição, pôde reunir neste livro tão prático, útil e informativo.

A felicidade eterna existe e está ao seu alcance! Eu Sou Luz!

Om Joe Shalders

Medite a Respeito

O processo da transformação consciente

Nasci com uma má-formação congênita, um tireoglosso cisto. Bem, todos começam a vida no útero com ele, mas, em uns raros seres, ele não se desfaz, e fui uma dessas "felizardas"! Em tempos de muito estresse, ele simplesmente cresce. E cresceu aos 6 anos e foi horrível! A caminho do médico, no bonde, eu, mamãe e meus irmãos mais velhos, subiu um senhor com uma papada enorme, e minha irmã falou: "é assim que ela vai ficar?" Fiquei chocada! Mas me ajudou, desde cedo me cuido, seguindo, obedientemente, ordens relativas a atividades recomendadas para a saúde: atividade física, yoga, menos refrigerantes e comidas químicas. Considero esse cisto, que naquela época não se sabia nada a seu respeito, um termômetro de meu índice interno de estresse.

Logo depois, aos 19 anos, comecei a ser macrobiótica, e foi essa a grande mudança alimentar que me levou à independência e ao estudo que compartilho aqui. Minha avó era macrobiótica no almoço e, de noite, em casa, comia coisas comuns. Vovó me presenteou com um carnet de 10 refeições macrobióticas e me abriu essa porta que considero a entrada em meu processo de autoencontro e qualidade de vida.

E eis aqui o que quero compartilhar. Meus amigos estavam todos começando a comer arroz integral e adorando a dieta macrobiótica. Era a dieta da hora e, ainda assim, foi complicado segui-la morando na casa dos meus pais. Todos aqueles hábitos de infância e a comida preparada por mamãe na mesa, e a minha

diferente! Eram piadas, olhares curiosos e esquisitos... Bastante incômodo. Mas um teste necessário, porque eu estava tão convicta, tão séria no processo de detox que os doces maravilhosos da mamãe, que eram irresistíveis, não me distraíam. Entretanto, fizeram com que eu pesquisasse, tivesse um emprego para comprar meus próprios alimentos "esquisitos" e aprendesse a preparar toda aquela comida exótica e difícil de cozinhar sem queimar e ser piada e motivo de comentários maldosos de meus familiares. Mas eu preciso confessar, não teria a mesma paciência de mamãe recuperando suas panelas queimadas.

- O início de tudo é sempre relutante, mil dificuldades e, como tudo na vida, o desconhecido tende a assustar.
- Alimentos químicos pesados, atraentes, com sabores artificiais, mais conhecidos e de fácil aquisição, *versus* alimentos naturais leves, nem sempre de visual ou de sabor atraente, desconhecidos e de preparo mais trabalhoso.
- Indicações, exemplos e um norteamento rico em opções sempre são mais confortáveis.
- Fazer uma mudança gradual da dieta convencional para uma dieta mais natural e sem carne pode ser muito tranquilo e bem libertador.
- Mudar de dieta com saúde pode evitar futuros, sérios e irremediáveis problemas.
- Muitos têm que mudar a dieta porque adoecem, uma atitude inevitável e imprescindível; e, certamente, mudar o regime alimentar por causa de problemas de saúde, muitas vezes, é um sofrimento; contudo, há resultados tão maravilhosos que passam a ser marcos de grande significado no bem-estar e na qualidade de vida.
- Amigos e parceiros mudando junto é sempre mais fácil.
- Mudar sozinho, quando todo o resto da família permanece com seus antigos hábitos, exige uma grande força de vontade.
- Uma coisa é certa, quando se muda a dieta, a vida muda e, certamente, vários companheiros também ficam para trás.
- A busca de prazer e satisfação em curto prazo dos alimentos comuns e químicos distraem da intenção de saúde e qualidade de vida em longo prazo.

- A reflexão da composição da carne animal e da carne humana é bastante semelhante, o que pode ser um bom material para justificar alguns a mudarem e assumirem uma dieta sem carnes.
- Há uma profunda satisfação espiritual com alimentação natural.
- A sensação de peso no estômago, comparada à sensação de leveza e saciedade dos alimentos naturais e com fibras, é notada logo.
- O alimento natural dá energia e vigor. A mente fica mais atenta, o raciocínio é mais rápido e claro.
- Com uma dieta natural e balanceada, há menos peso para carregar, mais agilidade e melhor coordenação motora, principalmente, quando se adiciona exercícios físicos ao dia a dia.

Primeiras Mudanças Práticas

Cereais integrais

Trocar os cereais refinados por cereais integrais pode ser uma das primeiras mudanças de maior qualidade.

É uma mudança consideravelmente fácil e simples, pois temos produtos integrais em todos os mercados, e o resultado é rapidamente notado, pois o organismo passa imediatamente a funcionar melhor.

Esses alimentos previnem contra diabetes tipo 2.

Eles diminuem o risco de câncer no cólon.

A saúde bucal também melhora e as periodontites são dribladas.

Vantagens: mais vitaminas, proteínas, sais minerais e fibras.

As fibras auxiliam:

- na sensação de saciedade;
- ajudam o funcionamento dos intestinos;
- fazem com que o açúcar contido nos alimentos seja digerido mais lentamente no sangue, e isso é o que previne contra o diabetes.

No processo de refinamento, além de ser químico, o farelo, o gérmen e o endosperma tendem a ser desperdiçados, diminuídos ou eliminados completamente.

O mais interessante é que nessas partes desperdiçadas estão as vitaminas, os minerais e as substâncias antioxidantes, como o ácido ferúlico.

Além de todas as qualidades nutricionais ditas, temos nos grãos integrais: vitaminas do complexo B, zinco, magnésio, manganês e carboidratos de excelente qualidade.

Auxiliam na sensibilidade excessiva do organismo à insulina.

Por todas essas qualidades, num pouco que se come, é notável a sensação de saciedade e a boa disposição que promovem; ajudam a comer menos e, consequentemente, ajudam na manutenção de um bom peso corporal e no emagrecimento.

Falando bem claro, são excelentes no combate à obesidade.

Previnem contra doenças cardiovasculares.

Arroz integral

A dieta brasileira é baseada em arroz e esse pode ser o primeiro a ser substituído.

Vários países têm o arroz como comida diária e a que ocupa o maior percentual dos elementos do prato.

Em termos de passos práticos de mudança segura, o arroz, seguramente, deveria abrir a porta desse novo horizonte da nutrição. A riqueza do arroz integral é grande: contém proteínas, lipídios, vitaminas B1 (tiamina), B2 (riboflavina), B3 (niacina), B5 (ácido pantotênico), B6 (piridoxina), alfa-tocoferol, PP, H, caroteno, magnésio, manganês, cobre, selênio, fósforo e potássio, fibras solúveis e insolúveis.

Quando se come o arroz integral se deve mastigar mais, e o mais interessante é que quanto mais se mastiga o arroz integral, mais saboroso ele fica.

Naturalmente, o arroz integral emagrece, mesmo quando não bem mastigado. Ele promove a sensação de saciedade e com a quantidade de fibras que tem, ajuda o trato intestinal.

O arroz integral é forte no combate à prisão de ventre, o que ajuda a diminuir o peso do corpo.

É recomendado aos estudantes e a todos por ter vitaminas e sais minerais fundamentais ao bom funcionamento cerebral. Teste e comprove!

Tudo o que se come em excesso engorda, e o arroz não é diferente.

Como todos os cereais integrais, ele auxilia no combate ao diabetes.

Também é bom para o sistema cardiovascular, como os demais cereais integrais, mas a vantagem é que ele é mais leve e compõe hábitos agregados ao nosso corpo emocional e traz excelentes memórias.

Na dieta macrobiótica, o arroz integral é o alimento mais importante, sendo sempre 70% da refeição.

Ele é considerado o ÚNICO alimento equilibrado, pois a proporção na sua composição de 1 de sódio (yang) por 5 de potássio (yin), é igual a das células humanas.

> **Há uma dieta dita como "a iniciação" macrobiótica. Consiste num jejum de arroz integral, apenas comer arroz integral durante dez dias, os benditos "10 dias de arroz"! Um profundo detox que desacidifica o sangue e melhora diversos males causados por alimentos intoxicantes, drogas (lícitas e ilícitas), congestionamentos, estagnações nos canais de energia chi, e deixam o praticante atento, responsável, centrado e num maravilhoso equilíbrio entre corpo, mente e sentimentos.**

A dieta do arroz integral faz milagres! Minha primeira experiência com 10 dias comendo arroz integral foi maravilhosa, a miopia parecia inexistente, minha mente estava brilhante e eu estava vigorosa, mas houve momentos de desejos e de vontade de comer outras coisas. E, um detalhe importante: como educadora física dispendo muita energia, e nesses 10 dias fiquei muito bem e com energia suficiente para trabalhar.

Essa dieta pode viciar! E aí é preciso cautela e acompanhamento profissional ou um estudo responsável para não haver engano e problemas.

É dito que 30 dias curam até miopia! Em 100 dias, o sangue se renova completamente, mas imagine: comer apenas arroz integral durante 100 dias não é para qualquer humano!!!

Contudo, há lugares que não usam arroz, e isso surpreende e abre os horizontes para novas possibilidades nutrientes.

Na macrobiótica (visão da longa vida) há um senso comum de que o arroz é um dos alimentos mais evoluídos de nosso Universo terrestre. O arroz integral é supersensível; quando preparado, ele retrata, profundamente, o estado de espírito do cozinheiro. Assim, melhor higienizar a mente, a alma, os pensamentos e sentimentos quando entrar na cozinha para o preparar. Respire fundo e busque técnicas de higienização holísticas. No capítulo Complementos de boa dieta, temos algumas sugestões de orações, mantas, exercícios e atividades complementares que purificam e higienizam corpo, mente e emoções.

Meditação do arroz é um ritual monástico zen do Japão.

Açúcar

Deixar ou diminuir a quantidade de açúcar nas dietas.

- Açúcar branco: rouba energia, puramente químico, totalmente desnecessário, veneno de ação lenta, enfraquece o pâncreas, quebra o metabolismo do cálcio, criando desequilíbrio no sistema nervoso, gera, em longo prazo, hipoglicemia ou diabetes e um grande número dos males da atualidade.

A busca por amor e satisfação emocional provoca o desejo por doces.

Há um livro da década de 1970 chamado *Sugar Blues*, que é um manual norteador da lucidez relacionada ao uso desmedido e insalubre do açúcar.

Totalmente desaconselhável a qualquer um que esteja adoecido.

Em caso de câncer, eliminar completamente do cotidiano.

Açúcares provenientes da cana-de-açúcar

Rapadura, açúcar mascavo e melado são muito próximos do natural:

- ricos em cálcio e ferro;
- usados contra anemia;
- dão energia e não roubam como o refinado;

- sem excesso é bem saudável, mas podem ser tão daninhos quanto o branco refinado.

Tudo o que se faz com o açúcar branco pode ser trocado por esses açúcares.

Todo açúcar é fonte de envelhecimento, esses são menos, mas nem por isso se deve abusar.

Hoje, são encontrados outros adoçantes naturais no mercado que podem ser menos impactantes para nosso organismo do que o açúcar refinado tradicional. Falaremos deles mais adiante, pois essa mudança inicial pode ser feita passo a passo; o que podemos acrescentar aqui é o AÇÚCAR DEMERARA, um intermediário de qualidade bem melhor do que a do nosso vilão: o açúcar branco refinado! Ainda há quem passa, antes dos açúcares moreninhos, pelo açúcar cristal que, embora seja menos processado do que o refinado, também tem suas qualidades naturais extraídas.

Açúcar de Coco

Extraído do néctar das flores da palma de coco, é totalmente natural.

Tendo essa origem, seus benefícios se distinguem dos do coco.

Substitui o açúcar refinado e adoça como o açúcar mascavo.

Ainda tem um valor alto no mercado. O que ajuda na diminuição do uso de alimentos adocicados.

Rico em minerais e vitaminas: ferro, zinco, magnésio, potássio e vitaminas do complexo B (B1, B2, B3 e B6).

Bem mais rico do que o açúcar mascavo em minerais.

Contém inulina, que é uma fibra que reduz a glicose e ajuda na flora intestinal.

É indicado para prevenir pressão alta, problemas renais, infarto e AVC.

Alguns diabéticos podem ser autorizados pelos médicos a o utilizarem.

A moderação e o controle do índice de glicemia, no caso dos diabéticos, são fundamentais.

Vem sendo usado contra obesidade, também por conta do baixo índice glicêmico.

É um carboidrato de alta qualidade, que vem enriquecer dietas saudáveis.

As carnes animais

As pessoas não comem cadáveres. Contudo, animais abatidos são comidos! Pode-se perguntar: "Onde está a diferença? Não é o animal abatido um cadáver? Nós aconselhamos a não usar carne, simplesmente, porque é racional" (mestre ascensionado El Morya, nas Folhas do Jardim de El Morya).

Quanto mais substituímos os alimentos antinaturais, mais o organismo produz proteínas com todos os tipos de alimentos vegetais.

Substituir a carne, o queijo, o leite por leguminosas (soja orgânica, grão de bico, ervilha, lentilhas, todos os feijões, bardana, castanhas, laticínios, coco, ata e todas as demais frutas). O importante e fundamental é que haja uma variação constante nos alimentos diários.

O alto conteúdo de ácido úrico se fortalece com o uso de certas carnes provocando males como: artrite, reumatismo, gota e uremia.

Por excelência o ser humano é o quê? Carnívoro? Onívoro? Herbívoro? Frugívero?

Por ter um intestino longo, ele se assemelha aos herbívoros.

As celuloses que compõem frutas e ervas demoram para se desfazer.

Os animais carnívoros, ao contrário do ser humano, têm intestinos curtos.

Entretanto, os humanos têm um comportamento de onívoros, ou seja, comem e metabolizam tanto alimentos de origem animal como de origem vegetal.

Os alimentos "mortos", como a carne, devem ser expelidos mais rapidamente, para não acumular substâncias tóxicas no organismo por muito tempo. E, nesse ponto, o homem sofre mais do que um animal irracional carnívoro.

Os animais marinhos e as aves também são carnes. As pessoas se iludem dizendo que não comem carne, quando apenas comem "carne" branca. E digo: mas não é todo animal abatido carne? Por acaso, a ave e o peixe são vegetais?

Os animais marinhos iniciam a putrefação mais rapidamente do que os demais.

Dizem que os camarões são os urubus do mar.

A carne contém colesterol e purina que causam eczemas, moléstias hepáticas e infartos do miocárdio.

Além disso, tem acidificante, desmineralizante, cadaverina, muscularina, nervina, putrescina e bacillus do botulismo (os cinco últimos estão na carne em conserva).

O ser humano não tem capacidade de criar o amoníaco, que é a substância que melhor neutraliza os ácidos que a carne produz no corpo.

O efeito psíquico da carne é bastante sutil, mas podem resultar numa alternância entre excitação, agressividade e depressão. É dito que é a comida dos guerreiros.

A carne gera processo de degeneração orgânica e envelhecimento.

Há estudos que dizem que se um carnívoro tiver uma parada renal, em menos de 24 horas, estará morto, tal é a quantidade de toxinas contidas em seu corpo. Já um vegetariano sobrevive em circunstâncias iguais por cerca de 48 horas!

Sim, se pode viver muito bem sem se comer carne.

Mudanças Secundárias

Leite de vaca

Jesus, no Evangelho dos Essênios, recomendava que todos se alimentassem dele.

Há quem defenda que todo leite deve ser eliminado da dieta humana a partir do aparecimento do primeiro dente.

Muitos são alérgicos aos laticínios e seus derivados.

Hoje em dia é possível se comprar nos mercados leites vegetais para se substituir o leite de origem animal.

Há aulas gratuitas na internet ensinando a extrair leite de diversos vegetais.

O leite de soja já foi muito usado como substituto, mas, desde que a grande maioria da soja brasileira é transgênica isso, mudou.

Os leites vendidos nos centros urbanos para consumo popular são bem defasados em seu aspecto alimentício e saudável.

Pesquisas indicam que leites vendidos, que são tratados com hormônios, podem estar entre os causadores de alguns tipos de câncer, inclusive o da próstata.

O melhor do leite são seus derivados que, embora também produzam mucos, são menos comprometidos na qualidade alimentícia.

É sempre aconselhável evitar os queijos mais condimentados, com corantes e elementos químicos ou muita gordura.

Laticínios

Algum queijo sempre poderá suprir as necessidades proteicas e alimentares no período de adaptação a uma dieta natural e vegetariana.

Todo exagero é desaconselhável.

Há queijos que são mais naturais e orgânicos.

Há queijos veganos nas lojas especializadas.

Queijo minas fresco, ricota, cottage, coalhada e iogurtes podem retirar muita insegurança e acalmar desejos por alimentos proteicos.

Com os queijos condimentados é que devemos ter cautela.

Todo produto de origem animal pode gerar odores mais fortes no corpo, e os queijos condimentados seriam os que mais causam esse efeito.

Sem o uso de queijos, um adulto pode voltar a ter cheirinho similar ao dos bebês.

Uma dieta com foco no lado espiritual da vida, vai passando gradualmente por todas as etapas de desapego alimentar e até o queijo é deixado. Todo alimento de origem animal contém o germe astral do animal e segura o homem na matéria.

Ovo de galinha

Essa alegação choca, mas, quando comparamos os ciclos femininos humanos aos das galinhas, as funções são semelhantes: "feto da galinha ou menstruação da galinha".

O feto só vai existir se a galinha acasalar com um galo.

O ovo já foi vilão alimentar. Hoje, passa por um período de alta conceituação.

As gemas são as primeiras a se constituírem. Elas são os óvulos da galinha que se desprendem um de cada vez do ovário da galinha e circulam por vários órgãos internos dela antes de alcançar seu útero. É o maior do reino animal, cerca de 4 cm de diâmetro. No útero se dá o processamento da clara, da película externa por dentro da casca e a própria casca. Depois de 30 minutos que o ovo foi botado, uma nova gema começa a ser ovulada.

O processo da produção da gema e do ovo dura cerca de 24 horas, e não é tão simples para a galinha, ela despende muita energia e é um esforço imenso cada ovo que ela produz. Essa é uma das alegações graves contra a produção em massa das granjas.

Nas granjas, não há galos, e a quantidade de hormônios e outros produtos não orgânicos dados aos animais é muito grande e atinge aqueles que os consomem.

Já as galinhas criadas soltas têm menos estresse e não tomam medicamentos, o que as torna mais recomendáveis a todos que desejam uma dieta mais natural.

A galinha de granja tem a vida mais curta do que a que é criada solta, em quintal e sítios.

O conceito vegano e naturista é: "viva e deixa viver"!

Químicas e conservantes

Aqui é uma questão bem mais fácil de se ter consciência, basta se deter e ler os rótulos dos produtos que são comprados no mercado.

Todo produto enlatado, além do que se encontra no rótulo, há de se pensar no que vai sendo desprendido do alumínio da lata.

Mas também as conservas em vidros e caixas contêm ingredientes que só de ler já são difíceis, imagine para nosso corpo assimilar!

Há tempos, começaram a associar os estados inquietos das crianças com os corantes e acidulantes de vários produtos completamente inorgânicos feitos para os lanches infantis. Quando eles eram eliminados da dieta, as crianças ficavam dóceis, brincavam tranquilamente, dormiam bem e se saiam muito melhor nos estudos.

A lógica é: nosso DNA é natural e orgânico, portanto, vai interpretar, digerir e assimilar melhor outro código de DNA orgânico e natural. E o problema é que vai rejeitar outro código que ele não tem referência, algo que é inorgânico, e isso vai gerar dejetos que são "lixo" dentro do corpo acumulados e de difícil eliminação.

As substâncias residuais de origem química tendem a ser eliminadas do corpo pela cabeça: caspa, seborreia, cera de ouvido, excreções pelas vistas etc.

Hábitos Desnecessários

Trio perigoso

Café – em excesso (mais de 3 taças de 200 ml/dia) vai de encontro ao fluxo natural da boa energia orgânica. Na quantidade razoável pode ser bem administrado e prevenir vários males do envelhecimento (mais adiante vamos abordar isso). Tudo o que vamos comentar neste item está na junção do trio e de seus excessos. O café é um estimulante natural do bom funcionamento peristáltico dos intestinos, mas, em excesso, vai detonar o tônus desse músculo liso e vai prejudicar a evacuação dos resíduos alimentares. O sistema nervoso também será prejudicado. E, além desses males, pode provocar ou prejudicar úlceras, prisão de ventre crônica, enxaquecas e até câncer. Contudo, ele tem efeito benéfico nos deprimidos e astênicos. É uma bebida que pode causar dependência e crises desagradáveis na abstinência.

Açúcar branco refinado – que tende a acompanhar o cafezinho em doses bem exageradas. É bom lembrar que quando alguma comida vai nos fazer bem, aceitamos o gosto e, se alguém tiver dificuldade em aceitar o amargo do café, de repente, é melhor nem o tomar.

Cigarro – nem vou entrar no mérito do que o cigarro pode trazer de danos. Mas há sempre alguém que considera que ele lhe traz mais coisas boas do que ruins. Será? Cabe a cada um refletir e ser responsável por sua conduta na vida.

Mas de certo temos: esse trio não tem fundamentação essencial para nossa existência!

Bebidas alcoólicas

Embebedar-se, alterar a consciência de si mesmo...

Bebida atua destrutivamente no corpo? Sim e não... Sim, se houver dependência, repetitividade e assiduidade. E não fará mal se for ingerida socialmente com consciência e sem comprometer a lucidez e o bom senso.

Se beber, não dirija!

Se meditar ou for praticar Yoga, não beba.

A bebida pode alterar os chakras e a ligação do cordão prateado que todos temos no topo da cabeça nos ligando ao Criador.

O maior problema do álcool é espiritual. A manutenção do alto nível astral é o que está em jogo.

Segundo a medicina chinesa, o fígado é o órgão do espírito, que se mostra ao mundo pelos olhos. Qual o órgão que mais é atingido pelo álcool? O fígado! Até na parte mais material o álcool tende a afetar o espírito. O fígado representa a energia que traz a vida, o movimento, e é nesse ponto que ao beber se deve ter lucidez.

Drogas e alucinógenos

Deve-se analisar bem o que é droga e se ela é necessária.

Há muito preconceito em torno do nome "droga".

A meu ver, qualquer alimento repleto de elementos que mal se consegue ler o nome na descrição dos ingredientes é droga.

Há drogas legais, não alucinógenas, que são indispensáveis em períodos específicos ou para sempre na vida de alguém.

Muitas drogas medicinais provocam efeitos colaterais desagradáveis.

Nesses casos, é recomendável um cuidado maior na alimentação e, se possível, orientação profissional particular sobre a dieta cotidiana.

Drogas alucinógenas químicas e naturais podem gerar dependência e efeitos colaterais. Consciência e responsabilidade plena são necessárias em quem usa e em quem convive com usuários.

Há vegetais alucinógenos que precisam de tanta cautela quanto os alucinógenos quimicamente e artificialmente produzidos.

Há chás que são tomados indiscriminadamente e que podem produzir efeitos orgânicos indesejados. É indispensável conhecimento profundo no uso de chás naturais.

O uso dependente, social ou por diversão de drogas alucinógenas passa por diversos perfis, que têm causas muito pessoais: carência afetiva, ausência de diálogo familiar receptivo e amoroso, busca de prazer, dificuldade de manter a atenção em estudos exagerados, falta de autoestima, trabalhos que exigem mais do que o profissional pode oferecer de energia corporal, desnorteamento espiritual, entre outros inúmeros fatores.

A prática do Yoga, que alinha corpo físico, emocional, mental e etérico, atrai muito aos que buscam drogas como forma de nutrir a criatividade e a alegria. O interessante é que essa prática promove autoconhecimento, paz interior, desintoxicação e equilíbrio, o que gera independência e lucidez. Além disso, o Yoga traz também contentamento. Aparentemente, tudo o que o Yoga gera é tão bom e contínuo que supera o desejo efêmero pelas drogas.

Há quem use drogas para entrar em estados diferenciados de consciência em busca de transcendência, em busca de algo divino e de religiosidade como religação universal.

Outros dizem buscar romper as barreiras da racionalidade e entrar no contato com mundos superiores.

Há falta de conhecimento de meios naturais, meios puros de desintoxicar, de meditar e entrar nessa profundidade de contato com mundos superiores.

Uma solução plausível para diminuir a incidência do uso de drogas é apresentar meios saudáveis e livres de preconceitos. É importante que haja meios que apoiem o indivíduo emocionalmente, com terapias psicológicas e complementares e atividades físicas saudáveis.

O uso de drogas, tanto legais como ilegais, não é algo simples, mas algo que em todos os tempos da humanidade existiu e que deverá permanecer existindo. Olhos amorosos devem ser os únicos que, imparcialmente, poderão avaliar esses casos.

Percepções Sutis

O Ato de comer

Melhor mastigar muito bem; use a técnica da mastigação macrobiótica que ensina que se deve mastigar 50 vezes cada garfada de uma refeição. Essa atitude ajuda no emgrecimento saudável, sem problemas ou sacrifícios. O arroz integral vai ficando mais saboroso a cada mastigada. Naturalmente, você vai comer menos. Desafio feito! Tente e comente, vamos ajudar todos a comer melhor!

Outra forma de comer sentindo sabor é como se faz no Tibet: salivando 40 segundos cada garfada.

Como o estômago não tem dentes, o ideal seria mastigar até que os alimentos se tornassem líquidos.

É importante ter atenção ao que entra pela boca e ao que sai pelo ânus.

Sim, é fundamental estar consciente. Se for comer o que acredita não ser bom, converse consigo mesmo e esteja inteiro de acordo com o que está sendo ingerido. O corpo pode lidar com seus deslizes melhor se tudo entrar em acordo – corpo, mente, sentimentos e memórias devem ser amigos.

Quando se observa as fezes, se sabe como o corpo está lidando com o que comemos. Quanto tempo o corpo está levando para concluir a digestão do que se come? Claro! A digestão começa nos olhos e termina quando eliminamos dejetos e assimilamos os nutrientes pela corrente sanguínea.

Supostamente, só deveríamos comer após a digestão completa, tal como dito acima.

As fezes, supostamente, devem ser tão sadias quanto o que se come, e se forem "novas" (compostas de alimentos recentemente ingeridos) e de alimentos menos tóxicos devem flutuar.

Fezes fétidas demais eliminam matérias pesadas e bem pútridas. Se as fezes estão líquidas, ou duras demais ou em formato de pequenas bolas podem representar desequilíbrio.

Mahatma Gandhi disse: "Devemos beber o sólido e mastigar o líquido".

O ato de comer é sagrado, é um momento de respeito e gratidão.

Gratidão pelo alimento. Orar e agradecer ajuda na saúde e na paz à mesa. Se quiser uma oração, busque nos anexos "Bênção do Alimento".

A gratidão deve se estender a quem prepara, quem planta, que distribui e vende os alimentos. É toda uma rede que, quando integrada, expande no universo esse sentimento que sustenta o amor incondicionalmente no Universo.

É aconselhável manter o mesmo horário de refeições cotidianamente.

Há diferentes versões para o intervalo entre refeições: 3 em 3 horas, 4 em 4 horas, e há quem criou uma dependência tão grande do ato de se alimentar. Eu gosto de 4 em 4 horas.

O Espírito do cozinheiro

Todo estado de espírito do cozinheiro é transferido para o alimento.

O filme Como Água Para Chocolate, direção de Alfonso Arau, roteiro de Laura Esquivel, mexicano, um amor impossível, ganhou uma série de prêmios; a personagem principal cozinhava e sua tristeza se retratava no preparo dos alimentos.

Uma briga na cozinha ou um cozinheiro brigando pode reverberar numa refeição envolta em desarmonia!

Bons pensamentos e boa vontade dão refeições, simplesmente, maravilhosas.

Relaxamento, pranayamas (exercícios respiratórios do Yoga) e meditação ajudam a elevar a vibração energética do cozinheiro.

Amar aos que vão comer, dá ao cozinheiro permissão de atuar para o bem-estar de todos.

Num restaurante, o sabor e o bem-estar após a comida demonstram a harmonia e a boa disposição dos que prepararam a refeição.

Quando o cozinheiro preza pela qualidade alimentícia e faz uma escolha harmônica de elementos numa refeição, o resultado é saúde pura.

Sabedoria, conhecimento da alquimia alimentar.

A boa combinação alimentar gera uma excelente digestão.

DIETAS

Dietas purificadoras

> Jejum – deve ser uma opção consciente, responsável e com preparação prévia.

Ao se decidir fazer um determinado jejum, o melhor é ter uma indicação e um norteamento profissional médico terapêutico confiável.

A responsabilidade de um evento causado pelo jejum tem que ser consensual. Há possibilidade de sensações desagradáveis, dores de cabeça, entre outras.

Não se deve fazer jejum prolongado, de diversos dias, sem se ter passado pelo jejum de um dia. Os jejuns devem ser gradualmente prolongaados.

Temos jejuns suaves para iniciar o processo de desintoxicação orgânica:

> Jejum dos Essênios – Essênios, um grupo muito antigo (séculos 2 a.C. e 1 d.C.), considerados uma seita judaica da Palestina, de pessoas que têm hábitos de vida especiais baseados em elementos da natureza e conceitos altamente espiritualizados de conduta. Jesus era um essênio, nascido e criado entre eles. Há um Evangelho Essênio e nele são relatados meios de cura e desintoxicação com base em jejuns, oração e rituais purificadores. Tinham conceitos comunitários humanistas, viviam no deserto, longe dos centros urbanos, tinham seus bens comuns compartilhados entre si. Foram

encontradas escrituras em cavernas próximas do Mar Morto no final da década de 1940 que traziam um Evangelho desse povo e havia até uma especulação que teria sido escrito por Jesus Cristo. Em 2002, foi concluída a tradução desses manuscritos, mas não havia referência específica ou direta sobre Jesus e sua convivência nesse grupo. Há relatos de Essênios na atualidade ou simpatizantes e há uma possibilidade de que tenham sido extintos por volta do ano 68 d.C. Nos documentos achados no Mar Morto foram encontrados relatos da forma de vida que esse povo praticava. E, com relação a jejuns, era o meio mais usado por eles para tratar e cuidar da saúde da população essênia; havia relatos de que não utilizavam roupas, e os jejuns eram feitos com base nos quatro elementos da natureza:

Jejum da água – feito na beira do rio, com banhos, enemas e tomando água.

Jejum da terra – banhos de terra, terra em forma de argila, contato direto com a terra.

Jejum do ar – realizado com pranayamas (exercícios respiratórios) diversos.

Jejum do fogo – com banhos de Sol.

Todos esses jejuns eram acompanhados de apelos, orações aos devas e seres elementais.

Tinham duração de cerca de uma semana.

- Jejum com água potável energizada solar e lavagem intestinal.
  - □ Esse não é um jejum fácil, pois o único elemento de nutrição é a água.
  - □ Realiza-se limpeza dos intestinos com enemas.
  - □ Esse deve ser um jejum feito com mais instruções e um norteamento de um profissional da saúde.
- Água morna em jejum.
  - □ Esse é feito desde a antiguidade no Yoga: 1 copo de 200 a 250 ml de água morna em jejum diariamente.

- O chá que começou a ser usado na China ancestral teve sua origem a partir desse hábito. O imperador chinês Shen Nung (2737 a.C.) aquecia sua água matinal, quando umas folhas do jardim caíram na panela. Ele experimentou e se encantou pelo sabor, então, passou a colocar a folha em sua água morna diariamente.
- Durante uns 30 anos, tomei diariamente essa água morna e confirmo uma das indicações que mantém os intestinos e o estômago em excelente funcionamento.
- Uma das escrituras ancestrais e sagradas indianas afirmava que Shiva dizia que água morna era um excelente remédio para a saúde do corpo.
- Esse é um jejum extremamente razoável e simples; o único efeito colateral, que nem é com todo mundo, é o enjoo; e nos piores casos o enjoo acompanhado de vômito, no caso de um organismo intoxicado.

- Monodietas de arroz integral ou frutas.
  - Comer apenas um alimento, por exemplo, um dia só com maçãs, ou mamão etc.
- Dieta de cereais integrais
  - Usar apenas cereais integrais por um dia, ou cinco dias, foi muito usado para desintoxicar o organismo sem sentir fraqueza.
- Alimentos crus
  - Comer alimentos que possam ser ingeridos sem cozimento.
- Macrobiótica
  - Dieta milenar japonesa baseada na classificação dos alimentos em yin e yang.
  - Macrobiótica significa visão da longa vida.
  - Essa é uma dieta de alimentos cozidos apenas.
  - Eventualmente os adeptos comem alimentos de origem animal.

- ☐ Não há ingestão de derivados do leite.
- ☐ Há monodieta de 10 dias comendo exclusivamente arroz integral.
- ☐ Há uma infinidade de produtos nessa dieta, pouquíssimo uso de produtos doces, e o açúcar usado, muito eventualmente, é o açúcar mascavo.

- De arroz cru

  - ☐ Um punhado de arroz integral cru mastigado todas as manhãs em jejum, para tratamentos de verminoses e outras intoxicações das mucosas.

Dietas de Acordo com as Estações

De acordo com a estação do ano, temos dias mais frios ou mais quentes, e nosso organismo se predispõe a alimentos mais fáceis ou menos fáceis de digerir. Em certos momentos, queremos comidas mais frescas do que em outros, nos quais desejamos uma coisinha quente e bem fácil de assimilar. De acordo com observações milenares na alimentação saudável, se constatou que certas proporções poderiam ser bastante coerentes, e eis aqui uma proporção na qual tento 80% me adaptar:

- Outono – Inverno
  - 30% de grãos integrais, com sementes, nozes e pastas de nozes.
  - 30% de verduras cozidas, refogadas no vapor ou fervidas.
  - 20% de verduras cruas.
  - 20% de alimentos animais e frutas (preferencialmente secas)
- Primavera – Verão
  - 30% de verduras cruas.
  - 30% de frutas cruas.
  - 20% de grãos, alimentos animais, nozes, pasta de nozes e sementes.

- 20% de verduras fervidas, refogadas ou cozidas no vapor.

- Dias mais quentes
  - 70% de verduras cruas.
  - 30% de frutas.

Alimentos crus

Há alguns anos, quando comia basicamente alimentos crus, estava em uma viagem de peregrinação pelos Andes. Foram anos de muita aventura, mas bastante difíceis por causa do frio e da dificuldade de carregar os alimentos. Descobri ser um ideal que cabia em certos momentos da vida, mas sempre convinha ao viver social. Mas procuro manter até hoje algum alimento cru de entrada nas refeições. Eles fazem uma varredura no organismo e ajudam o bom funcionamento intestinal principalmente.

- Os essênios comiam somente alimentos cozidos pelo fogo da vida, o Sol.
- Muitos dos sais minerais se perdem no cozimento.
- Toda refeição deve ter um percentual de alimentos crus.
- Alimentos orgânicos são os mais recomendáveis.
- A higienização adequada é fundamental. Nos mercados existem produtos para isso, mas uma coisa importante é que alvejantes são perigosos para essa função.
- Ao escolher hortaliças de origens desconhecidas, eleja as que tiverem uma mordida ou o próprio bicho nelas, pois, se ele está vivo, é sinal de que não havia pesticida mortal e, portanto, não será nocivo à sua vida, apenas higienize bem.
- Nas cascas dos alimentos há vitaminas inimagináveis e muitas podem ser ingeridas. Lave com escova adequada ou se estiver ruim ou com suspeita de agrotóxico, descasque e dispense a casca.
- Os agrotóxicos penetram através das cascas, por isso, o ideal é evitar alimentos tratados por eles.

- Há estudos que dizem que a alimentação crua é 100% livre de mucosidade. Nessas dietas, o uso de produtos provindos de animais e de alimentos cozidos pelo fogo são considerados como causadores de acidez no sangue.
- O sabor das cenouras, beterrabas, batatas-inglesas, batatas-doces, carás, abóboras, abobrinhas, pepinos, quiabos, nabos, rabanetes, chuchus, maxixes, tomates e de todas as folhas orgânicas cruas e sem agrotóxicos é bem mais saboroso.
- Assim como nos jejuns se vai aumentando o número das horas de permanência, para uma dieta 100% crugívera é preciso começar aos poucos para acostumar o organismo.
- Pode-se fazer uma dieta de alguns dias e trazer bastante saúde e desintoxicação para o corpo.
- Certos alimentos não deveriam ser cozidos, pois perdem grande parte de seus ricos nutrientes.
- Tomates, rabanetes, repolho, alface, rúcula, agrião, almeirão cozidos são menos ricos ou nada ricos.
- O principal lema da dieta crua é: "alimento vivo dá vida e o alimento morto traz morte".

Alimentos mortos

LEMBRE-SE: **pior do que o que entra pela boca é o que sai dela!** Se estiver numa mesa, por ter sido convidado ou por falta de opção, coma calado e não fique impondo **informações não pedidas** sobre o que se deve ou não se deve comer. Cabe a cada um escolher, ao seu tempo e momento. Não julgue ou imponha seus saberes, mas crie condições de manter sua dieta adequada e amorosamente. Depender dos outros também é algo considerável na qualificação de vida ou morte. Faça seu papel e ame para que tudo ao seu redor esteja alinhado ao amor, à paz e à harmonia.

- Podemos considerar alimentos muito cozidos como mortos.
- Nos restaurantes de *self-service,* as comidas expostas e superrequentadas, também, e mesmo as cruas expostas por horas são desmineralizadas e praticamente sem vida.

- Comidas cozidas com muita água deixam a vida se desvanecer no líquido. Se o caldo for usado estará, muitas vezes, mais vitamínico e vivo do que o legume que foi cozido nele.
- Farinhas perdem a vitalidade do grão de sua origem pouco depois da moagem.
- Organismos muito cansados se dão bem comendo alimentos bem cozidos, porque estes estão parcialmente "digeridos" e dão menos serviço ao corpo.
- Alimentos cozidos em fogo muito alto "morrem". Se quiser alimentos mais vivos, use fogo baixo para cozinhar.
- Bolos, bolachas, biscoitos, pães, farináceos estão mortos!
- Bolos, bolachas, biscoitos, pães e produtos feitos de farinhas integrais podem ser mortos, mas as fibras mantêm mais qualidade e ajudam na digestão e no bom funcionamento do corpo. Contudo, o excesso pode ser muito prejudicial.
- No caso de ingerir farináceos e alimentos muito cozidos, "alimentos mortos", é fundamental se mastigar muito e salivar bem cada garfada. Evitar a ingestão de água enquanto estiver mastigando ou logo após a refeição.
- Frituras, principalmente em óleos de má qualidade e polissaturados, são alimentos também considerados mortos.

Combinações perigosas

- Frutas ácidas com frutas doces provocam gases.
- Pães salivados com água ou outros líquidos incham e dificultam o trabalho do estômago.
- Melão e melancia não devem ser ingeridos com outros alimentos. Há um dito popular inglês que diz: "Watermelon and melon, eat them alone or leave them alone"! (Melancia e melão, coma-os sozinhos ou os deixe sozinhos!)
- As proteínas animais e vegetais mescladas dão muito trabalho ao organismo, melhor não misturar.

- Os cereais misturados com tubérculos não são uma boa combinação.
- Grãos e frutas também não são combinações fáceis. Um organismo que precisa se desintoxicar ou se curar deve evitar essa combinação.
- Frutas ácidas devem ser ingeridas sozinhas ou no máximo com outras frutas ácidas.
- Pratos famosos à base de cereal (macarrão, pizza, pães...) não são compatíveis com proteínas animais, tais como queijos.

Estava numa aula de automassagem de Do-in, na década de 1970, e Juracy Lopes Cansado falou: **alho e mel unidos são um veneno mortal**. Passei anos da minha vida sem juntar esses dois, até que em meu segundo casamento fiquei com uma pneumonia terrível, e lá veio meu companheiro num ato preocupado e amoroso com um desses chás de alho com mel e limão. Será que ele queria ficar viúvo? Não sei se foi o limão que fez a mágica, se foi o gesto amoroso ou o que foi, mas foi ótimo!!!

Boas combinações

- Verduras com frutas (com exceção das frutas cítricas e dos melões).
- Arroz integral, milho, batatas ou tubérculos podem ser combinados com proteínas vegetais ou animais quando se incluir uma boa salada de folhas verdes frescas e, preferencialmente, orgânicas.
- Iogurte combina bem com frutas secas e bananas.
- Verduras (folhas verdes não amiláceos) combinam com carboidratos. Portanto, todo sanduíche para ser melhor e mais nutritivo deve conter no mínimo uma folha verde fresca nele.
- Proteínas combinam bem com folhas.
- Tofu e queijo de soja formam uma cadeia proteica excelente com cereais integrais.

Variação diária

- Leguminosas em dias alternados para evitar fermentação*.

*Contudo, se deixarmos os feijões de molho por duas noites, eles iniciam o processo de germinação. Tornam-se alimentos vivos, alguns caules começam a despontar e a celulose dura e resistente que protege os grãos e retarda o cozimento cede e ele se torna, acima de tudo, mais fácil de digerir.

- Arroz integral pode ser consumido diariamente se uma boa combinação for criada.

Usando as orientações de boas combinações, é importante variar, principalmente, os secundários.

É válido criar pratos diferentes e atrativos, mas sempre é bom ter cuidado para que não sejam gerados gases dolorosos e com odores insuportáveis. Os vegetarianos usuários da carne de soja texturizada devem estar conscientes desses gases constrangedores e desagradáveis que o uso desse alimento produz. Uma vez ou outra, comer esse alimento pode ser bom para quem está mudando de dieta e não se sente mal com esse produto. Do contrário, se você o comeu e sentiu desconforto digestivo, evite-o, existe muito mais para ser explorado. Sou professora de educação física e via meus colegas contando: "lá vem a vegetariana desgraçada peidar do meu lado, que inferno! Nem trabalhar em paz a gente pode!". Eu ria muito, porque era vegetariana, e isso era um fato. Eu dava aulas de aeróbica e já nem comia mais dessa proteína por conta dos efeitos horríveis. Mas nas décadas 1970, 1980 e 1990 ainda não se tinha tanta informação clara como atualmente. Portanto, aos que gostam de usar essa proteína, eu recomendo cuidado e parcimônia.

Se deseja mudar, vá diminuindo a quantidade de carne que come. Ninguém precisa de uma quantidade exagerada de proteína para viver uma vida saudável.

Passe a uma dieta de carnes, preferencialmente "orgânicas" e usando pouca quantidade. Depois, opte por comer carnes brancas, preferencialmente as sem tratamentos químicos.

Dietas ovolactovegetarianas dão muita opção de pratos.

As dietas veganas têm a vantagem de uma variação bem grande de alimentos, mas gosto de enfatizar que alguns experimentos nem sempre dão resultados harmoniosos. Cuidado!

A comida frugal é sempre uma opção harmoniosa e saudável para o corpo digerir, assimilar e eliminar os dejetos.

Corte de legume

Essa foi uma aula maravilhosa que a cozinha macrobiótica de Dona Rosa (Teruko San), de Santos, SP, o Instituto Shin Sekay e os livros de George Ohsawa e de Michio Kushi me ensinaram muito. Desde aí fui observando como a comida ficava mais saborosa e rica. Como deixar o frugal sofisticado? Com o sabor! Cenouras, chuchus, maxixes, bardana, inhames, nabos, como fazê-los atraentes e gostosos? Como sair da mesa satisfeito e sem aquele sentimento de estar faltando algo? Gratidão eterna!

- Todo alimento nascido da natureza segue uma linha da semente até seu máximo desenvolvimento.
- Uma cenoura arrancada da terra, se deixada no chão terroso de onde saiu, continua crescendo.
- Para manter a vitalidade de um alimento vegetal se deve cortá-lo seguindo seu desenvolvimento natural: de onde ele nasce para onde ele vai.
- Jamais cortar na horizontal, para não cortar seu fluxo de "chi" (energia vital) natural. Temos que lembrar que no reino vegetal o alimento não morre quando retirado da terra.

Nunca dá erro na manutenção da qualidade e do sabor, quando pensamos naquele alimento como provindo de uma semente, que cresceu num determinado sentido. É nesse sentido, o do crescimento do vegetal escolhido, que vamos cortar o legume.

- Por exemplo, temos uma beterraba. Ela cresceu do alto para o centro da terra. Então, vamos cortar do ponto de onde nasce a ramagem para sua pontinha (raiz).
- Uma abóbora vem da terra para o céu. Mas temos o pedúnculo que nos norteia, então, devemos cortar ele para o outro lado.
- Então, aqui está, corte de onde sai a rama para o outro lado.

As batatas são mais difíceis para se identificar as ramas. Então, eu as corto ao comprido e/ou em tiras.

Uma coisa que não falha é estar inteira no que se está fazendo. Tudo fica delicioso!

Quanto mais inteiro, mais rico em "chi" ou "prana" o alimento.

Excesso de cozimento também pode estragar a comidinha.

Recomendo cortes em palito, seguindo a linha do crescimento, ou em rodelas sempre diagonais.

Convido você a fazer uma experiência cortando uma cenoura. Corte algumas rodelas na horizontal e outras, na transversal.

As verduras, como as couves, ainda uso o corte quase horizontal, inclino ligeiramente, mas sempre preparando o tanto necessário para não haver sobras e para serem comidas imediatamente. Entretanto, a lembrança da couve da vovó Emília e da mamãe, mesmo horizontais, deixaram memórias de um sabor insuperável, esse não consigo repetir! Acho que é o gosto do amor que tinham ao cozinhar.

No caso dos alimentos ralados, também se deve seguir essa linha do crescimento.

Cascas

- Se for possível, use alimentos orgânicos com casca. Eles contêm mais energia vital, "chi".
- Alimentos de origem suspeita devem ser descascados para minimizar o efeito nocivo dos venenos usados contra as pragas da plantação.
- Uma escova ou esponja pode ser usada para limpar os legumes.
- No caso de descascar, siga a orientação dos cortes e mantenha o "chi" do alimento.
- Alimentos com agrotóxico têm menos "chi" do que os orgânicos.

Ervas e suas utilidades gerais

- Salsinha

  - ☐ Rica em: vitamina C, B12, K, A, cálcio, potássio, cloro, magnésio, ferro, entre outros nutrientes.
  - ☐ Diurética, emenagoga, carminativa, febrífuga, estomáquica, aperitiva, estimulante, nervina, resolutiva, vulnerável, depurativa, expectorante e muito mais...
  - ☐ Da **raiz** em efusão se cria remédio contra: nefrite, cistite, blenorragia, disúria. Também se usa no combate a gases estomacais e intestinais, infartos do fígado e do baço e no tratamento das amenorreias e dismenorreias.
  - ☐ As **folhas** são estimulantes e resolutivas. Suco das folhas alcaliniza, é febrífugo e antipirético.
  - ☐ **Suco das folhas** com mel, e em jejum, é bom contra a asma.
  - ☐ **Macerar as folhas** retirando seu sumo; use algumas gotas para tratar equimoses, sardas e manchas da pele.
  - ☐ Em gotas, o sumo da maceração das folhas era usado no tratamento de otalgias.
  - ☐ **Folhas ao natural** abrem o apetite.
  - ☐ **Cataplasma das folhas** sobre olhos inflamados e inchados e seios de lactantes empedrados. Esses emplastos também debelam as inflamações das picadas de abelha.
  - ☐ **Folhas trituradas**, como cataplasma, introduzidas nas narinas (com cuidado, lógico), estancavam hemorragia, úlceras e feridas nasais.
  - ☐ **As folhas maceradas com sal** aplicadas como cataplasma nas nevralgias e odontalgias.
  - ☐ As **sementes** são antiletárgicas, carminativas, béquicas, diuréticas, emenagogas, dissolventes de cálculos, eficientes contra picadas e mordidas de peçonhentos.

- O uso interno da salsa é contraindicado para gestantes e lactantes.

- Coentro
  - Da família da salsa, as umbelíferas, tem praticamente as mesmas qualidades da salsa.
  - Diurético, sudorífico, anti-histérico e anti-hidrópico.
- Missô
  - Pasta produzida a partir da soja.
  - Excelente desintoxicante, abre os pulmões e os brônquios. Elimina fumaça e poluição contidas nesses órgãos.
  - Fortificante, rica em proteína, fortifica o leite materno.
  - Dissolver uma colher de chá num copo de água morna é mais proteico do que um copo de leite.
  - Tem as mesmas proteínas da carne, mas não tem as contraindicações dela.
  - Fervido perde suas propriedades.
  - Refaz a flora intestinal, nutrindo as bactérias do bem e afastando tendências inflamatórias. Há uma quantidade de probióticos naturais que facilita a digestão e o rejuvenescimento da flora intestinal.
  - Fortifica e desintoxica o fígado contra efeitos de drogas, álcool e fumo. No caso de intoxicação por essas causas e no intuito de se libertar dos vícios: dissolver 1 colher rasa de sopa em um copo de 200 ml de água morna e tomar em jejum – já tive constatação de fumantes que abandonaram o cigarro com 30 dias dessa prática.
  - Para evitar o envenenamento por causa de cigarros e álcool, tomar sempre caldo de missô com alga marinha wakame.
  - Missô limpa os intestinos e melhora a pele dando uma aparência saudável e aveludada.

- Contém aminoácidos essenciais, vitaminas do complexo B (principalmente B2 e B12), vitamina E, isoflavona, lecitina, vitamina K, cálcio, ferro, potássio e colina.
- Tem um baixo teor de calorias e de gorduras.
- Um grande antioxidante que aumenta a energia vital.
- Para o organismo funcionar bem, precisa de calor, e o missô produz esse calor no organismo, principalmente no inverno.
- Missô é um alimento tradicional do Japão. Missoshiru é uma sopinha comida diariamente pelas famílias japonesas.
- O missô é um produto antirradioativo, antipoluente que limpa os pulmões de fumaça e substâncias tóxicas. Quando a bomba atômica foi lançada em Hiroshima e Nagasaki (16 a 19/8/1945), os japoneses que mantinham a tradição do uso diário do missoshiru, não sofreram os efeitos da irradiação. E isso tornou o missô ainda mais especial.
- Outro atributo fantástico do missô é que dissolve o colesterol, evitando a hipertensão e a arteriosclerose.
- É favorável ainda contra as doenças cardíacas e alergias provocadas pelo excesso de proteínas não digeridas no sangue.
- E o melhor: é um alimento que favorece a longevidade.
- Todavia, é bem salgado e se deve estar atento para que isso não seja algo que possa ser um problema.
- Outro conselho necessário de se observar é que o missô industrializado pode ser menos nutritivo do que os que são mais artesanais, orgânicos e naturais. Estes últimos são mais difíceis se encontrar.

• Shoyo

- Molho de soja, quanto mais orgânico e natural melhor. Os industrializados nem sempre são saudáveis. Ler o rótulo é um meio para conhecer os componentes. Alguns fabricantes utilizam materiais de boa qualidade, outros usam açúcar branco refinado, o que pode não ser a melhor opção.

- Como o missô, é produto da fermentação da soja. A obtenção do shoyo é uma fermentação de pelo menos 18 meses, com soja, sal, trigo ou cevada e água.
- Mais saudável do que inúmeros molhos vendidos no mercado.
- Substitui o sal na salada.
- Vitamínico e proteico, é rico em cálcio, ferro e vitaminas B1 e B2.
- Cada colher de 15 g contém cerca de 30 calorias, vai variar de acordo com a marca.
- Sua quantidade de sal pode não ser adequada aos hipertensos.
- Misturar shoyo no arroz pode gerar fermentação e gases.
- As versões "light" suprem os que precisam ingerir menos calorias.
- É aconselhável o uso das marcas especiais, fique atento.

• Sal grosso marinho

- "Sal impede telepatia." Hermes Trismegisto
- Sal em demasia retém líquidos e aumenta a pressão arterial.
- A percentagem de sal deve ser dosada de acordo com o clima e o lugar. Em lugares muito altos, deve-se usar menos sal.
- Os índios não usavam sal e alegam que quando vêm para a área urbana e comem sal, pelos começam a nascer em seus corpos.
- O sal refinado passa por um processamento químico e perde os sais minerais naturais do sal grosso.
- O sal deve ser adicionado ao final do cozimento, pois os sais minerais se perdem no calor.

• Sal rosa do Himalaia

- É um mineral extraído de uma rocha salina, halita, do Punjab, Paquistão.

- Não vem do Himalaia?! Há também a versão de que **Sal rosa do Himalaia** é extraído de minas salinas localizadas nas montanhas do **Himalaia**. Essas minas seriam um pedaço do mar em forma de rochas constituídas há cerca de 250 milhões de anos, em convulsões, sacudidas e movimentos naturais do planeta.
- O teor de cloreto de sódio é semelhante ao do sal grosso, portanto, não se pode exagerar no seu uso.
- Pesquisados mais de 80 tipos de sais minerais nele.
- Há uma alta concentração de magnésio nele, o que favorece o fortalecimento do sistema imunológico e da musculatura corporal e evita as tão desagradáveis câimbras musculares.
- Ele ajuda a regular o teor de água no organismo.
- Promove um equilíbrio saudável no pH das células do corpo, em especial nas células do cérebro.
- Por ter sido encontrado em uma área livre de agentes poluentes e ser extraído e empacotado manualmente, é considerado o sal mais natural de nossos dias. Ele mantém sua estrutura orgânica e todos os seus minerais intactos. Ele contém os 84 elementos e minerais encontrados no corpo humano.
- Seu uso previne e reduz a pressão alta, facilita a vascularização e deixa a circulação sanguínea bem e saudável.
- Tem se apresentado como um excelente anti-histamínico natural, agindo bem em diversas alergias e úlceras.
- Aqueles que passaram a usar o sal rosa do Himalaia notaram que seu sistema digestivo melhorou e também a diminuição da prisão de ventre e da flatulência.
- Aparentemente, seu poder desintoxicante é grande. Vem sendo observado como um purificador sanguíneo que elimina substâncias tóxicas do corpo.

- Tahine
    - Pasta feita de semente de gergelim. Pode ser branca ou preta.
    - Rica em nutrientes, tais como cálcio, magnésio, zinco, vitaminas do complexo B e ácidos graxos poli-insaturados, antioxidantes, a sesamina e a sesamolina.

- É um alimento que auxilia no sistema cardiovascular e no imunológico.
- Ajuda a pele a ficar bem e rejuvenescida e no emagrecimento.
- Combate a anemia, é calmante, fortalece os dentes, os ossos e os músculos.
- Anti-inflamatório natural.
- O excesso causa caspas, espinhas, problemas hepáticos.

- Óleo

Quando escrevi este livro, no ano de 1979, o óleo de soja era uma boa opção. Atualmente, muitas mudanças ocorreram, e a soja já nem é considerada um bom alimento devido aos grãos transgênicos. Vamos discorrer sobre opções de óleos que temos, lembrando que o melhor óleo é o provindo de fontes orgânicas, prensado a frio e sem processamentos químicos.

Outro ponto importante na escolha e no uso do óleo é o "ponto de fumaça". O que é o ponto de fumaça? É o ponto onde qualquer óleo ou gordura atinge a temperatura na qual o glicerol (a glicerina) forma a acroleína (substância extremamente prejudicial que irrita olhos, garganta e intestinos, além de ser uma das prováveis causas do câncer). Aquele momento no qual o óleo das frituras se torna muito desagradável de ser inalado é um ponto no qual o ponto de fumaça já foi ultrapassado. Quanto mais alto o ponto de fumaça de um óleo ou de uma gordura melhor, principalmente, no caso das frituras. Veja na tabela a seguir o ponto dos diferentes tipos de óleos e gorduras existentes no mercado.

Tipo de óleo ou gordura	Ponto de fumaça (°C)
Abacate	270
Algodão	220
Amendoim	220
Banha	190
Canola	220
Coco	230
Dendê (palma)	232
Gergelim	230
Ghee	252
Girassol	183

Linhaça	170
Manteiga	110
Margarina	192
Milho	215
Oliva	170
Soja	230

- Óleos hidrogenados são perigosos para a saúde.
- Óleo de algodão não é comestível segundo os conceitos da medicina natural.
- Para o bem da saúde, o óleo, após aquecido acima do ponto de fumaça, não deve ser usado para alimentação. Buscar novos usos para esse óleo, como sabão caseiro, é uma saída saudável recomendável.
- As frituras devem ser muito bem preparadas, caso contrário, além de prejudicarem a digestão, outros sérios problemas intestinais, na pele e até câncer estão sintonizados ao seu consumo excessivo.
- Margarinas vegetais são totalmente químicas e desaconselháveis.

• Ghee

- É a manteiga clarificada, purificada de seus alimentos mais tóxicos e alérgicos.
- A água, os elementos sólidos, as toxinas da gordura e a lactose são totalmente removidos da manteiga sem sal.
- Mesmo sendo provinda da manteiga, suas propriedades são completamente diferentes das dela.
- Bastante saborosa, com um ponto de fumaça excelente, fácil de armazenar, manter (nem carece refrigeração, bastando apenas ser conservada fora da luz) e utilizar.
- Pode ser aquecida até 250° C sem causar danos, não queima e nem oxida.
- Um óleo puro, amplamente usado na medicina Ayurveda e por todo o povo indiano. Ainda possui uma versão envelheci-

da por 10 anos, o Purana Ghrita, que é um medicamento para distúrbios neurológicos.

- Contém ácido linoleico conjugado que, comprovadamente, promove coisas boas como saciedade, ajuda o corpo a formar energia da gordura, estimula o metabolismo e favorece o corpo a não acumular gorduras e a desenvolver massa magra no organismo.
- Indicada aos intolerantes e alérgicos à lactose e à caseína, pois é totalmente livre delas.
- Rica em vitamina A, e contém em menor quantidade as vitaminas D, E e K.
- Auxilia na digestão e absorção pelo organismo das vitaminas lipossolúveis.
- Um grande trunfo do uso da Ghee como óleo é que ela contém ácido butírico que protege e fortifica as células intestinais, prevenindo contra inflamações, cólicas e irritações que causam tanto sofrimento e constrangimento na vida.
- É um alimento que favorece o sistema imunológico.

• Óleo de coco

- O poderoso **óleo de coco** combina com tudo e pode ser usado por dentro e por fora. É usado tanto na alimentação interna como, também, como alimentação externa na pele e nos cabelos.
- Importante que o óleo de coco deve ser extravirgem, prensado a frio e, de preferência, orgânico.
- Fonte de ácido caprílico, que estudos apontam como tendo um importante papel antifúngico, imunoestimulante e antioxidante.
- Além disso, é formado por triglicerídeos de cadeia média que, em contato com o estômago, se transformam em monolaurina, um potente antibactericida, antifúngico e antiviral e age melhorando o sistema de imunidade orgânico.
- Rico em vitaminas A, D, E e K (todas lipossolúveis).

- Sua composição vitamínica leva ao controle do colesterol, ao aumento do HDL (gordura boa) e à redução do LDL (gordura ruim).
- Tem efeito antinflamatório e antitrombótico.
- Combina com qualquer tipo de alimento, o que o torna muito fácil de ser utilizado no dia a dia para substituir os tradicionais óleos de cozinha.
- Não há contraindicação ao seu uso.
- Ajuda a emagrecer, mas é importante que seu uso esteja aliado a uma **alimentação** saudável e à pratica de **atividade física**. Muitos nutricionistas o recomendam antes das atividades físicas.
- É usado como hidratante da pele e dos cabelos.
- Usado na preparação de diversos pratos salgados cozidos, refogados e saladas, inclusive as cruas.
- Além do uso salgado, acompanha, na forma crua, saladas de frutas, vitaminas, café e outros alimentos.
- Tem um "ponto de fumaça" bastante alto, o que favorece sua utilização em refogados e frituras.

• Óleo de soja

- Houve um momento em que esse era o melhor óleo numa dieta natural, mas, com os grãos transgênicos e o excesso de agrotóxicos usados nas plantações, ele não é mais uma opção saudável.
- Mas se a plantação for caseira e orgânica e a prensagem for a frio, então, teremos um alimento bom para o consumo salutar.
- Seu fator mais rico é no equilíbrio entre os ômegas 3 e 6.

• Óleo de girassol

- Ômega-6 e pouco ômega-3, o que não previne contra inflamações.
- Rica fonte de vitamina E.

- ☐ É bom que não seja o único a ser usado, que seja ele uma das várias opções da cozinha numa mesma refeição e de preferência não muito aquecido (frio é mais rico).

- Óleo de milho
  - ☐ Rico em vitamina E.
  - ☐ Contém fitosteróis que ajudam na redução do colesterol.
  - ☐ Combate aos radicais livres.
  - ☐ Tem muito ômega-6 e pouco ômega-3, o que predispõe a inflamações.
- Óleo de dendê ou palma
  - ☐ Maior parte é de gordura saturada, o que significa que é menos plausível à oxidação e, por isso, mais usado na fritura industrial.
  - ☐ Mas seu uso contínuo é arriscado para os males do coração.
- Azeite de oliva
  - ☐ Contém gordura monoinsaturada e pouco saturada, ajudando no controle do colesterol.
  - ☐ Possui polifenóis, potentes antioxidantes. Contudo, no aquecimento do azeite, estes são degradados e desperdiçados.
  - ☐ É rico em ômega-9.
- Óleo de canola
  - ☐ Muitos comentários e muitas desconfianças acerca da origem desse óleo atualmente.
  - ☐ Contudo, acabei de encontrar uma fonte que diz que a canola pertence à família do repolho e da couve-de-bruxelas.
  - ☐ É livre de colesterol e gordura trans e contém menos gordura saturada que qualquer outro óleo comestível.
  - ☐ Equilibrado em ômega-6 e 3 e fonte de vitamina E.
  - ☐ Devido ao alto ponto de fumaça, é indicado para o cozimento de molhos e sobremesas.

- Óleo de linhaça
  - Fonte de ômega-3 e 6 em proporção equilibrada.
  - Excelente em tratamentos de limpeza profunda do sangue e contra inflamações cutâneas.
  - Atua na redução de triacilglicerol e colesterol prejudicial.
  - Recomendado na medicina natural para ser usado *in natura*.
- Óleo de macadâmia
  - Contém ômega-7 e 9.
  - Vem sendo considerado como auxiliar na redução das taxas de colesterol total e LDL.
  - Usado tanto em saladas como em refogados.
  - A recomendação é de duas colheres de sopa diárias.
- Óleo de abacate (ou azeite de abacate)
  - Ponto de fumaça bem elevado, o que permite que seja aquecido e não perca suas propriedades e nem faça mal ao organismo.
  - É um óleo de coloração esverdeada, e isso se atribui ao alto índice de clorofila e carotenos contidos na extração do óleo da fruta.
  - Contém vitamina E e beta-sitosterol (elemento nutricional cuja principal fonte é o abacate).
- Óleo de gergelim
  - É um óleo extraído das sementes cruas, prensadas a frio e tem uso tanto culinário como cosmético.
  - Cientificamente comprovado, rico em sesamol e sesaminol, dois antioxidantes de grande eficácia no combate aos radicais livres. Há pesquisas que comprovam sua proteção contra danos às células do coração.
  - Tem propriedades anti-inflamatórias.
  - É muito usado na Ásia pelas medicinas tradicionais locais (japonesa, chinesa, tailandesa etc.) em dores articulares causadas por

inflamações, assim como, também, nas odontalgias, arranhões inflamados. Toda essa ação inflamatória já foi comprovada cientificamente em animais.

- Há um estudo relacionado à osteoartrite baseado em experimento feito em roedores. Utilizando o óleo internamente nos ratos, notaram a diminuição significativa dos sintomas artríticos em 28 dias. Isso acende uma luz de esperança para os seres humanos.

- Ele possui 82% de gordura insaturada que faz bem ao coração.

- Rico em ômega-6 de gordura poli-insaturada que previne contra os males cardíacos.

- Houve uma pesquisa em 48 adultos que ingeriram quatro colheres de sopa diariamente durante um mês, e outros usaram azeite. Os do óleo de gergelim tiveram a redução no LDL ("colesterol do mal") e nos triglicerídeos bem maior do que os do azeite.

- A atuação do óleo de gergelim no sangue é dita como controladora e reguladora do percentual do açúcar em longo prazo. Houve um experimento em 46 adultos com diabetes tipo 2 que conseguiram, em 90 dias, reduzir o açúcar no sangue em jejum e a hemoglobina A1c (HbA1c) em comparação com o grupo placebo.

- O uso tópico é muito comum na Ásia. No Japão, se sabe do uso dele na cosmética para hidratação da pele.

- Como tratamento nas feridas e queimaduras. Ajuda na cicatrização de feridas, e nas queimaduras sua ação é como antioxidante e anti-inflamatória.

- Na macrobiótica era usado externamente friccionado no couro cabeludo, para estimular o nascimento de cabelos.

- Melhora a saúde dos cabelos. Aumenta o brilho e a força capilar.

- Pode proteger contra os danos dos raios UV à pele bem mais do que outros óleos (como o coco, o amendoim e os azeites que podem resistir apenas 20%). Ele tem capacidade de resistir a 30% os raios UV.

- Há outros estudos relativos à qualidade de vida, ao sono (friccionando apenas uma gota dele na região do chakra frontal, o terceiro olho), à utilização dele em massagens corporais (eu mesma fiz essa comprovação, trabalhando por mais de sete anos consecutivos; aplicando shiatsu e massagem holística em clientes, observei que suas dores corporais, peles e estados emocionais foram melhores do que com outros óleos).
- Há o óleo provindo das sementes cruas, as brancas, que não é refinado.
- O provindo das sementes torradas é mais escuro, bastante processado, refinado e melhor para fritar. Sua cor é de um marrom bem escuro.
- Mais raro é o óleo proveniente do gergelim preto.
  - É mais medicinal.
  - Tem aproximadamente os mesmos benefícios que o branco, entretanto, se destaca devido à maior concentração de vitamina A e E, cálcio, fibras e vitaminas do complexo B.
  - Forte aliado no tratamento de osteoporose e na sua prevenção.
  - Reduz o colesterol ruim muito mais do que o tipo claro.
  - É excelente estimulante cerebral.
  - Previne doenças cardiovasculares, AVCs e tromboses devido à presença de lecitina.
  - Aumenta a energia do chi nos rins e promove rejuvenescimento geral.
  - Além de todos esses benefícios, sua combinação de nutrientes fortalece o sistema imunológico.

- Gengibre
  - Antioxidante, anti-inflamatório, desintoxicante, expectorante, desinfetante.

- Provoca calor orgânico ajudando o bom funcionamento do aparelho digestivo, combatendo azia e gases intestinais. Além disso, protege o estômago contra úlceras.
- Melhora náuseas e vômitos.
- É preventivo contra o câncer colorretal.
- Ajuda na perda de peso. É um alimento termogênico que pode acelerar o metabolismo e queimar as gorduras corporais.
- Regula a pressão arterial. Ele aumenta o fluxo sanguíneo, o que pode ser benéfico no caso da pressão alta e das dores musculares.
- Por conta desse dado anterior, não é recomendado aos hemofílicos e nem aos doentes da vesícula biliar.
- Ralado, mesclado com nabo branco comprido ralado, também dá um excelente remédio contra a gripe.

- Manjericão
  - Bom para o corpo, para a mente e para a alma.
  - Possui vitaminas A, C e K, manganês, cobre, cálcio, ferro e gorduras ômega-3.
  - Excelente fonte de magnésio, que proporciona melhor fluxo sanguíneo.
  - Faz bem ao sistema imunológico, sendo recomendado seu uso no resfriado e na gripe.
  - É um antibiótico natural que protege o corpo contra infecções causadas por bactérias e vírus.
  - Ajuda a combater o estresse, melhora a visão, a pele e os sistemas cardiovascular, respiratório, digestório e nervoso.
- Orégano
  - Muito reconhecido e usado na cozinha ocidental, é facilmente encontrado desidratado.

- Repleto de antioxidantes.
- Ajuda na digestão e no combate a bactérias no corpo.
- Favorece o sistema respiratório e ajuda a reduzir infecções virais e a diminuir inflamações.
- Pode ser excelente coadjuvante nos tratamentos contra o câncer.
- É excitante do sistema nervoso.
- Há essências feitas de orégano que podem ser ingeridas e promover os efeitos aqui descritos.

• Louro

- Digestivo; ele tanto ajuda estimulando a produção da bile no fígado para digerir e absorver gorduras como estimula a produção enzimática na digestão.
- É fonte de antioxidantes, vitaminas A e C, potássio e selênio.
- Atuação anti-inflamatória e analgésica, agindo muito bem nas dores, inclusive nas dores de dente e nas cólicas menstruais.
- E no caso das menstruações irregulares e amenorreias.
- Desaconselhável na gestação, pois atua no útero e pode causar aborto indesejado.
- É um diurético natural. Hidrata o organismo e evita retenção de líquido no corpo, combatendo inchaços no corpo.
- Faz bem aos músculos e aos olhos.
- Excelente purificador das vibrações astrais.
- Se usado nos cereais para conservação, afugenta os carunchos.
- Tempero dos vitoriosos, era abolido nos cultos fálicos como relaxante.
- Um dos seus usos atualmente é contra o estresse e a ansiedade, em forma de chá.
- Ao ser adicionado ao cozimento dos feijões, diminui consideravelmente os gases naturalmente gerados na digestão.

- Açafrão-da-terra, cúrcuma, gengibre amarelo
  - □ Emenagogo, antiespasmódico, eupéptico, sedativo.

Nos últimos anos, pelo menos 300 artigos científicos apenas sobre a curcumina (a substância amarela-alaranjada que o compõe) apontam o tempero como o que mais se destaca em antioxidantes, antimicrobianos, anti-inflamatórios, entre outros, trazendo à tona o que há milênios é bastante notório na medicina ayurvédica.

Além da conclusão acima, os estudos também alegam que a curcumina e os curcuminoides, seus compostos fitoquímicos, são capazes de combater colesterol, problemas autoimunes e cardíacos.

Outra alegação que, como as anteriores, gera brigas e incômodos é seu uso no combate a diversos tipos de câncer. Não é uma cura igual a que ocorre na medicina ocidental, mas vem sendo usada como complemento na dieta de pessoas com câncer. Contudo, há nos Estados Unidos e também em universidades brasileiras intensas pesquisas com avançadas conclusões que são dignas de respeito e admiração.

O tratamento que o açafrão dá aos problemas inflamatórios intestinais vai desde as mais simples infecções aos mais sérios problemas do cólon, preservando as proteínas do muco, que são responsáveis pela defesa do intestino.

- □ É excelente na recuperação de atletas após treinamentos e competições exaustivas.
- □ Vem sendo administrado com êxito em pessoas com tendências a transtornos mentais.
- □ O uso vem sendo em sucos, vitaminas, condimentos, e a quantia máxima diária de 5 g é o suficiente.

- Limão

Nas suas cascas, encontramos grande quantidade de vitamina C. Descascando ou raspando no ralador médio fino desidratando ao sol, ao vento ou com a ajuda dos aparelhos desidratantes, preservamos a vitamina. A fruta fica preservada envolta na pele branca e devemos guardá-la na geladeira. Utilizamos a casca e suas riquezas como condimento nas saladas, nos alimentos cozidos e chás.

- O limão substitui o vinagre e é uma alternativa para a variação dos temperos.
- Nos sucos verdes, o limao é importante para que o organismo assimile o cálcio dos vegetais.

• Erva-doce, anis

- Combate gases do estômago, intestino e as cólicas do ventre.
- Ação digestiva e excelente no combate à azia.
- Aumenta o leite nas lactantes.
- Atua contra a diarreia infantil.
- O azeite das sementes serve para matar piolhos. Para isso, basta friccionar as sementes na cabeça.

• Anis estrelado

- Além de belo, é fantástico no sabor, odor e nos benefícios! Um verdadeiro presente chinês para a humanidade.
- Tem carboidratos, proteínas, fibras e gorduras saudáveis. Ele alimenta, acalma o corpo, diminui a ansiedade e traz você para um estado de paz e satisfação. Diminui a fome.
- Também possui boa quantidade de vitamina A, vitamina C, ferro, magnésio, cobre e cálcio. E com todos esses componentes, ele acalma, fortalecendo o sistema imunológico.
- Todas as qualidades da erva-doce e mais um pouco você encontra nele.
- Faz bem à digestão. Além de conter fibras alimentares, o odor que a semente produz estimula o sistema endócrino a produzir hormônios do bem (serotoninas, endorfinas, dopaminas) e, consequentemente, gera uma salivação muito saudável que vai atuar nas enzimas harmonizadoras que vão ajudar o estômago a funcionar bem.
- Paz, sono reparador, calma, lucidez e presença no agora. Ter um sistema digestivo nessa condição não é fácil, mas é maravilhoso.

- Há nele uma boa quantidade de vitaminas do complexo B que ajudam as células cerebrais e tem sido observado que ajudam na prevenção contra a demência.
- Suas propriedades aliviam o sistema respiratório. Fazem uma higienização nas vias respiratórias. É antibacteriano e antifúngico e seu chá é indicado no combate a gripes e resfriados.
- Mas é fundamental lembrar que não adianta simplesmente tomar o chá, é necessário descanso, atividades e alimentação saudáveis.
- Bom para o hálito, também ajuda as mulheres nos problemas menstruais e na produção de leite durante a lactação.

• Cominho

- As sementes auxiliam na secreção de enzimas pancreáticas, ajudando na digestão e na absorção dos nutrientes.
- Estômago bem, mente em bom funcionamento!
- Ajuda a manter a acetilcolina cerebral e preservar a lucidez e as boas memórias.
- Estomáquico, carminativo e diurético.

• Noz-moscada

Noz-moscada: os benefícios desse condimento para a nossa saúde.

- Saborosa, exótica e rica!
- Efeito desintoxicante, ajuda a aliviar dores de gases e cólicas menstruais.
- Boa para as funções cerebrais e para a concentração.
- É benéfica para o sistema respiratório e útil no inverno e nas congestões nasais.
- Alivia o mau hálito.

• Canela

- Excelente termogênico! Por esse atributo, ajuda nos tratamentos para emagrecer. É preciso saber usar.
- Previne contra a diabetes, deixando o organismo sensível à insulina e ao açúcar no sangue.
- Alivia gases e espasmos digestivos porque tem efeitos antibacterianos, antiespasmódicos e anti-inflamatórios.
- Tem um efeito digestivo nos doces, em especial combinada com o mel, produzindo uma excelente variação enzimática na digestão.
- Combate as infecções respiratórias.
- Excelente expectorante natural.
- Alivia o estresse, diminui a fadiga e aumenta o ânimo de viver.
- Ótimo como chá ou adicionado ao café, de manhã, ao acordar.

- Cravo
  - É fonte de nutrientes: calorias, carboidratos, fibra, manganês e vitaminas K e C.
  - Antioxidantes que diminuem o estresse oxidativo, prevenindo contra doenças crônicas.
  - Auxilia no combate ao câncer, pois ele mata as células cancerígenas.
  - Excelente bactericida, com qualidades antimicrobianas, ele bloqueia o crescimento de bactérias e microrganismos prejudiciais.
  - É possível que ajude a prevenir e minimizar cirroses e cicatrizes no fígado, pois, em animais, esse efeito foi testado com sucesso.
  - Ajuda a regular o açúcar no sangue.
  - Faz bem à saúde dos ossos, prevenindo contra a osteoporose, pois fortifica a massa óssea.
  - Previne e reduz úlceras no estômago.

- Vinagre de maçã
  - ☐ Benéfico além da culinária.
  - ☐ Traz bem estar gástrico, especialmente contra o refluxo.
  - ☐ Refresca o hálito e reduz dores de garganta.
  - ☐ Deixa os cabelos brilhando, quando usado para enxaguá-los.
- Cebola e alho na dieta de um iniciado espiritual
  - ☐ Não devem ser usados em dietas iniciáticas.
  - ☐ Citados nos compêndios espiritualistas como causadores de energias astrais estimulantes dos chakras inferiores.
  - ☐ Provocam um forte odor astral.
  - ☐ A cebola, usada para aumentar a quantidade de espermatozoides, em iniciação é contraindicada.
  - ☐ Na antiguidade, era usada nos cultos fálicos como estimulante.
  - ☐ Alho incita à raiva, principalmente na mulher, que é mais emotiva. Podemos notar essa mudança no estado de espírito quando alguém resfriado come um dente de alho e do estado apático se refaz a um estado mais energizado e dinâmico.

Todo alimento é um remédio, mas o que cura é a vontade que vem de dentro. No caso do alho, por exemplo, ele ativa o corpo emocional, dá uma combustão anímica que queima substâncias tóxicas, mas que desperta o sentido da raiva. Esse efeito pode estimular a ira ou a ação, de acordo com o astral da pessoa. Essa reação em um iniciado pode macular a aura.

Para as pessoas comuns, isso pode parecer uma tolice. As pessoas que ficam sem comer alho e cebola por muito tempo ficam bastante suscetíveis a diversos efeitos negativos desses dois alimentos muito usados para a cura na dieta natural.

Os que não comem frequentemente esses dois alimentos e os ingerem podem sentir dores causadas por gases e no campo energético ficam sujeitos a miasmas astrais de baixa energia.

Na macrobiótica, não se mistura alho e cebola. Ou se usa um ou se usa o outro.

- Proteína de origem animal x carnes vegetais
  - No intuito de substituir a carne, vários alimentos foram criados, mas será que realmente a substituem em termos proteicos? Bem, nem todos os alimentos veganos chamados de "carne" são substitutos dos nutrientes mas sim do sentimentalismo e apego vividos nas experiências carnívoras anteriores. É muito importante que se faça essa reflexão, pois para sempre também é limitado ao tempo que o sempre demorar. Parar de comer algo porque vai proteger os animais, mas ficar sonhando que está num churrasco feliz da vida e comendo adoidado ou ficar tentando converter os amiguinhos a pararem de comer carne, pode ser uma tremenda ilusão. Se não se come mais carne, por que coxinha de jaca? Que me perdoem os que acham isso uma alternativa, mas, para mim, soa como "conversa mole para boi dormir"! Muito legal o uso da jaca de forma diferente, um uso magnífico de uma fruta rica, mas que não contem proteína! É como dar presente para a mãe no dia das mães o deixando na portaria para não ter contato com ela.
  - Nos churrascos, coma mais saladas e o vinagrete, que é repleto de antioxidantes, vitaminas e minerais. Se puder e quiser não comer a carne, divirta-se, pois sempre haverá o que comer. E, se for doutrinar, sugiro que arrume uma desculpa e não vá.
- Condimentos especiais
- Gersal
  - Condimento macrobiótico usado sobre o arroz integral.
  - Desacidificante sanguíneo, auxilia o pH do organismo, diminuindo as tendências à azia, a dores de cabeça causadas por enxaquecas e ressacas.
  - Bom para complementar tratamentos de infecções sanguíneas e doenças venéreas.

- No tratamento da azia, a ingestão de uma colher de café em jejum vai ajudar e, provavelmente, sanar o problema.
- É preciso ser cauteloso na sua ingestão devido ao sal contido no condimento. O excesso pode prejudicar os rins.
- A receita está mais adiante, aqui no livro.

• Teka

- Potente condimento macrobiótico usado com menos frequência do que o gersal por causa da complexa preparação.
- É um excelente fortificante organismo.
- Receita na página 247.

• Proteínas

- Compõem os músculos, a pele, as cartilagens, os ossos, as unhas, os tendões, os cabelos e o sangue.
- São responsáveis pelo crescimento.
- Quando o ser humano cresce e se torna adulto, menos proteína precisa.
- O excesso de proteína pode causar vários problemas, entre eles, pedras nos rins, doenças cardíacas, osteoporose, aumento do peso corporal e problemas hepáticos.
- O exagero na ingestão da proteína da carne pode causar câncer no intestino (reto e cólon).
- São indispensáveis no desenvolvimento físico e mental.
- Constituem, em equilíbrio, 18% do peso corporal.
- Pessoas que se tornam vegetarianas, com o tempo, vão desenvolvendo a capacidade de extrair proteínas de fontes vegetais com mais facilidade.
- Além das fontes animais, elas são encontradas nas: castanhas-de-caju (torrada), castanhas-do-brasil, nozes, avelãs,

amendoim cru e torrado, soja seca, feijões (todos), lentilhas, grão-de-bico e quinoa.

- Gorduras
  - Substância de reserva do organismo humano.
  - Seu excesso no organismo se transforma em obesidade.
  - Transportam algumas vitaminas através do corpo.
  - São estimulantes do apetite.
  - Lubrificam os intestinos.
  - Garantem os movimentos musculares.
  - Gorduras saturadas geram colesterol.
  - Alguns óleos provindos de grãos prensados a frio produzem as chamadas gorduras do bem que vão facilitar a vida.
  - Algumas fontes de boas gorduras são as do: abacate, amendoim cru ou torrado, coco, azeitona, a castanha-de-caju torrada, semente de girassol, noz, soja (seca e crua), castanha-do-pará, catolé, linhaça, chia, azeite extravirgem, chocolate amargo.
  - A manteiga já foi bastante chamada de vilã, mas, quando é de qualidade, pode gerar uma boa gordura corporal.
  - O ghee é uma gordura excelente, que ajuda o organismo.
  - Alguns dos melhores óleos, já citados aqui antes, geram boa gordura. Destacam-se aqui o óleo de coco extravirgem, azeite de oliva extravirgem e o óleo de abacate.
  - Todo excesso faz mal, mesmo que seja da melhor fonte, e pode se tornar obesidade corporal.
- Carboidrato ou hidrato de carbono ou glucídeos
  - Fornecedores de energia para o organismo.
  - Trazem calor à manutenção da vida e energia para o trabalho.

- □ Quando há excesso de glucídios, eles se transformam em gordura, favorecem a cárie dentária e destroem o apetite – distraindo a vontade de comer alimentos importantes.
- □ Por outro lado, na quantidade certa, os carboidratos são a chama que queima as gorduras.
- □ A carência dele produz debilidade, diminuição de temperatura corporal, magreza e tonturas.
- □ No reino vegetal o encontramos em algumas fontes como: arroz, trigo, farinhas, pães, grão-de-bico, lentilha, mel, melado de cana, açúcar mascavo, rapadura, milho, ameixa seca, banana, banana-passa, batata-doce ou inglesa, figo seco, feijão-guandu, feijões, inhame, as frutas em geral.

Minerais

São substâncias vitais que compõem boa parte de todo o tecido corporal humano.

Suas funções estruturais e biológicas são vitais.

São eles:

- □ Cálcio
  - ◊ Formam ossos e dentes.
  - ◊ Intervém na coagulação do sangue.
  - ◊ Atua para a formação do cimento intercelular e para aumentar o consumo de oxigênio dos tecidos.
  - ◊ Retarda a fadiga muscular, auxiliando na recuperação dos músculos.
  - ◊ Influencia a ação do sódio e do potássio na contração cardíaca.
  - ◊ Contribui para manter o equilíbrio do ferro no organismo.
  - ◊ Sua deficiência provoca irritabilidade na formação óssea e resfriados constantes.

◊ Algumas de suas boas fontes vegetais são: amêndoa, avelã, buriti (polpa), castanha-de-caju torrada, coco catolé, brócolis, espinafre e couve-mineira.

□ Fósforo

◊ Está nos ossos e dentes.

◊ Interfere no mecanismo que equilibra o ácido básico no organismo.

◊ Junto ao cálcio atua na regularidade da lactação.

◊ Previne contra a fadiga mental, ele nutre as células cerebrais.

◊ Atua no metabolismo das células.

◊ Algumas de suas principais fontes vegetais: amêndoa, amendoim cru ou torrado, avelã, castanha-de-caju torrada, castanha-do-brasil, centeio, pera seca, trigo integral, aveia e ameixa seca.

□ Iodo

◊ A proporção dele que entra no nosso corpo é muito pequena e se distribui 50% nos músculos, 20% na tireoide, 10% na pele, 6% no esqueleto e o restante nos diversos líquidos e órgãos.

◊ 50% da excreção do iodo se dá pelos rins. O restante é 40% pela pele e 10% pelos pulmões.

◊ A absorção do iodo no corpo acontece pela cútis, pelo trato gastrointestinal e pelos pulmões.

◊ Exercitar "pranayamas", exercícios respiratórios do Yoga, conscientemente (lembrando que o ar nos nutre e revitaliza), à beira-mar, traz iodo para o corpo. Com certeza, nas cidades litorâneas, a quantidade de iodo absorvida pelas pessoas é bem maior do que as que vivem no interior e nas montanhas.

◊ O iodo ingerido nos alimentos é absorvido pela tireoide e usado para secreção dos hormônios tireóideos.

◊ Há estudiosos que afirmam que o ideal é 1 mg de iodo ao dia. Todavia, os japoneses, que são um dos povos mais longevos do planeta, absorvem de 3 a 14 mg diariamente! Nada se observa de contraindicação nesse hábito japonês.

◊ A ação desse mineral se dá através dos hormônios que a tireoide produz e é enorme:

» Controle sobre a nutrição de diversos tecidos;

» Estímulo do crescimento;

» Excitar o sistema nervoso autônomo;

» Promover inteligência dinâmica e prática;

» Aumenta a oxidação dos alimentos no corpo;

» Regula a produção do calor orgânico;

» Estimula o movimento gástrico;

» Influencia a absorção intestinal.

◊ Quando em falta no organismo, cria bócio; provoca condições tóxicas no organismo; retarda o crescimento; causa deficiências mentais; traz desenvolvimento sexual insuficiente; provoca dores no coração; dá gosto de gordura na boca; promove intumescimento dos braços; ressecamento e escamação na pele; pulso alternado entre lento e rápido e muitos transtornos glandulares.

◊ Encontramos iodo nas águas do mar e em alimentos provindos do mar e ou nascidos nas terras litorâneas. A água potável das áreas litorâneas também contém uma boa quantidade de iodo.

◊ Algumas das boas fontes vegetais de iodo: algas marinhas (kombu, wakame, hijiki, entre outras), agrião, alcachofra, cenoura, couve-flor, ervilha, aspargo, espinafre, fava, feijão, rabanetes, nabo, tomate.

□ Enxofre

◊ Ajuda na manutenção da saúde. Tem uma ação anti-inflamatória e antioxidante, combatendo radicais livres e aumentando as defesas do organismo.

◊ Entre suas principais funções orgânicas está a reparação e construção tecidual. É fundamental nas trocas orgânicas das divisões celulares. Sendo importantíssimo no período de crescimento.

◊ Auxilia na secreção equilibrada da bílis pelo fígado, um dos locais onde ele é localizado no corpo.

◊ Além do fígado, encontramos enxofre no organismo nas glândulas suprarrenais, nos rins, nas glândulas genitais e no sangue arterial.

◊ Excelente nas dietas "detox". É um desinfetante que combate micróbios e parasitas do corpo e contribui para a boa estrutura molecular da vitamina B1.

◊ Seus efeitos na estética sobre a beleza dos cabelos e da pele são notáveis. Ele ajuda a produzir colágeno no corpo.

◊ Também ajuda na produção da insulina pelo pâncreas, ajudando os diabéticos.

◊ Sua absorção se dá nos intestinos sob a forma de aminoácidos e sulfatos de sódio, de potássio e magnésio.

◊ A excreção é principalmente pela urina, e em pequenas partes pelas fezes, pela bílis, saliva e pelas secreções gastrointestinais.

◊ Sua falta causa: ardor na garganta; astenia; depressão nervosa; histerismo; intumescimento do fígado, do baço e do útero; neurite; entorpecimento mental; saliva fétida; sensação de ardor no abdômen.

◊ Nas verduras, é melhor mantido enquanto estão cruas. Eis aqui outra vantagem das comidas sem agrotóxicos.

◊ No reino vegetal o encontramos nas amêndoas, no arroz integral, na aveia, na couve, na couve-flor, nas castanhas, nos feijões, nas lentilhas, no trigo, no gérmen de trigo, nas uvas, nos morangos, nas laranjas, no abacate (riquíssimo), na cebola, no alho e no brócolis.

◊ No reino animal, numa dieta ovolactovegetariana, o encontraremos no leite e em seus derivados e nos ovos.

□ Potássio

◊ Juntamente com o sódio, cloreto, cálcio e magnésio conduz a eletricidade no corpo.

◊ Existe em maior quantidade nas células (ao contrário do sódio).

◊ É absorvido no intestino, passa pelo sangue, circula no plasma e nas hemácias, onde a concentração atinge 0,5 e 0,6%, sendo daí veiculado aos tecidos.

◊ Suas funções principais são: manter o equilíbrio ácido básico, o pH no organismo; regula o equilíbrio hídrico do corpo; desempenha papel fundamental na habilidade de contração do músculo esquelético; aumenta a excitabilidade da célula, quando em baixa concentração, e a inibe quando em alta concentração.

◊ Sua falta no organismo gera: atrofia muscular; câimbras; cefaleias; chagas que não se cicatrizam, dores e debilidades no coração, hemorragias nasais, hidropisia, insônia, mau funcionamento do fígado, neurastenia, olhos fundos, vermelhos e sem brilho, pústulas e tornozelos inchados.

◊ Ele é encontrado no abacaxi, na acelga, no aipo, na alface, na ameixa seca, na amêndoa, no arroz integral, na azeitona verde, na banana, na beterraba, na nabiça, na ervilha seca, na escarola, no espinafre, no farelo de trigo, na farinha Graham, na fava seca, na fava verde, no figo fresco ou seco, na lentilha, na lima, no mel, no nabo, na salsa, na tâmara.

□ Sódio

◊ No corpo humano localiza-se principalmente nos líquidos extracelulares e no plasma sanguíneo em combinação com o cloro ou com o ácido carbônico, formando, respectivamente, o cloreto de sódio ou o bicarbonato de sódio.

◊ O sódio atua no equilíbrio hídrico corporal. Participa do equilíbrio do ácido básico.

◊ Desempenha papel importante na função dos nervos musculares.

◊ Ele impede a formação de cálculos biliares e nefríticos, previne a coagulação sanguínea; contribui para a formação da bílis e filtrar por meio do sistema linfático, as substâncias venosas fora da corrente sanguínea.

◊ Sua quantidade afeta o volume do sangue e o volume geral de líquido ao redor das células.

◊ Se o volume de sangue ou a concentração de sódio se excedem, sensores localizados no coração, nos vasos e nos rins detectam esse dado e estimulam os rins para aumentar a excreção de sódio, de modo a fazer o sangue voltar ao normal.

◊ Caso o volume sanguíneo ou a concentração de sódio diminuam, haverá um estímulo ao sistema endócrino através das adrenais e das hipófises para reverter a situação.

◊ Sua carência se caracteriza pelos seguintes sintomas: astenia, câimbras muito fortes, catarros, contrações musculares dolorosas, diminuição da atividade mental, diminuição da capacidade de retenção da água, diminuição da contratilidade e da excitabilidade do músculo cardíaco, endurecimento das artérias, irritabilidade, língua seca, melancolia, olfato débil, pele seca, perturbações digestivas (acidez gástrica, flatulência no estômago, inapetência, indigestão, náuseas, vômito), pés frios, queda de peso, sono durante o dia, tendência a erupções e vertigens.

◊ Ele é ingerido com os alimentos e com o sal; grande quantidade é absorvida pelo estômago, e o restante, pelos intestinos.

◊ 95% de sua excreção se dá pela urina; o restante é pela pele.

◊ É encontrado em boa quantidade nos seguintes alimentos: aipo, ameixa seca, amora, azeitona, beterraba, brócolis, castanha, cenoura, chicória, couve-flor, couve-nabo, ervilha madura, farelo de trigo, fava madura seca, fava verde, feijão maduro, lentilha, lima, melão, mexerica, nabo, pão de trigo integral, romã, tâmara e gérmen de trigo.

□ Magnésio

◊ Elemento da clorofila que é absorvida no intestino;

◊ Sua excreção é através das fezes e da urina.

◊ Atua como coenzima no metabolismo do fósforo;

◊ Ativa o metabolismo dos glicídios.

◊ Exerce ação saliente no controle da excitabilidade neuromuscular.

◊ No caso de excesso de magnésio, principalmente em doentes renais, há sonolência.

◊ Em caso de deficiência, poderá acontecer: acidez orgânica, debilidade nos músculos abdominais, desejo de tomar bebidas azedas, desmaios, dor no pescoço e nos ombros, expectoração amarelada, gases intestinais, menstruação escassa, micção frequente, nevralgias, olhos amarelados, prisão de ventre e tetania.

◊ Alimentos ricos em magnésio são: abacate, ameixa, amêndoa, amendoim, arroz integral, azeitona, aveia, banana, batata, beterraba, castanha, cereja, cevada, coco, couve, espinafre, gergelim, gérmen de trigo, granolas, grão-de-bico, laranja, maçã, mexerica, pera, trigo, sal rosa do Himalaia, soja, uva.

□ Manganês

◊ Encontra-se em maior quantidade no pâncreas, nos rins, nas glândulas suprarrenais e no fígado.

◊ Atua como fator de crescimento, influindo na reprodução e prevenindo certo tipo de osteodistrofia;

◊ Ele intervém no metabolismo do cálcio, do fósforo e da vitamina B1 e de algumas enzimas.

◊ Em excesso, acarreta tremor nas mãos, voz monótona, dureza no andar e rosto com aparência de máscara, sintomas de Parkinson.

◊ A deficiência produz condições neuróticas e histéricas, contrações no estômago, desmaios, memória débil, modorra, olhos vermelhos e inchados, palpitações cardíacas, pensamentos desconexos, respiração difícil, sensibilidade nos mamilos.

◊ Encontramos manganês nos seguintes alimentos: agrião, alface, amendoim, arroz integral, aveia, banana, beterraba, centeio, cereais integrais, espinafre, feijão, milho, nozes, pêssegos, soja, tofu, trigo.

□ Silício

◊ Suas principais funções são: consolidar os ossos e as artérias, mantendo-as flexíveis; participa da formação da pele, das membranas, das vísceras, das unhas e dos cabelos.

◊ Sua falta produz alterações na pele, anormalidades no sangue, calvície, embranquecimento dos cabelos, desordem no sistema nervoso, fadiga cerebral, gengivas frouxas, muita sede noturna, tendência a supurações, tosse, transpiração excessiva, veias varicosas.

◊ Os alimentos que o contêm são: abóbora, água com gás, alface, amêndoas, amendoim, amora, arroz, aveia, azeitona, banana, cereja, cenoura, cebola, cevada, chicória, couve-flor, espinafre, farelo de trigo, laranja, maçã, manga, milho, pepino, repolho cru, soja e uva.

□ Flúor

◊ Parte do sistema ósseo e dentário.

◊ Seu excesso é prejudicial aos dentes.

◊ Em certos casos de intoxicação crônica pelo flúor, encontramos reações gástricas intestinais, respiratórias e cardíacas e até com casos de osteosclerose generalizada.

◊ Sua deficiência causa cáries dentárias, apetite exagerado, câimbras nas pernas, cálculos, esterilidade, língua escura e viscosa, propensão a infecções, tendência à surdez, tumores nos ossos, ulcerações, unhas doentes, vistas fracas.

◊ É bom para pessoas emotivas, pois reduz emoções.

◊ Poderoso preventivo contra enfermidades ósseas e da medula espinhal, conserva a juventude, previne contra a tuberculose, a sífilis, a dilatação das veias, a paralisia, os cálculos vesicais, as enfermidades dos rins e a debilidade.

◊ Existe em abundância nos seguintes alimentos: água, agrião, alho, arroz, aveia, beterraba, brócolis, cebola, couve, couve-flor, escarola, espinafre, fava, feijão, maçã, trigo.

□ Cloro

◊ Na natureza só o encontramos combinado.

◊ Distribui-se nas secreções, nas células e nos líquidos extracelulares do corpo.

◊ Aparece no suco gástrico combinado com outros elementos (ácido clorídrico livre) e no sangue (cloreto de sódio).

◊ Sua absorção se dá através da mucosa intestinal e sua excreção se dá pela urina, pelas fezes e pelo suor.

◊ Suas funções principais são o equilíbrio do ácido básico, pressão osmótica e compor os sucos: gástricos, pancreático, entérico e da bílis.

◊ Sua deficiência apresenta sinais como dores ósseas, fome constante, intumescimento abdominal, membros pesados, sensação de calor nos rins, sono perturbado (angustiante, com grunhidos e gemidos), pele verde-amarelada, prostração nervosa e urina com sangue.

◊ Nos é fornecido quase em sua totalidade necessária para o dia a dia no sal grosso marinho. Mas também é encontrado nos seguintes alimentos: alcachofra, alface, azeitona verde, batata-inglesa, cenoura, escarola, espinafre, laranja, lentilha, pepino e rabanete.

❑ Ferro

◊ Componente essencial da hemoglobina, leva o oxigênio no sangue, compõe várias enzimas e lhe cabe o papel importante nas oxidações celulares.

◊ Sua deficiência provoca anemia, percebida pela palidez, desânimo, falta de atenção, falta de disposição para trabalhar, vertigens, falta de ar e cansaço.

◊ Encontra-se no reino vegetal na aveia, castanha-do-brasil, melado, soja, trigo, uvaia, noz, figo seco, lentilha, tâmara, banana e folhas (alface, espinafre, couve, agrião).

❑ Vitaminas

◊ Para a manutenção da saúde, do crescimento, da defesa contra infecções e nutrição orgânica. Favorecem a assimilação dos alimentos pelo corpo. A falta de vitaminas determina estados mórbidos definidos por xeroftalmia, beribéri, anemia, escorbuto, raquitismo, entre outras doenças.

❑ A ou provitamina A

◊ Preside o crescimento e alimenta a mucosa e os tecidos, dando resistência contra as enfermidades.

◊ Gera elementos de defesa contra infecções.

◊ Fundamental para o crescimento dos ossos e dentes.

◊ Sua falta ou insuficiência perturba o crescimento, produz secura da pele da conjuntiva e das glândulas lacrimais. Acarreta moléstias dos olhos, predispõe às infecções das vias respiratórias e aos cálculos renais, além de distúrbios no estômago, fígado e nos intestinos.

- As fontes vegetais mais ricas são as folhas verdes (quanto mais verdes mais ricas) e os vegetais de coloração amarela, bem como as frutas dessa coloração. Então, temos como exemplo: abóbora (crua ou cozida), abricó-do-pará, acelga, alface de folhas verdes ou brancas, alfafa, ameixa seca e ameixa fresca vermelha, beterraba, brócolis, buriti, caju vermelho, caqui, cenoura, chicória, coentro, couve-manteiga, damasco, dendê (fruto), escarola, espinafre, goiaba vermelha, mamão, manga, mostarda (folha), melão, nabo branco (folha inclusive), óleo de buriti, óleo de tucumã, papaia, pêssego, pimentão vermelho, pupunha crua sem casca, salsa, tangerina, tomate, tucumã, piqui.

- B1 ou tiamina
  - Indispensável à saúde do sistema nervoso e como fator de crescimento normal, da regularidade do metabolismo e da manutenção do apetite.
  - É destruída à alta temperatura e é hidrossolúvel.
  - Encontrada na abóbora-moranga, amendoim vermelho e o amarelo cru com a película, amendoim torrado com a película e sem ela, castanha-do-brasil, castanha-de-caju, arroz integral, farelo de arroz, farinha de trigo integral, flocos de cereais, aveia em flocos, centeio, cevada, levedo de cerveja em pó, semente de girassol, soja, tamarindo, gérmen de trigo.
- B2 ou riboflavina
  - Sua deficiência no organismo causa perturbações digestivas, afecções da pele, catarata e inflamações da córnea; na pele, essa deficiência causa escamações seborreicas nas abas das narinas e no vestíbulo da orelha; causa também fissuras nas comissuras labiais. Nos olhos, causa lacrimejamento, prurido, fotofobia, intensa vascularização esclerótica. Na boca: inflamação da língua, com papilas atrofiadas e coloração vermelha-purpúrea.
  - Encontra-se no amendoim cru sem a película, nas amêndoas, no amendoim vermelho (só a película), na aveia em flocos, no brócolis, na escarola, no espinafre, no levedo de cerveja, na tâmara fresca, no trigo integral. De origem animal para

dietas ovolactovegetariana: iogurte natural, queijo minas frescal e ovo cozido.

□ B3 ou niacina

◊ Participa nos mecanismos de oxidação celular, interfere no aproveitamento das proteínas no organismo, influencia no metabolismo do enxofre e ativa o mecanismo dos glicídios no corpo.

◊ Sua carência provoca o aparecimento da pelagra, caracterizada por eritema, perturbações digestivas, nervosas e mentais. A pelagra era conhecida como a doença dos três "Ds" por provocar: dermatite (escamações na pele), diarreia (com consequentes lesões da mucosa oral e língua) e demência (devido às alterações mentais, tais como alucinações, delírios e amnésia).

◊ Encontra-se na abóbora-moranga, alfarroba (carobe), amendoim cru com película, amendoim roxo e amarelo (só na película), castanha-do-brasil, feijão-preto, fruta-pão, levedo de cerveja em pó, pimentão doce, semente de gergelim, tâmara fresca e seca, gérmen de trigo, trigo integral.

□ B6 ou piridoxina ou adermina

◊ Sua deficiência causa a pelagra, e seu uso a combate.

◊ É um importante protetor do cérebro e do sistema nervoso central.

◊ É alvo de estudo no tratamento da proteção contra degenerações cerebrais e males tais como parkinson e o alzheimer.

◊ Também auxilia nos casos de depressão, nos transtornos de humor, na TPM, síndromes pré-menstruais e nas dores de cabeça crônicas.

◊ Suas fontes mais conhecidas são os produtos provindos do reino animal. Carnes de frango, peru, fígado, ovos, leite, queijo, salmão e frutos do mar.

◊ Há ricas fontes veganas nas leguminosas, nos cereais integrais e vegetais de folhagem verde-escuro.

◊ Encontrada em feijões, lentilhas, folhagens verde-escuras (como espinafre, couve, brócolis), cenouras, produtos de farinha de trigo integral (preferencialmente mais frescos), batata, banana, melão, abacate, castanhas e vagem.

□ B12 ou cobalamina

◊ Necessária à eritropoiese, que é a produção de eritrócitos popularmente chamados de hemácias ou células vermelhas. Essa vitamina gera muita incerteza entre os aspirantes ao veganismo e ao vegetarianismo devido ao seu papel no corpo humano e às suas desconhecidas fontes no reino vegetal.

◊ Essa é uma vitamina fundamental. Parte do metabolismo dos aminoácidos e dos ácidos nucleicos depende dela.

◊ Além de ser um poderoso antianêmico, essa vitaminas é necessária à manutenção do sistema nervoso. Ela age contra as degenerações nervosas causadas pelas anemias profundas.

◊ É preventiva contra problemas cardíacos, derrames cerebrais, e é importante no fator do crescimento.

◊ Produz apetite, vigor físico e força de vontade.

◊ Para os ovolactovegetarianos há uma fonte razoável no levedo de cerveja, nos cereais integrais, nas algas marinhas, no leite, nos laticínios e ovos. Na dieta carnívora, há nas carnes de sangue vermelho, de sangue branco e nos peixes.

◊ Como notar sua deficiência, especialmente, no caso de veganos e vegetarianos rigorosos, uma vez que a diversidade de fontes não é fácil de ser achada na quantidade recomendável:

» irritabilidade, depressão, dormência e formigamento em diferentes partes do corpo, parestesia dolorosa (sensações de pressão, frio ou queimação) nas extremidades dos membros superiores e inferiores, distúrbios neurológicos, fadiga, desequilíbrio do sistema gastrointestinal, problemas de visão, perda de apetite, inflamações da boca, do estômago e intestino, perda de peso e pele amarelada.

- C ou ácido ascórbico
  - Vitamina hidrossolúvel e termolábil.
  - Fortalece o sistema imunológico e facilita a circulação sanguínea.
  - Tem efeito desintoxicante, antioxidante, previne contra a anemia, pois ajuda o organismo a absorver o ferro.
  - É uma vitamina indicada no tratamento de toda doença. Combate os radicais livres, impede a oxidação celular, o envelhecimento precoce e os mais diversos adoecimentos, incluindo o câncer.
  - Ela ajuda na absorção do ferro e, por isso, vai aumentar a hemoglobina no sangue, consequentemente, prevenindo contra anemias.
  - Além de tudo, pode reduzir o estresse, pois causa interrupção na produção do cortisol.
  - Encontra-se nos seguintes alimentos: abacaxi, acerola, beterraba, brócolis, caju amarelo e vermelho, carambola, caruru, couve-de-bruxelas, couve-manteiga, couve-flor, fruta-do-conde, goiaba, groselha preta, laranja, limão, kiwi, mamão, manga, morango, pêssego, pimentão (verde, vermelho e amarelo), pitanga, pitaya, pitomba, rabanete vermelho, rábano preto, salsa, tangerina, tomate.
- D, D1, D2 e D3
  - É lipossolúvel e o próprio organismo a produz.
  - A ação dos raios ultravioleta do sol na pele gera a vitamina. Ao penetrar através da pele, o raio solar encontra o ergosterol, uma provitamina D existente no organismo e forma vitamina D no corpo.
  - Ela também pode ser obtida em alguns alimentos. Na cultura carnívora há muitas opções. No veganismo e vegetarianismo, as pesquisas são crescentes.

◊ Suas funções no corpo são muito importantes. Regula a concentração do cálcio e fósforo, pois favorece a absorção desses minerais no intestino e regula as células que degradam e formam os ossos, mantendo os seus níveis no sangue.

◊ Ela forma bons dentes e ossos.

◊ Sua deficiência pode causar diversas osteopatias em todas as idades, cáries dentárias, desenvolver alguns tipos de câncer, diabetes mellitus e hipertensão.

◊ Pode-se expor frutas e verduras ao sol da manhã e com esse recurso se obter ergosterol para ser transformado em vitamina D. Isso funciona muito bem com a banana.

◊ Os cogumelos são excelentes fontes veganas de vitamina D.

◊ Na dieta ovolactovegetariana, os laticínios são recomendáveis.

□ E, tocoferol

◊ Essa é uma vitamina fundamental, pois participa na construção de alguns tecidos do corpo e auxilia nas funções vitais do organismo.

◊ Formada por dois poderosos antioxidantes: tocoferóis e tocotrienóis que, além de retardarem o envelhecimento, previnem contra o câncer e evitam rugas na pele.

◊ É chamada de vitamina da fertilidade e é usada no tratamento da esterilidade.

◊ Também é utilizada no tratamento de mulheres tanto para evitar o aborto como no período da menopausa.

◊ Usada nas enfermidades cardíacas e dos vasos sanguíneos, no diabetes, na distrofia muscular e na azia.

◊ Evita que as células se tornem gordurosas e previne a intoxicação por falta de oxigênio das membranas celulares.

◊ Protege o coração, os vasos sanguíneos, os músculos e o aparelho reprodutor, um anticoagulante natural que evita a apoplexia.

◊ Dissolve coágulos frescos e evita a embolia, aumentando a baixa contagem plaquetária, curando, assim, a tromboflebite.

◊ Ajuda na absorção da vitamina A e, por isso, é usada nos tratamentos onde essa vitamina é recomendada. Por exemplo, nos tratamentos da pele e dos olhos é recomendável usar as duas, vitaminas A e E.

◊ A falta da vitamina E é uma das causas da distrofia muscular.

◊ Em pessoas que têm dificuldade de absorver gordura e nos bebês prematuros, com peso abaixo do normal, sua falta é percebida.

◊ Sua deficiência também pode causar problemas neurológicos.

◊ Suas melhores fontes são vegetais e a variação é imensa. Veja: amêndoa, amendoim, avelã, gérmen de trigo, pistache, banana, couve (as folhagens comestíveis de coloração verde-escura), azeitona, milho-verde, os óleos vegetais (entre outros, o de coco, de linhaça, de amendoim, de gérmen de trigo, de girassol, de gergelim, de soja - orgânica, de milho e o azeite de oliva), castanhas (todas), nozes, oleaginosas, cereais integrais e algumas sementes, como a do girassol e abóbora.

◊ Há fontes de origem animal como ovos, fígado e gordura de carnes, mas a quantidade dessa vitamina vegetariana é fantástica.

□ F, ácidos graxos

◊ O ácido graxo é essencial, um ácido gorduroso insaturado que o corpo não é capaz de produzir e que ajuda a queimar a gordura saturada.

◊ É solúvel na gordura e é obtido através dos alimentos.

◊ Conhecida como a vitamina que causa felicidade e que se consumida diariamente pode substituir o café.

◊ É necessária quando há um alto consumo de carboidratos.

◊ Usada no tratamento da próstata, nas enfermidades cutâneas, para evitar asma, artrite e eczema nas crianças.

◊ Está presente no óleo vegetal de amendoim, óleo de gérmen de trigo, óleo de girassol, óleo de linhaça, óleo de açafrão, óleo prensado de grãos integrais como a soja orgânica e no amendoim, noz pecan, amêndoa e abacate.

□ K, Filoquinona

◊ Conhecida como a vitamina da coagulação sanguínea, é importante para a saúde, em especial do sangue.

◊ Tem a função de produzir proteína para que tenhamos ossos e tecidos saudáveis.

◊ Importante na fixação de cálcio nos ossos e nos dentes, para que sejam saudáveis e eficientes em suas funções orgânicas.

◊ Auxilia na elasticidade dos vasos sanguíneos, impedindo o acúmulo de cálcio.

◊ Protege contra hemorragia, aborto e até substâncias cancerígenas.

◊ Contribui para a circulação sanguínea, ajudando na cicatrização e é benéfica para as gestantes.

◊ Só aparece no corpo após várias semanas do nascimento. Nos prematuros, previne hemorragias, pois aumenta a coagulação sanguínea evitando que tenham complicações com qualquer sangramento.

◊ Sua deficiência é perigosa para os celíacos e para os que não comem verduras, frutas e legumes. Também é fundamental aos alcoólatras e dependentes químicos.

◊ Existem três tipos de vitamina K, que têm o mesmo princípio, mas algumas especificações:

◊ K1 que é do tipo nutriente, encontrada em alimentos;

◊ K2 é a substância organicamente assimilada na flora bacteriana.

◊ K3 é manipulada industrialmente e usada como complemento alimentar.

◊ Encontra-se nos seguintes alimentos: alface, aveia, azeite de canola, batata, brócolis, cenoura, couve-de-bruxelas, couve--flor, ervilha, espinafre, folhas de castanha, morango, pepino, repolho, roseira brava (fruto), salsa, soja orgânica, tomate, trigo, gérmen de trigo. Nas gemas de ovo.

□ P, rutina, bioflavonoide

◊ É útil nos casos de: pressão alta, para diminuir a possibilidade de apoplexia, evitar a hemorragia e proteger contra os efeitos do raio X.

◊ Tem bom efeito nos casos de gengivites, em eczemas, glaucoma, cirrose hepática e psoríase.

◊ Alimentos ricos em vitamina P: pimentão verde, a polpa branca das frutas cítricas, uvas, ameixas secas, ameixas, groselha preta e os frutos da rosa brava.

□ Mel

◊ Proporciona longevidade, é um sedativo para o corpo e promove um sono sadio.

◊ Age como conglutinante sobre as feridas, é antisséptico, "alcalinizante" peitoral, béquico, expectorante, depurativo do sangue, tonificante cerebral. Combate o raquitismo.

◊ No verão, é um excelente refresco com água fresca ou gasosa, tanto para crianças como para adultos.

◊ Ótimo para o tratamento das vias respiratórias, nos entupimentos nasais crônicos, nas sinusites ou rinites constantes ou não, mastigar o favo do mel é um bom remédio.

◊ Dois remedinhos caseiros antigos para afecções nas vias respiratórias:

» Para usuários de leite: numa xícara de porcelana se adiciona uma colher de sopa de mel e leite quente; consumir em jejum, pela manhã.

» Para intolerantes ao leite: numa xícara de porcelana se adiciona um alho amassado, sumo de uma limão,uma colher de sopa de mel; sobre eles despejar água fervida, misturar e beber antes de dormir ou em jejum, pela manhã.

◊ Nas afecções do aparelho digestivo, das úlceras, da laringite, da faringite, da cardiopatia, das afecções do fígado, nas perturbações intestinais, na furunculose, nas úlceras e feridas, nos estados febris, nas debilidades gerais e nas doenças infecciosas.

◊ O mel contém ferro e por isso é recomendado aos anêmicos. Quanto mais escuro o mel, mais ferro tem. Há a indicação do uso de duas porções de 15 g diariamente.

◊ Ele suaviza o estômago, criando condições que aliviam tosses importunas, exercendo uma suave ação laxante e eficaz. Essa mesma condição também ameniza a dor artrítica.

◊ Em abcessos, furúnculos e tumores, o uso de cataplasmas de mel com farinha de trigo é um estimulante no processo de maturação e drenagem espontânea.

◊ Tem a faculdade de destruir bactérias. O mel fresco é mais recomendado para essa finalidade. Diz-se que destroi o tifo em cerca de 48 horas e os vírus de broncopneumonias em 4 dias.

◊ Deixa o coração sadio, melhorando os casos de hipertensão arterial.

◊ Excelente para os enfermos das vias digestivas, aliviando e impedindo fermentação gastrointestinal. É antipútrido e, no caso da prisão de ventre, é indicado seu uso em jejum pela manhã e antes de dormir, um ou dois copos de água potável morna adoçados por uma colher de chá de mel, além da acalmar, vai ajudar na evacuação.

◊ Nas afecções da boca e da garganta (aftas, amigdalites, inflamações da garganta, gengivites), são indicados gargarejos com mel, vinagre e sal grosso.

◊ Na alimentação da lactente vai fazer bem tanto a ela quanto ao bebê. Para os recém-nascidos, previne e abranda a sintomatologia da febre de inanição. No caso do uso de adoçante para as mamadeiras, o mel é uma excelente opção.

◊ No uso infantil, é excelente na enurese infantil, tosse e prisão de ventre. Na constipação infantil, pode ser dada uma colher de café de mel dissolvida em água morna.

◊ Para as gestantes que bebem leite, uma xícara dele com uma colher de sopa de mel confere uma boa qualidade e quantidade de cálcio.

◊ Para as crianças em crescimento, é bom, porque ajuda no desenvolvimento corporal, aumentando a taxa de hemoglobina, o peso, a energia, a vivacidade e a aparência (sendo um calmante natural que dá energia e alegria). Como base da dieta infantil, na falta do leite materno, pode minimizar cólicas. As crianças que o usam como adoçante não sofrem com cólicas.

◊ No combate às câimbras, usar duas colheres de chá em cada refeição. Os atletas, quando se desgastam muito, podem tomar uma dose de mel (uma colher de sopa) antes e outra depois do treinamento; além do mel ajudar ao bom funcionamento muscular e à recuperação física pós treino, vai ajudar na recomposição celular do cérebro, que vai se alinhar ao bom funcionamento do físico.

◊ O uso diário de manhã de uma colher de sobremesa vai ajudar em casos de: cálculos nas vias urinárias, na litíase renal, na gota.

◊ Faz desaparecer a fadiga e a sensação de cansaço. É uma fonte de energia e força boa para todos que exercitam intensamente o corpo físico. De fácil digestão e capaz de excitar os intestinos, é indicado para atletas, estudantes, pessoas que têm vida dinâmica ou pensam demasiadamente. Bom para os fatigados, neuróticos, debilitados, os que sofrem do fígado, dos rins, de prisão de ventre, inapetência e clorose.

◊ É um excelente tônico cerebral e, para isso, basta tomá-lo diariamente. Ele é um reconstituinte das células cerebrais.

◊ Para combater a insônia: diluir uma colher de chá de mel em água potável aquecida e tomar antes de se deitar.

◊ Há indicação para a dor de dente: misturar mel com açafrão ou farinha de linhaça e friccionar na gengiva com gentileza.

◊ Como colírio é usado coado e há indicação do mel de Jataí contra glaucoma, mas sugiro que seja bem pesquisado antes de ser usado, parece que arde e pode ser desagradável.

◊ Nas febres se usa mel diluído na água com suco de limão.

◊ No caso de descalcificação, raquitismo e avitaminose, seu uso é de grande ajuda.

◊ Nas ressacas, duas doses de 120 g de mel. A segunda dose deve ser tomada meia hora depois da primeira.

◊ No sarampo e na varíola (embora ambas as doenças tenham sido erradicadas, eventualmente ouvimos falar sobre algum foco): chá de folhas de laranjeira adocicado com mel, uma xícara de 3 em 3 horas.

◊ Em problemas da pele, por exemplo, pruridos, dermatoses e eczemas o uso regular de uma colherinha de café ajuda.

□ Geleia real

◊ Conhecida como prolongadora da vida.

◊ Beneficia os cardíacos, portadores de perturbações nervosas, nas alterações patológicas das vias respiratórias, nas perturbações do aparelho digestivo, afecções vasculares e doentes do Parkinson, esgotamento nervoso, nos casos de melancolia, nas neuropsicoses, nas obsessões, no combate às afecções resistentes aos antibióticos, normaliza a pressão arterial (corrigindo tanto a hipertensão quanto a hipotensão), nos eczemas.

◊ Boa no tratamento das úlceras duodenais, na icterícia, na anemia crônica e perniciosa e na leucemia linfática.

◊ Normaliza o funcionamento das glândulas suprarrenais, da tireoide, do baço, do fígado, dos ovários, entre outros.

◊ Há um efeito satisfatório de seu uso na pele, principalmente das mulheres, também na menopausa.

◊ Restaurador do apetite em todas as idades e para os bebês prematuros, que, nesse caso, sua utilização deve ter a orientação de um nutrólogo infantil e do médico.

□ Melado de cana

◊ Poderoso antianêmico de culturas familiares antigas.

◊ Recomenda-se no caso da prevenção contra anemia que se use o melado acompanhado da vitamina B12, encontrada em abundância no levedo de cerveja ou no leite com cereais integrais.

◊ Uma ou duas colheradas diluídas num copo de água em jejum é um bom laxante.

◊ Rico em cálcio e fósforo, é altamente indicado na alimentação das crianças para um bom desenvolvimento ósseo.

◊ Usado para adoçar bebidas naturais, chás e na feitura de bolos, tortas, biscoitos, bolachas e pães.

◊ Poderá ser feito em casa a partir de uma rapadura.

◊ Derreter a rapadura em um tacho (ou panela que não solte resíduos) com um pouco de água no fogo brando.

◊ Precisa mexer sempre para não grudar.

◊ Quando estiver na forma de calda, retirar do fogo.

◊ Coar em peneira fina para retirar resíduos.

Cereais

- Arroz integral

□ Já falamos muito desse cereal maravilhoso e tão usado, pois é uma das primeiras alternativas para uma opção conscientemente saudável de vida; está no início deste livro.

- Precisamos lembrar que ele é mais rico na forma integral do que na forma "beneficiada" branca.
- Na forma integral, contém todo o complexo B vitamínico entre outras vitaminas e outros nutrientes importantes.

• Quinoa

- Alimento de origem andina, usado desde os incas com muita frequência. No Peru e nos países onde os incas habitaram, se alterna quinoa com o "maís", o milho amarelo gigante que é característico da região. Na região, só se cozinha a quinoa sem sal e é utilizada doce, salgada, tostada, como farinha, como pão e flocada.
- Consumido nos países latino-americanos da Cordilheira como consumimos o arroz por aqui. Dito como grão e nem sempre cereal por ter um plantio e crescimento diferente dos demais cereais.
- Possui as mesmas vitaminas do arroz e do trigo. Contém vitaminas do complexo B que ajudam no sistema nervoso, na manutenção muscular e na síntese hormonal.
- Rico em proteínas, fibras, cálcio e ferro.
- Ajuda e fortalece a dieta de praticantes de atividades físicas vigorosas, pois fortalece a musculatura.
- Reduz o colesterol e previne doenças cardiovasculares. Possui uma quantidade de ômega-3 e 6 bastante eficaz nesse processo preventivo.
- Fortifica os ossos e previne doenças como a osteoporose e a hipertensão, devido à sua quantidade de cálcio.
- Auxilia no bom funcionamento do sistema nervoso, graças à boa quantidade de vitaminas do complexo B.
- Favorece à massa magra muscular e ajuda no emagrecimento saudável. Também as vitaminas do complexo B ajudam na manutenção muscular.

- A quantidade de fibras da quinoa produz sensação de saciedade, ajudando no processo de manutenção do peso e de emagrecimento.
- Fortalece o sistema imunológico.
- Auxilia no processo de cicatrização.
- Recomendada aos celíacos, pois não contém glúten.

• Trigo

- Produtos e tipos de trigo que encontramos mais comumente na dieta saudável: grão inteiro, grão cortado (de quibe), farinha de trigo integral, gérmen de trigo e farelo de trigo, trigo sarraceno, trigo mourisco, macarrão de trigo integral, macarrão de trigo sarraceno.
- Qualquer que seja o tipo de trigo, ele deve ser novo e, preferivelmente, de fonte orgânica.
- Nutricionalmente é menos rico do que o arroz integral.
- Ele compensa o organismo no excesso de açúcar. Ou seja, se você comeu muito açúcar, é recomendado que o consuma no dia seguinte.
- Gérmen de trigo é um produto importante extraído dele. Rico em vitamina E, exerce função importante na fertilidade e reprodução natal, sendo recomendado contra a esterilidade.
- Indispensável para as gestantes por causa da quantidade de vitamina E que elas necessitam.
- Os sais minerais que o trigo contém são preciosíssimos por seu valor nutritivo.
- Na composição do trigo encontramos um grande percentual de carboidratos, fibras alimentares, proteínas, sais minerais (sendo rico em ferro), gorduras e água.
- Ajuda os alcoólatras se libertarem da dependência do álcool.

- Combate ao beribéri e às deficiências do sistema nervoso relacionadas com a falta da vitamina B1 que, frequentemente, provoca paralisias e atrofias musculares.

- Rico em proteínas vegetais (gluadina e glutelina) necessárias ao desenvolvimento da criança e à composição dos tecidos do corpo humano.

- Farelo de trigo é outro produto do trigo de grande utilidade. É parte da película externa do trigo.

- Evita: o câncer no cólon e no reto, ataques cardíacos, diverticulite, varizes, hemorroidas, prisão de ventre, obesidade, entre outros males. O farelo é excelente na prisão de ventre, principalmente, em jejum, misturado em vitaminas ou apenas com mel.

- Fornece maior vitalidade, resistência a vírus, desequilíbrios orgânicos e eliminação de toxinas. Ajuda na beleza física.

- Seu uso constante, em menos de um ano, elimina o colesterol excessivo.

- Para obesos, uma boa dieta à base de muitos vegetais e legumes, 80% crus e 20% cozidos, acompanhada de duas colheres de sopa de farelo de trigo, em cada refeição, ajudará o peso a diminuir, sem danos à saúde e sem sofrimentos, uma vez que esses alimentos podem ser consumidos em quantidade.

- É recomendado em uso externo como: cataplasma para dores, contusões, inflamações, chagas, febres, entre outros problemas semelhantes. Preparo do cataplasma: misturar o farelo em água fervendo, formando uma pasta que, observando a temperatura para não queimar, deve ser colocada sobre a área afetada. Sobre o cataplasma, colocar um papel filme ou plástico, para, então, vedar com faixa de gaze. Deve-se deixar o emplasto de cinco a seis horas e repetir o procedimento por vários dias seguidos até que o enfermo melhore.

- Máscara de beleza: meia xícara de farelo de trigo misturado em água fervendo, fazer a massa e colocar sobre o rosto. Deixar por 30 minutos, lavando em seguida com água fria. Desintoxica os poros e embeleza a pele. Esse tratamento pode ser feito diariamente.

- Ele é usado em biscoitos, pães, granolas, bolos, tortas, ornamentar cremes e sorvetes, substituindo as castanhas partidas.

• Centeio

- Indicado para diabéticos, hipertensos, pessoas com tendência à obesidade e atletas.
- Aqueles que são intolerantes ao glúten devem evitá-lo.
- Rico em fibras, em sais minerais e pobre em calorias.
- Contém albumina, fécula, vitaminas e minerais.
- Mais usado como farinha em pães e biscoitos.

• Aveia

- Contém potássio, fósforo, cálcio, ferro.
- Reforça os nervos, é mineralizante e reconstituinte.
- Quando devidamente preparada é de fácil digestão.
- Os flocos pequenos podem ser comidos crus.
- Ela traz saciedade. Por possuir fibras insolúveis e solúveis, sua digestão é menos rápida. E as fibras insolúveis absorvem a água que está no organismo e a "sugam". Esse processo as faz crescer de tamanho e formar um gel que forra as paredes do estômago e dos intestinos, demorando a evacuação e prolongando a sensação de saciedade. As solúveis possuem beta-glucanas, que são parcialmente digeridas pelo intestino.

• Cevada

- Cereal integral pouco usado em grão no Brasil, mas é mais nutritivo que o trigo. Faz bem para o organismo por seus nutrientes e à beleza estética.
- A farinha de cevada verde é rica em vitaminas: A, complexo B, C e K.
- Tem minerais como: cálcio, fósforo, selênio, zinco, iodo, cobre, magnésio, manganês e tiamina.

- É excelente para funções de aprendizado e desenvolvimento neuronal.
- A germinação artificial dos grãos resulta no malte, que é usado na fabricação da cerveja.
- Os grãos torrados dão o café de cevada, bastante usado por quem tem intolerância à cafeína.
- Grão inteiro pode ser usado no preparo de sopas, que são bem nutrientes que esquentam o organismo.
- Suas fibras estimulam o funcionamento do intestino, melhorando a absorção de nutrientes e prevenindo doenças do trato intestinal.
- É diurética, ajuda na oxigenação das células, estimulando a circulação e dinamizando o sistema metabólico.
- Outras vantagens: é antioxidante, ajuda no sistema imunológico e na manutenção dos ossos e contém iodo que favorece o funcionamento da tireoide.
- LEVEDO DE CERVEJA é produto da cevada e traz benefícios maravilhosos.
- É um protetor natural contra a poluição.
- Ajuda o fígado a desintoxicar o organismo e protege contra a radiação.
- Contém as vitaminas do complexo B, extremamente deficientes nas dietas sem fibras e alimentos integrais.
- Auxilia no tratamento da fraqueza muscular, do cansaço mental, das doenças da pele, da depressão, da falta de concentração, da falta de memória e de desgastes comuns à vida atual.
- Ao comprá-lo a granel, em pó, certifique-se da validade, pois quando está velho é bastante amargo, desagradável, pode sobrecarregar o fígado e prejudicar o metabolismo.

• Milho

- Contém vitamina B1, magnésio, fósforo, potássio, ácido fólico, gorduras naturais e nitrogênio. Uma composição que auxilia na condução dos impulsos nervosos e tudo que a ele se relaciona, inclusive à memória. E, além disso, muito favorece aos atletas amadores e profissionais, porque o potássio auxilia a evitar câimbras, a fadiga muscular e benéfica à saúde dos músculos.

- Também contém vitamina B6, o ácido fólico, outro fator considerável aos nervos, pois é importante na formação do tubo neural e previne a depressão. Outros fatores bons dessa vitamina são a contribuição com o sistema imunológico e a prevenção nas más formações congênitas.

- Bom alimento por sua concentração de carboidratos e proteínas. É uma fonte de energia para o corpo.

- Entre seus melhores benefícios orgânicos, temos o trato que dá no intestino preso. A saúde melhora com isso e é excelente na prevenção contra a obesidade.

- **Temos que citar que o magnésio e o fósforo são** minerais fundamentais para a saúde óssea e cardiovascular.

- Rico em antioxidantes, luteína e zeaxantina que ajudam na manutenção do bem-estar, da longevidade e protegem contra doenças degenerativas oculares. Lembrando que os antioxidantes fortalecem a imunidade.

- Devido ao alto teor de fibras, além de regular o funcionamento do intestino, aumenta a sensação de saciedade.

- Ele ajuda na saúde da visão. Seus antioxidantes previnem as doenças degenerativas oculares, especialmente a catarata e os declínios devido à idade.

- Recomendado aos neurastênicos e para regiões altas e frias, para manter a pressão sempre mais baixa.

- Seu grão duro ou verde é altamente usado na culinária do Brasil. Nas festas tradicionais de junho, o milho é presença indispensável: desde o milho-verde, espiga cozida ou assada na brasa das fogueiras, até as variações como canjicas, curais, bolos, cuscuz e pipocas.

- Na culinária de todos os Estados brasileiros, temos algum prato que utiliza o milho. Diversas formas de cuscuz, pães de milho, bolos, biscoitos, broas, panquecas, angus, sopas e mingaus, todos produtos do milho que estão sempre presentes no cotidiano do povo.
- A pipoca, que durante muito tempo foi a companhia dos cinemas, vem se revelando excelente lanche "fit".
- O grão seco também é usado na ração das galinhas, mas quando cozido pode ser uma opção diferente, nutritiva e saborosa.
- Os celíacos e intolerantes ao glúten têm nele uma opção nutritiva e deliciosa.

• Leguminosas

- Fundamentais na dieta saudável natural, ovolactovegetariana, vegetariana e vegana.
- Frutificam em vagens e são ricas em proteínas.
- Em sua maioria, são utilizadas já secas, cobertas por uma fibra insolúvel, uma celulose, que requer prévia reidratação, antes do cozimento para amenizar a difícil digestão.
- Essa má digestibilidade provoca fermentação e pode ter resultados desagradáveis, tais como cólicas e gases, muitas vezes fétidos.
- As leguminosas são alimentos excitantes e pesados. Devem ser deixados de molho no mínimo uma noite e precisam ser muito bem mastigados.

• Soja

- Uma nota especial a essa leguminosa nobre que vem numa trajetória histórica de profunda utilidade. Uma das mais nobres aliadas contra a desnutrição, contudo são tantas contradições relativas ao plantio com os agrotóxicos e com os grãos transgênicos que nos fazem ter um pé na frente e outro atrás.

- Mas, supondo que tenhamos um produto orgânico confiável, podemos ter um alimento muito rico em nutrientes que nos dará, além dos grãos comidos *in natura*, salgadinhos, leite, queijo, óleo, pasta salgada (missô), molho de soja (shoyo), farinha e tudo que se pode criar a partir destes.
- Quando a película externa é extraída, após ser deixada de molho, a digestibilidade de seus produtos é melhor. Essa película é muito ácida.
- Sua farinha é obtida da moagem do grão seco. É considerada muito nutritiva. Substitui a farinha de trigo e pode ser usada em pães, bolos e tudo mais que se faz com a farinha de trigo.
- Também se obtém dela um requeijão ("bean cural") e um café, que é constituído a partir do grão torrado e moído.
- Quanto à sua riqueza proteica, meio quilo de seu grão é equivalente a um quilo de carne ou a 30 ovos, ou ainda a seis litros de leite.
- Sua proteína combina 10 aminoácidos essenciais ao equilíbrio humano, é capaz de estimular o crescimento e a energia do mesmo modo que as proteínas provenientes dos alimentos de origem animal.
- Possui, além da proteína, cálcio, ferro (em quantidade capaz de restaurar quase imediatamente a hemoglobina do sangue) e lecitina (ótimo tônico nervoso);
- Também possui um óleo de fácil digestão e ótima qualidade.
- E mais, é rico em vitaminas A, B, B12, C, D e E.

• Feijão-azuki

- Feijão pequeno, de cor de vinho escuro e muito conhecido como feijão-japonês.

- Cultivado pelos japoneses no Brasil, é muito rico e especial no tratamento dos rins (pedras). Para o tratamento dos rins, ele pode ser usado todos os dias, acompanhado da abóbora hokkaido (a japonesa de casca escura).
- Dá uma excelente feijoada vegana.
- Feijões: preto, roxinho, jalo, carioca, branco, mulatinho, e todas as espécies de feijões.
- Excelentes fontes de energia e proteína.
- Feijão é o nome de uma grande variedade de sementes nutrientes ricas em proteínas, ferro, cálcio, vitaminas, carboidratos e fibras.
- Convém conhecer a origem deles para não comer agrotóxicos.
- Os feijões, quando deixados de molho por dois dias, começam a brotar e, então, são mais digestivos e não fermentam.
- Como a maioria dos feijões são usados secos, cobertos com uma celulose, que é indigesta, eles precisam de uma prévia hidratação antes de serem cozidos.
- Essa digestibilidade difícil provoca fermentação, que pode ter resultados desagradáveis, tais como cólicas e gases fétidos.

- Ervilha seca, ervilha fresca, ervilha fava

São recomendadas para uma série de cuidados, tais como: prevenção contra depressão, fortalecimento do sistema imunológico, combater o câncer, melhorar a visão, ajudar na digestão, fortalecer os ossos e prevenir contra diabetes.

E fazem bem ao coração, aos músculos, à pele, ao cérebro e ao sangue.

Cuidado com enlatados e conservas. É sempre bom ler os ingredientes, nomes de conservantes, acidulantes e outros; quanto mais difíceis, mais complexos para o corpo digerir.

- Lentilha

- Rica em proteínas.
- Ajuda a proteger o coração e os vasos sanguíneos.
- Fortalece o sistema imunológico.
- Regula a pressão arterial.
- Previne e ameniza a anemia.
- Auxilia a combater a diabetes.
- Produz sensação de saciedade.

• Grão-de-bico

- Excelente em nutrientes.
- Rico em proteína vegetal.
- Ótimo para digestão.
- Auxilia a combater a obesidade e no controle do peso.
- Ajuda no controle dos níveis de açúcar no sangue.
- Traz a sensação de saciedade.
- Protege contra doenças crônicas.

• Hortaliças

- Aqui incluímos tudo que nasce na horta, legumes, verduras, raízes....

• Abóbora

- A abóbora é rica em vitamina A, B e C.
- Abóbora hokkaido, a japonesa de casca escura e tamanho pequeno.
- Seu formato é semelhante ao da abóbora-moranga.

- É de polpa consistente e muito saborosa.
- Seu aproveitamento é integral: polpa, casca, semente, flores, folhas, brotos e pedúnculo.
- Até crua ela é saborosa. Combina bem em salada, ralada ou cortada em tirinhas, na salada crua com cenoura, beterraba ou nabo.
- É laxante e aconselhada aos que sofrem de hemorroidas e prisão de ventre.
- Excelente diurético, combate a hidropisia.
- Com a polpa cozida se faz cataplasmas para queimaduras de primeiro grau, inflamações externas, furúnculos e antrazes.
- As sementes salgadas tostadas, um hábito comum entre os árabes, usadas como petiscos e até com o pão integral são muito nutritivas. Combinam bem com nozes, coco ou amendoim e são reconstituintes para crianças desnutridas, débeis e raquíticas. São muito ricas e nutritivas.
- Sementes também ajudam a eliminar vermes, principalmente quando ingeridas pela manhã, em jejum.
- As folhas eram usadas na erisipela – friccionando as folhas e as depositando sobre o local afetado; nesse mesmo mal, as flores machucadas também eram usadas.
- As folhas secas maceradas são aplicadas sobre queimaduras.
- A seiva das folhas ajuda a eliminar verrugas.
- As flores são usadas ligeiramente tostadas nas otites.
- As sementes são refrescantes e calmantes e combatem inflamações do tubo digestivo, da bexiga e da uretra.
- Com as sementes se faz um tratamento caseiro complementar contra bronquite: 50 g de sementes descascadas, moídas com 20

g de açúcar mascavo; mistura-se esses ingredientes e se acrescenta 80 g de água; devem ser tomadas várias colheres por dia.

- O pedúnculo triturado e fervido em água potável é empregado no preparo de um chá excelente para o tratamento da hemorragia uterina.
- Os brotos são comestíveis.

• Acelga

- Crua, em salada com limão, desinfeta os nervos (neurite), revigora o cérebro e fortalece o estômago.
- É um excelente purificador do sangue, levando o oxigênio a ele e gerando uma capacidade maior de oxigenar as células do corpo.
- Combina muito bem crua, em suco ou no vapor, auxiliando no tratamento das enfermidades do fígado, na anúria, na disúria, na asma, nas diabetes, na colecistite, nas cólicas hepáticas, na nefrite, nas cólicas renais, na gota, no reumatismo, na enterite, na colite, nas hemorragias intestinais, nas dermatoses (eczema, entre outras), nas úlceras, nas chagas e nos vômitos de sangue.

Em suco:

- é rica e eficaz contra cálculos biliares; para isso, basta combinar com agrião, em porções iguais, e tomar um copo ao dia.
- Todo suco deve ser tomado logo após ser preparado para manter toda sua qualidade nutritiva e de remédio caseiro.
- Contra prisão de ventre: laxante de acelga! Misturar 1 colher de sopa de azeite puro e extravirgem de oliva, com meio copo de suco de acelga.
- Como cataplasma a acelga ajuda no tratamento de adenites, hemorroidas, feridas e úlceras.
- É emoliente e quando cozida pode ser empregada no tratamento abcessos, contusões, tumores com pus, furúnculos, queimaduras entre os mais comuns abcessos inflamados na cútis.

- As raízes utilizadas em chás combatem enfermidades do fígado. Em edemas, contra estados febris e, particularmente, estados de febre tifoide, prepara-se triturando as raízes misturadas com camomila e casca de malva. Essa mistura deve ser cozida e aplicada nos enemas (clister), que são lavagens intestinais.

- Prepara-se como um chá que deve ser coado e esfriado antes de ser usado no aparelho para lavagem intestinal, muito bem higienizado. Tudo deve ser feito, principalmente, com orientação profissional.

• Agrião

- Seu principal valor nutritivo está nos talos. Riquíssimo em iodo, deve ser comido antes de florir.

- Combina bem em saladas cruas com limão, azeitona regada de azeite de oliva extravirgem.

- Aperitivo, diurético, adstringente, antiescorbútico, refrescante, fortificante, oxidante dos humores do sangue, antidiabético, depurativo e remineralizante.

- O suco puro é usado contra dermatites, cálculos renais e hepáticos, na tuberculose, nas desordens digestivas, na má-digestão associada aos gases no tubo digestivo (flatulência) e azedume; no caso de eczemas, congestão do fígado e icterícia; infarto do fígado, escrofulose, herpes, borbulhão, problemas da pele, e, ainda, no caso de varíola e sarampo. Em todos os casos citados, o simples emprego da folha do agrião, preferencialmente crua e muito bem higienizada, pode resolver e curar.

- Nota importante: quem possui ácido úrico, poderá eliminá-lo com agrião, sob a condição de não comer carne, que costuma ser uma das grandes causas desse mal.

- A varíola é removida com emulsão em preparado de água com as sementes do agrião. Essa mesma emulsão provoca transpiração, expelindo várias impurezas.

- As saladas são eficazes no combate de reumatismo, gota, artritismos, inchação das glândulas (especialmente a tireoide), debilidade do coração e dos nervos, escorbuto e avitaminose.

- O agrião limpa o ventre, elimina lombrigas dos intestinos, purifica as vias urinárias, combate o reumatismo, a bronquite e qualquer retenção de catarro no organismo.
- É digestivo, auxiliando a salivação dos alimentos.
- Bom para diabéticos, combatendo a fraqueza do organismo.
- Desintoxica a nicotina presa no organismo dos fumantes e dos fumantes passivos, além de eliminar o catarro.
- Aos carentes de iodo no organismo, se aconselha o uso diário do agrião, em especial àqueles que sofrem distúrbios da tireoide e aos que possuem excesso de ácido úrico.

• O suco de agrião

- Misturado com um pouco de água é diurético e vermífugo, tomando-se de meia a uma xícara pequena, duas vezes ao dia (CUIDADO: em maior quantidade, poderá irritar os intestinos).
- Como expectorante, usar de 60 a 150 g por dia;
- No caso de bronquite crônica, toma-se aos goles o suco do agrião regularmente.
- Para amenorreia, dismenorreia, inapetência, colecistite, colelitíase, debilidade cardíaca, debilidades gerais, dermatose, escrofulose, hidropisia, hepatite, impurezas do sangue, icterícia catarral, litíase renal, litíase vesical, neurastenia, raquitismo, tuberculose, vermes, entre outros males, são eliminados com esse suco.
- Usando o suco no couro cabeludo se previne a queda dos cabelos.

• Maceração do agrião

- Ajuda no tratamento da anúria, anorexia, ascite, cardiopatia, edemas, hidropisia, nefrite.
- Em decocção, na hidropisia, se toma o caldo de agrião cozido; para combater enfermidades do peito, catarros pulmonares, tuberculose (principalmente) e o reumatismo é bom usá-lo em

suco, fervido (podendo misturar em partes iguais com leite de vaca, caso se utilize sem passar mal), antes de dormir.

- O xarope de agrião, sumo misturado com mel, combate a bronquite, tuberculose e tosse.
- O cataplasma sobre úlceras e pústulas de sarna, para apressar suas cicatrizações.
- Em uma quantidade considerável é contraindicado para as gestantes, podendo provocar aborto.

- Aipo
  - Entre suas melhores funções, sabemos que alcaliniza, é antipoluente no organismo, aperiente, carminativo, estimulante, emenagogo, expectorante, febrífugo, laxante e tônico.
  - Rico em sais minerais e vitaminas A, B, C, D e E.
  - Suas folhas em saladas cruas são muito saudáveis e tônicas para os nervos.
  - Suco de aipo fresco ajuda em casos de anúria, dismenorreia, nefrite, hepatite, icterícia, hidropisia, gota, reumatismo, escorbuto, febres e debilidades gerais. Em casos de malária, se aconselha o uso de uma xícara diariamente dividida em três ou quatro vezes.
  - Também auxilia no caso de gases intestinais, nas contenções de líquidos, nas febres e como tonificante doador de energia a certos tecidos do corpo.
  - Em sopas, é bom contra reumatismo e gota, pois desfaz o ácido úrico. Essas sopas são excelentes desintoxicantes celulares.

- Quando em decocção ajuda:
  - Contra enfermidades renais e hepáticas, na cólica crônica e nas debilidades digestivas é excelente.
  - Na depuração do sangue.

- Na elimincação de escrofulose.
- Contra a clorose, a anemia por falta de ferro e a anemia perniciosa.
- No ácido úrico e nas afecções catarrais.
- Com salsa é remédio para a desenteria.
- O cataplasma feito das folhas sobre as contusões limpa, higienizando quando aplicado sobre as úlceras.
- Pomada feita a partir das folhas misturadas em igual quantidade de folhas de hortelã é boa para as lactantes aplicarem aquecida sobre o bico dos seios para minimizar intumescimentos leitosos bastante comuns.
- A raiz seca ao sol e moída (fica em pó) é útil contra chagas cancerosas. Polvilha-se sobre as feridas. Além disso, é aperiente, estimulante, febrífuga e diurética.
- O aipo em salada é contraindicado aos diabéticos, dispépticos e aos de estômago fraco.

- Alcachofra
  - É rica em fósforo, cal, ferro, vitaminas A, B, C, D e E.
  - Ótima para os diabéticos, aórticos, insuficientes hepáticos e renais.
  - Eficaz no caso da icterícia, hidropisia, hipertireoidismo, hipertensão arterial, no descongestionamento geral, na retenção de líquidos, nas doenças do fígado e da vesícula biliar.
  - Age contra a diarreia e é tonificante.
  - Boa para convalescentes e anêmicos, aconselhada também para os que sofrem de casos de clorose, raquitismo, debilidades gerais, obesidade, toxemia, cálculos na bexiga, nos rins e inflamações rebeldes em geral. Nesses casos, é melhor ser ingerida tenra, crua ou ligeiramente aferventada, em grande

quantidade, duas vezes ao dia, durante algumas semanas, até melhorar o problema.

- Alcachofra com limão é uma indicação básica para nefríticos, que devem comê-la em grande quantidade e tomar seu caldo também combinado com limão.
- A combinação da alcachofra com o suco de limão, além de saborosa, é excelente para a saúde. Existe tratamento caseiro de alcachofra com suco de limão que é excelente. Os produtos orgânicos sempre são recomendados e com melhores resultados. A dosagem é bem pessoal. É preciso uma observação consciente das reações. E, aqui, temos alguns desses tratamentos complementares que, se usados por alguns dias, a diferença é notada:
    - pessoas diabéticas que adicionaram suco de tomate obtiveram ótimos resultados;
    - os asmáticos devem usar, sem o suco de tomate, em forma de caldo, acrescentando azeite extravirgem, três vezes ao dia, e obterão rapidamente bons resultados;
    - sifilíticos podem comê-la com limão, enquanto fazem seus tratamentos e como prevenção e fortalecimento;
    - aos que sofrem de hemorroidas e escrofulose devem usar a alcachofra com cenoura regada com suco de limão;
    - os reumáticos e os gotosos devem abolir da dieta produtos de origem animal, optando por uma dieta vegana bem orientada e usar alcachofra em salada com suco de limão;
    - aos prostáticos se indica caldo de alcachofra com cenoura e suco de limão, paralelamente é indicado banhos quentes em seguida;
    - pessoas cardíacas deveriam suprimir alimentos de origem animal e a ingerir com limão frequentemente;
    - os hemofílicos podem usar a combinação em forma de saladas cruas ou cozidas.

- Alface
  - ☐ A folhagem é considerada como a mais rica em vitaminas, proteínas e sais minerais. Quanto mais verde a folha, mais rica em vitamina A.
  - ☐ Alface é a folha presente em todas as saladas comuns na dieta brasileira.
- Temos os seguintes tipos de alface:
  - ☐ **Frisée ou frisada** – um tipo de folhas arredondadas e mais conhecida na gastronomia francesa. Rica em vitaminas A e C, fósforo e cálcio. É rara e é a mais nutriente das alfaces.
  - ☐ **Romana** – tipo de folhas suavemente crocantes, lisas e tenras. Fonte de vitamina K e magnésio.
  - ☐ **Americana** – verde-clara, textura crocante fresca, folhagem firme, mas de índice vitamínico menor. Muito usada, é saborosa e facilmente encontrada.
  - ☐ **Crespa** – destaca-se por ser facilmente encontrada, tem cor verde-claro opaco e suas pontas são crespas. Tem na composição cálcio e fósforo.
  - ☐ **Roxa** – rica em antioxidantes.
  - ☐ **Lisa** – também chamada manteiga, tem um amargor levemente acentuado e é rica em cálcio e potássio.
  - ☐ **Mimosa** – verde ou com pontas roxas. Seu sabor é mais amargo e pode ser mais ou menos rígida.
  - ☐ De maneira geral toda alface contém potássio, cálcio, sódio, ferro, silício, flúor e quase todas as vitaminas.
  - ☐ Calmantes e ótimas contra a insônia.
  - ☐ Laxante, diurética, depurativa, eupéptica, mineralizante, vitamínica e desintoxicante.
  - ☐ O talo é excelente calmante.
  - ☐ Pode ser preparada como chá.

- Também se faz um calmante de efeito hipnótico do talo de uma alface grande. Para isso, retira-se o lactucárium, que é um suco espesso secretado ali. Esse suco é chamado ópio do alface, devido ao seu efeito altamente sedativo e analgésico.

- As pessoas classificadas como "rajásicas" na medicina ayurveda são extremamente excitadas e nervosas e se beneficiam dessa qualidade calmante do talo da alface.

- Abranda a energia e os desejos sexuais.

- Boa no combate à asma, à tosse de tuberculosos, à bronquite e às dores reumáticas e artríticas.

- Também emprega-se as folhas cruas em saladas nos casos de afecções renais, enfermidades das vias urinárias, dismenorreia, hemorroidas, bócio exoftálmico, enfermidades da pele, anemia (simples e perniciosa), espermatorreia, prisão de ventre, dispepsia atônica, gastralgia, dores intestinais, reumatismo agudo e crônico (artritismo, gota etc.).

- As folhas em decocto são recomendadas para corrigir transtornos intestinais, acalmar dores no estômago, para eliminar nevralgias, cálculos hepáticos e renais.

- Suco das folhas e dos talos é aconselhável aos neurastênicos, epiléticos, histéricos e hipocondríacos.

- Para inflamações e inchaços, é recomendável aplicação tópica de cataplasma quente de alface, são calmantes e emolientes.

• Algas

- Plantas aquáticas ricas em proteínas, cálcio, iodo e ferro.

- Existem várias espécies comestíveis no mercado: nori, hiziki, kombu, wakame, dulse, kanten, irish moss.

- Excelente nas condições patológicas da tireoide e paratireoide, tais como o bócio.

- Também atuam bem nas condições de bem-estar do sistema nervoso e do cabelo.
- Existe um extrato de algas marinhas muito gostoso para passar no pão.
- As algas podem ser comidas diariamente, mas há de se evitar o exagero.
- Com exceção da alga nori, todas as demais devem ser deixadas de molho na água para reidratar pelo menos por meia hora. A alga hiziki e a arame só precisam de 15 minutos de molho para hidratar e amaciar. O volume das algas pode dobrar após serem hidratadas.
- Elas podem ser ingeridas cruas ou cozidas.
- Combinam bem com a abóbora hokkaido, a japonesa, cenoura, bardana, tofu, feijões e com arroz (dá um excelente risoto vegano).
- Com a alga kanten fazemos gelatinas naturais fervendo-as na água;
- Caso estejam em estado natural, coamos após a fervura e podem ser reutilizadas.
- Se for tablete prensado deve ser deixado até se desfazer.
- As que vêm em embalagem, geralmente, trazem o modo de preparo.
- Após serem aferventadas, mescladas e dissolvidas, devem ser adoçadas com mel, açúcar mascavo ou o açúcar natural escolhido, e a essa mistura doce se acrescenta o sabor da fruta desejada.
- Se desejar, pode fazer a gelatina salgada e pode ser usada no feijão-azuki, na abóbora ou cenoura. Os dois primeiros, abóbora e feijão-azuki são prepados como doces na culinária japonesa.
- Como todas as gelatinas, depois das etapas citadas, acomoda-se a mistura ainda líquida nas taças e se leva à geladeira até que endureça.

- As algas são todas de fácil digestão.

- Almeirão
  - Adstringente, tônico, aperitivo e purificador do sangue.
  - Rico em vitamina A e C.
  - Da família da chicória, também é chamado de chicória-amarga.
  - Excelente para problemas estomacais, hepáticos e renais.
  - Sabor amargo que pode ser amenizado quando deixado de molho depois de fatiado (como a couve-mineira tradicional), mas tenha em mente que parte de seus elementos nutricionais irá se perder.
  - Comido cru mantém suas grandes propriedades; quando cozido, no vapor ou refogado, perde alguns minerais apenas.

- Aspargo
  - Diurético e aperitivo.
  - Empregado nas palpitações ou falhas do coração por ser um excelente sedativo cardíaco.
  - Remineralizante, laxante, oxidante e bom para a bexiga.
  - Limpa as impurezas do sangue, elimina areias dos rins e ajuda a curar a gota.
  - Rico em silício, fósforo, além de ter uma boa percentagem de potássio, sódio, manganês e ferro.
  - Pode ser usado cru em salada.
  - Os de conserva, encontrados no mercado, contêm conservantes que nem sempre são recomendáveis para serem ingeridos regularmente. Alguns prejudicam os rins, causando irritações.
  - Melhor preparar aspargos frescos para ter certeza de seus benefícios.

- Bardana
  - ☐ Raiz trazida para nossa cultura por imigrantes japoneses. É longa, escura por fora e clara por dentro; é um alimento nutritivo e remédio para diversos males.
  - ☐ Proteica, diurética, depilatória, alterativa, diaforética.
  - ☐ As folhas são supurativas e as sementes alterativas e diuréticas.
  - ☐ A raiz produz leite em lactantes.
  - ☐ Cura inflamações e doenças venéreas, sendo recomendada especialmente contra a sífilis.
  - ☐ Suas indicações medicinais são: gota, reumatismo, escrófulos, feridas cancerosas, sífilis, dores ciáticas, gonorreia, lepra, emagrecimento, escorbuto, distúrbios renais, cataplasma dos pés, complicações histéricas, úlceras antigas, contração de tendões ou retração das artérias e queimaduras.
  - ☐ Em todos os casos, ela pode ser usada crua ou cozida.
  - ☐ Seu suco é muito utilizado para curas.
  - ☐ Para preparar uma raiz como essa, se pode escovar, raspar ou descascar.
  - ☐ Preparada apenas com shoyo ou missô fica saborosa e é um excelente fortificante.
  - ☐ É bem difícil de ser achada.
- Berinjela
  - ☐ Oxidante, remineralizante, alcalinizante, calmante, diminui o colesterol e reduz a gordura do fígado.
  - ☐ É calmante do sistema nervoso, rica em cloro, cálcio, enxofre, fósforo, magnésio, potássio e sódio.
  - ☐ Seu cataplasma é bom emoliente para queimaduras suaves, abscessos e herpes.
  - ☐ Seu suco é diurético.

- Tem efeitos hipnóticos como o alface.
- Esfregando-se o seu suco sobre verrugas, várias vezes ao dia, elas desaparecem.
- Ela é boa combinação com feculosos, cereais, alimentos graxos e frutas oleaginosas (abacate, castanha-do-brasil, nozes e outras gordurosas).

• Beterraba

- Indispensável, graças à sua ação laxativa e neutralizadora dos ácidos.
- Útil na formação dos glóbulos vermelhos, por isso é importante na anemia.
- É constituída de cálcio, ferro, fósforo, magnésio, potássio, zinco e açúcares naturais.
- Boa para os hepáticos e inconveniente para os diabéticos.
- Ela possui zinco, necessário aos tecidos cerebrais, e sua falta retarda o desenvolvimento do organismo.
- Fortalece e alimenta as glândulas de secreção interna (gônadas, suprarrenais, baço, timo, tireoide, paratireoide, hipófise e pineal), regularizando as funções.
- Excelente remédio no combate aos desarranjos do baço e fígado. Aqui ela deve ser ingerida crua.
- Seu suco é:
  - ◊ intenso construtor das plaquetas sanguíneas e transportador de oxigênio.
  - ◊ É estimulante do coração.
  - ◊ Combate o reumatismo e a artrite.
  - ◊ Fortalece os tendões.

◊ Beneficia aos que sofrem de anemia simples ou perniciosa ou clorose.

◊ E dá ao organismo resistência contra doenças.

□ Seu açúcar:

◊ dissolvido na água é calmante.

◊ É benéfico nas doenças inflamatórias, febres e tosses.

◊ Bom para biliosos.

◊ Reconstituinte nas emoções violentas, tais como o medo e a ira.

◊ Quando ingerido após as refeições, é eupéptico.

◊ Impede azedume do estômago e evita eructações.

□ Para combater a tosse, em especial das crianças:

◊ Cortar a beterraba em rodelas bem finas

◊ colocar as rodelas numa tigela ajeitando para que uma não fique sobre a outra.

◊ Acrescentar sobre cada rodela açúcar mascavo ou mel.

◊ Deixar no sereno durante uma noite.

◊ Escorrer o "xarope" que se forma.

◊ Dar de beber às crianças.

□ Ela crua é mais nutritiva.

□ Suas folhas também devem ser consumidas, pois, além de saborosas, são um excelente tônico cerebral.

- Brócolis

□ Rico em vitaminas A, B1, B2 e C, cálcio, cloro, ferro, enxofre, fósforo, magnésio, potássio, silício e sódio.

- Purificador corporal e diminuidor de peso.
- Construtor dos ossos e dentes.
- Bom para os anêmicos.
- Defende o organismo de infecções e xeroftalmia, protegendo contra escorbutos.
- As folhas são calmantes, emolientes, remineralizantes e oxidantes.
- Seu sumo é calmante e combate inflamações do tubo digestivo.
- Cozido demais tem perdas nutricionais, é melhor ser feito no vapor ou abafado, sem ficar muito tempo exposto ao calor. Seu teor de enxofre aumenta quando cozido.

• Caruru

- A planta é toda comestível, da semente às folhas.
- É rica em vitaminas A, B1, B2, C, ferro, cálcio e potássio.
- Útil para os ossos e dentes em formação, problemas hepáticos, hidropisia e diversas infecções (garganta, trato urinário e outras).
- É indicada nos casos de osteopenia e osteoporose. Recomendada para fortalecer ossos e dentes em todas as idades.
- Seu nome é dado a um prato tradicional baiano.
- É uma planta medicinal, *amaranthus flavus*. Possui vários nomes, quase todos são caruru ... (alguma coisa).
- As folhas são usadas em saladas, molhos e refogados.
- As folhas e os talos são usados em panquecas, tortas, pastéis e pães.
- As folhas e os talos também são usados em chás;

- Nele encontramos energia, proteínas, gorduras saudáveis em uma quantidade baixa, carboidratos, cálcio, fósforo, potássio, vitamina A, B2.

• Cenoura

- Recomendada pelos Grandes Mestres da Fraternidade Branca como alimento completo e saudável.
- Reconstituinte da energia física e psíquica.
- Suas folhas são um excelente tônico para o cérebro.
- A cenoura é digestiva é benéfica em enfermidades do fígado, na acidez do estômago, debilidade nervosa, sendo excelente purificante.
- Possui vitamina A, açúcares naturais, cal e fósforo.
- É mais rica quando crua.
- Boa para a visão, devido ao seu alto teor de caroteno que, no organismo, se transforma em vitamina A.
- Aumenta os glóbulos vermelhos no sangue, amacia a pele, estimula o apetite e facilita a ação intestinal excitando a secreção da bílis.
- Ajuda o organismo a se defender das infecções.
- Seu suco combate as cólicas nefríticas, o reumatismo e a gota. É diurético e laxante.
- Boa para restaurar tuberculosos.
- Ajuda as lactantes porque aumenta a secreção glandular e, em consequência, a lactação flui mais.
- Para tosse, afonia, catarros, limpeza das vias respiratórias e enfermidades dos brônquios:
  - Cozinha-se 250 g de cenoura em meio litro de água.
  - Quando a cenoura se tornar viscosa, então, se acrescenta mel.

◊ Quem toma leite, o acrescenta aqui, mas é opcional.

□ Cataplasma de cenoura crua ralada em ralo fino é usado na elefantíase e erisipela.

□ Cataplasma das folhas maceradas servirá para panarício, inflamações, queimaduras dos dedos e para úlceras abertas.

□ Seu suco cru ou seu caldo concentrado cozido normaliza os transtornos digestivos tanto em adultos como em crianças.

□ A raiz cultivada é usada contra anemia, avitaminose de adolescentes, escorbuto e em todas as enfermidades causadas por carências generalizadas.

□ Na diarreia infantil, a raiz da cenoura com maçã é excelente.

□ Usada em jejum é vermífuga.

□ Excelente para concursando, ou quem estiver mentalmente fatigado, pois revigora a mente cansada e restaura os nervos. E, nesses, casos as folhas são altamente indicadas.

□ As sementes cozidas são ótimas contra amenorreia, TPM, e catarros crônicos. Aqui se usa 10 a 15 g de semente de cenoura para um litro de água; ferver e tomar duas xícaras diariamente.

□ O caroteno resiste ao cozimento em fogo brando de 10 a 20 minutos, mas os sais minerais se perdem em grande parte.

□ Seu sumo pode ser considerado como um leite vegetal muito mais valioso do que o leite animal!

• Chicória/Escarola

□ Contém vitaminas A, B1 e C.

□ É digestiva, aperiente, diurética, tônica, depurativa, adstringente, laxante, vermífuga, antiescorbútica, emenagoga e hepática.

□ É útil nos casos de amenorreia e de obstrução dos ovários.

□ Eficaz nos casos de artritismo.

□ Ativa a função biliar, purifica o estômago, os rins e a matriz.

- Ajuda na eliminação de vermes intestinais e nos tratamentos de congestão hepática.
- É purgante infantil.
- Purifica o sangue e elimina erupções cutâneas.
- É um bom aperitivo e melhora a digestão lenta e penosa.
- Seu suco misturado com cenoura, aipo e salsa é profundamente compatível e saudável para todas as idades. É especial para estudantes em período de provas, para todos que têm muita atividade, desafios e cansaço mental por conta disso.
- Para limpar o sangue, um "detox", existe um tratamento caseiro muito simples, de ingestão diária da chicória em forma de salada e de suco.

• Cogumelo

- Os cogumelos são a parte macroscópica de fungos que pertencem a uma família do grupo basidiomicetos.
- Essas partes são estruturas de reprodução sexuada resultantes da diferenciação celular de hifas, células dos fungos. O grupo de hifas forma o micélio, que é uma como uma trama intricada, em geral, submersa no substrato, ou no solo ou em troncos, ou raízes.
- Fonte nutricional, rico em proteínas, lipídios, glicídios, aminoácidos, vitaminas, cálcio, ferro, potássio, fósforo.
- Há estudos sobre os cogumelos possuírem propriedades antitumorais.
- Excelente opção para o fortalecimento imunológico.
- Temos no mercado vários tipos comestíveis.

• Champignon

- Nome científico - *agaricus bisporus*, popularmente conhecido como champignon de Paris.

- É um dos mais comercializados no mundo.
- Fonte de vitaminas B, riboflavina, ácido pantotênico e vitamina D.

• Shitake

- Nome científico - *lentinula edodes.*
- Recomendado para os cardíacos, os que sofrem inflamações e os que buscam longevidade saudável.
- Rico em proteínas e fibras, polissacarídeos, terpenoides, esteróis e lipídios.
- Contém vitamina B5, B6, D, calorias, carboidratos, fibras, proteínas, riboflavina, niacina, cobre, selênio, manganês, zinco, folato.

• Shimeji

- *Pleurotus.*
- Alimento rico em fibras e vitamina D.
- Tem propriedades hipoglicêmicas e ajuda a diminuir o colesterol.
- Provoca sensação de saciedade.
- Existe o branco que é mais fibroso e dito menos saboroso; eu, particularmente, o prefiro e nem gosto do outro.
- O preto é mais delicado e mais caro para ser produzido. Possui um odor mais forte e seu sabor também é mais acentuado.
- Fonte de vitaminas B2, B3, repleto de minerais como o fósforo e magnésio.
- Reduz o colesterol nefasto.

- Couve-manteiga/ Couve-mineira/Couve-tronchuda

  □ Há muitas espécies na família das couves. São couves: branca, manteiga, crespa, bruxelas, repolho, couve-flor, brócolis e nabo;

  □ Nabo é uma couve especial, menos indigesta crua, com propriedades antiescorbútica e peitoral.

  □ As couves são remineralizantes, laxantes, oxidantes e boas para a asma e a bronquite.

  □ Quando cruas, se mantêm vivas no conceito vitamínico, e, nesse caso, deve ser bem picadinha e bem mastigada para facilitar a digestão das fibras.

  □ Seu suco é extremamente nutritivo e saudável. Rico em cálcio, mas esse cálcio só é assimilado no organismo quando existe no suco a vitamina C. O suco é:

    ◊ Tônico para crianças em fase de crescimento. Pode ser dado a elas por colheradas.

    ◊ Dissolve cálculos.

    ◊ Combate artrite.

    ◊ Desinfeta o intestino.

    ◊ Cura úlcera gástrica.

    ◊ Vermífugo e elimina as solitárias.

  □ Do talo se faz um suco para alcoólatras diminuírem o desejo de beber.

  □ Suco puro das folhas friccionado na cabeça ativa o crescimento de cabelos.

  □ O caldo da couve cozida é indicado contra problemas de pele.

  □ Na febre, o cataplasma da folha é refrescante e eficaz.

- Couve-flor

  - É a mais leve das couves.
  - Contém vitaminas B2, B6, C e K e sais minerais como: cálcio, cloro, ferro, enxofre, fósforo, magnésio, potássio, silício e sódio.
  - Tem aproximadamente as mesmas qualidades dos brócolis.
  - É neutralizadora da acidez estomacal e boa construtora de ossos.
  - Recomendada contra prisão de ventre e contraindicada para os que sofrem de colelitíase, nefrolitíase e meteorismo.
  - Recomenda-se comê-la crua, cozinha-lá no vapor ou com pouca água. Pode-se ferver água, e, quando entrar em ebulição, se coloca a couve-flor e tampa a panela; deixar cozinhar por 10 minutos e adicionar sal.

- Dente-de-leão

  - É purificadora do sangue e eupéptico.
  - Planta selvagem muito comum nas gramas e nos campos, e, pelas ruas em rachaduras das calçadas, inclusive.
  - Boa para hidropisia e hemorroidas.
  - Diurética, cura perturbações hepáticas e biliares.
  - É usada nas diabetes e na depuração do sangue.
  - Elimina reumatismo, artritismo, gota, excesso de ácido úrico, enfermidades dos rins, do fígado e da bílis, putrefação intestinal e prisão de ventre, arteriosclerose, impurezas do sangue e da pele.
  - Prepara-se da mesma forma que o espinafre.
  - O suco é um dos mais valiosos tônicos:
    - Útil no combate à hiperacidez.

- ☐ Contribui para normalizar a alcalinidade do organismo.
- ☐ Misturado com suco de cenoura e as folhas de nabo, ajuda a combater doenças da espinha e dos ossos.
- ☐ Torna forte e firme os dentes, ajudando, assim, a prevenir a piorreia e a cárie dentária.
- ☐ Usa-se o chá das folhas para problemas estomacais.
- ☐ Dente-de-leão combate também os escarros com sangue.
- ☐ Na Europa, é comercializado um café chamado "dandelion".

• Espinafre

- ☐ Nutritivo e fortificante, contém ferro, cálcio, magnésio, potássio, cal, manganês e folato.
- ☐ Alto teor de fibras que ajudam os intestinos no movimento peristáltico para limpar o trato intestinal.
- ☐ Tem poucas calorias, muita vitamina A, complexo B e ácido fólico, C, E e K.
- ☐ Em uma uma xícara de espinafre cozido encontramos a quantidade diária necessária de vitaminas A e K.

• Pepino

- ☐ Contém vitaminas A e B1.
- ☐ É alcalinizante, calmante, refrescante, emoliente, laxante, estimulante, mineralizante e neutralizador da acidez.
- ☐ Para não causar má-digestão, deve ser comido antes dos demais alimentos, em salada crua ou sozinho.
- ☐ É diurético e auxilia no crescimento dos cabelos.
- ☐ Seu suco:

◊ Adicionado de cenoura tem efeitos benéficos nos estados reumáticos resultantes da retenção excessiva de ácido no organismo.

□ Acrescentando-se suco de beterraba à mistura com cenoura, acelera-se o processo de cura no organismo.

□ O suco de pepino auxilia valiosamente nos casos de alta e baixa pressão arterial.

□ Útil nas enfermidades dos dentes e das gengivas, tais como a piorreia.

□ Excelente como máscara, suaviza a pele e proporciona tônus muscular.

□ Quando cortado em rodelas finas e colocadas sobre o rosto, é adstringente, refrescante e clareador. Para olheiras e inchaço nos olhos cansados é supereficiente.

□ Não se recomenda comê-lo cozido ou em conserva química.

- Pimentão

□ O vermelho é o mais recomendado, rico em vitamina A, é doce e mais digestivo.

□ O amarelo é uma das maiores fontes de vitamina C que existem.

□ O verde é mais indigesto.

□ O suco do pimentão misturado ao de cenoura elimina manchas de pele, especialmente se, ao mesmo tempo, se receber lavagem intestinal para remover resíduos do cólon, fazendo uma limpeza interior no organismo.

□ É excitante, digestivo e anti-hemorroidas.

□ Cozido é mais digestivo do que cru. Sem a celulose na camada mais externa da pele, na casca, se torna bem mais digestivo.

  - □ Não produz calorias, sendo bom para quem quer emagrecer ou quem não quer engordar.

- Quiabo
  - □ Emoliente, laxante notável, bom contra afecções da pele, refresca os intestinos.
  - □ Deve ser ingerido bem tenro.
  - □ É bom para os tuberculosos do pulmão.
  - □ Cru é muito mais rico para o trato intestinal.
  - □ Pode ser triturado inteiro e cru para salada.
  - □ Salada de quiabo com espinafre, alface e outros ingredientes fica muito saborosa.

- Rabanete
  - □ Diurético, energético, depurativo, eupéptico, antiescorbútico, alcalinizante, oxidante, mineralizante, calmante, tônico para os nervos e dissolvente dos cálculos biliares.
  - □ Bom contra reumatismos, gota, artritismo, colelitíase, bronquite, catarros, resfriados, inflamações internas, erupções cutâneas e febre.
  - □ Seu suco combinado ao de cenoura regenera e restaura a membrana mucosa.
  - □ No combate à urticária e à artrite crônica, de origem hepática, bem como às pedras do fígado e à icterícia, deve-se ingerir até meio litro do suco de rabanete diariamente.
  - □ As sementes são vermífugas.
  - □ Cru, com sal, antes das refeições, é ótimo para abrir o apetite.

- Repolho
  - □ Conhecido na medicina popular como médico dos pobres.

- Recomendado aos tuberculosos e aos que possuem distúrbios intestinais para os amenizar.
- Seu suco friccionado no couro cabeludo duas vezes por dia faz crescer e nascer cabelo.
- Suas folhas tenras aquecidas servem de emplasto emoliente de abcessos.
- Para efeitos curativos deve ser comido cru, cortado bem fininho em saladas com suco de limão.
- Recomenda-se para os desnutridos anêmicos e debilitados em geral.
- Cozido demais e consumido em excesso pode produzir gases incômodos.
- É contraindicado aos portadores de perturbações gastrintestinais agudas ou crônicas em saladas ou de forma cozida. Contudo, nesses casos, seu suco é um excelente remédio.

• Tomate

- Contém: vitamina C, antioxidantes.
- Antiescorbútico, antitóxico, antituberculoso, depurativo, alcalinizador do sangue, desinfetante para as úlceras e chagas, emoliente, hepático, laxante e mineralizador orgânico.
- Deve ser ingerido cru, seu cozimento perde muito de seu efeito curador.
- Comido em saladas com salsa é um remédio natural contra artrite.
- Contra a nefrite, se usa um coquetel de tomate com suco de dois a três talos de aipo; consumir um ou dois copos ao dia.
- Para eliminar as verrugas e os calos: cortar o tomate em rodelas, colocar sobre o local da verruga ou do calo e deixar por uma noite.

- Melhor comer maduro, os verdes não ajudam os rins, o fígado, o coração e provocam prisão de ventre.
- Tomates são difíceis para os que sofrem de fermentação do estômago.

• Taioba

- Folha muito parecida com a do inhame (que não é comestível), tem algumas espécies da taioba que não são comestíveis, como, por exemplo, a taioba brava, pois pode causar asfixia e ardor na garganta e na boca. A taioba brava tem um ponto roxo na parte da folha que está ligada ao tronco ou ao ramo, o pecíolo da taioba.
- Ela é uma planta alimentícia anticonvencional, que apresenta vários benefícios para a saúde e propriedades antioxidantes.
- Rica em amido, iodo, substâncias azotadas, gordurosas e sacarídeos.
- A recomendação é que seja comida cozida e é contraindicada crua.
- Tem um preparo similar ao do brócolis ou do espinafre ou o das verduras que são ingeridas cozidas.
- Pode ser acrescentada ao suco verde, mas é melhor que seja cozida antes.
- Toda as partes podem ser ingeridas, desde o talo até a folha.
- A taioba pode ser cultivada em toda casa, é preciso aprender a usá-la para um aproveitamento integral e benéfico.
- Ela previne a prisão de ventre e melhora a digestão; previne o envelhecimento da pele, combate a anemia, fortifica o sistema imunológico, ajuda na prevenção da osteoporose, melhora a saúde dos olhos e ajuda no emagrecimento (possui um baixo valor calórico).

• Tubérculos

- Raízes feculentas e celulares, em geral, têm folhas sobre a terra.

- Mandioca, macaxeira, aipim
  - Uso amplo em sua forma natural, como farinha de diferentes tipos e finalidades.
  - Cozida, contém cálcio, magnésio, fósforo, potássio e vitamina C.
  - Fonte energética que ajuda a digestão e o humor. Livre de glúten, é maravilhosa na substituição de pães, arroz, batatas e macarrões.
  - Crua pode gerar intoxicação.
  - É conhecida por ser fonte de um amido resistente que alimenta as bactérias benéficas da flora intestinal, beneficiando os intestinos, reduzindo riscos de inflamações e fortificando o sistema imunológico.
  - Beneficia a saúde cardiovascular por causa do potássio que regula fluídos e ajuda a aliviar a tensão nos vasos e nas artérias por onde o sangue circula.

- Araruta
  - Conhecida em forma de farinha que substitui o polvilho de mandioca. O polvilho de araruta é livre de glúten e substitui também a farinha de trigo, aveia ou o centeio.
  - Raiz usada antigamente na medicina caseira.
  - Usada no século passado na alimentação de crianças, de doentes, idosos e gestantes.
  - Rica em amido, boa no caso de diarreia e para cura de gripes.
  - É usada para engrossar caldos, sopas, mingaus e no preparo de biscoitos, pães e bolos.
  - Medicinalmente, pode ser usada no tratamento de feridas, picadas de insetos e para regular os intestinos. É digestiva e tem propriedades anti-inflamatórias.

- Batata-baroa, batata-salsa, mandioquinha

  - Crua ou cozida, é rica em nutrientes e também saborosa.
  - Contém vitaminas A, B1, B2, C, D e E, carboidratos, potássio, silício, fósforo, enxofre, cloro, cálcio, ferro e magnésio.
  - Quando cozida, cria carboidratos em quase 60% de seus produtos.
  - Rica em vitaminas do complexo B e C e minerais como cálcio, ferro, fósforo.
  - Pode ser ingerida em sua forma original; alimentos feitos com batatas: nhoque, purê, sopa, ensopado, refogadinho etc.
  - Crua e ralada fica bem saborosa em salada.

- Batata-inglesa

  - Rica em vitaminas C, B1, B2 e B6.
  - Abundante em fécula e proteína.
  - Na culinária macrobiótica, é condenada e substituída por cará, inhame ou mandioquinha.
  - Médicos franceses antigos costumavam aconselhar batata cozida aos diabéticos.
  - Purê de batatas é grande calmante nas irritações intestinais. O purê misturado com caquis, romãs ou marmelada natural, mel ou puro pode fazer desaparecer a colite intestinal em poucas horas.
  - Quando cozida, passa de 20% a 60% só de carboidratos.
  - Em cataplasma, crua e ralada, acalma nevralgias e dores provocadas por queimaduras leves.
  - Cataplasma quente da batata cozida e amassada é um bom emoliente para amadurecer abcessos.

- Crua e cortada em rodelas é analgésica local contra dores de cabeça, dentes e outras.
- Seu sumo é ótimo contra azia, úlcera estomacal, gota, reumatismo e lumbago.
- Batatas fritas podem ser indigestas e ruins por tenderem a provocar distúrbios no fígado e na vesícula biliar quando ingeridas constantemente.
- Batatas em grande quantidade tendem a obstruir e dilatar o estômago.
- Quem sofre dos rins deve evitá-la.
- Os nefríticos não devem comê-la à noite.
- As batatas verdes e grelhadas produzem intoxicação, dando cólicas, gastrite e até disenteria.

• Cará

- Bom em cozidos com ou sem sal, sopas, broas, pão. Substitui a batata-inglesa com mais nutrientes.
- Possui carboidrato de baixo índice glicêmico e rico em potássio, magnésio, fósforo e cálcio.
- Rico em vitaminas do complexo B, especialmente B6 e B9.
- Cará e inhame são muito confundidos, mas o cará é mais comprido, tem menos baba quando cozido e tem poucos fios e pelos na casca.
- Rico em fibras também.
- Recomendado para deixar o cabelo mais saudável, pois tem vitamina A e vai trazer brilho e combater escamações e caspas.
- Seus minerais (potássio e magnésio) regulam a pressão arterial, mas é preciso estar com a alimentação equilibrada e saudável.

- ☐ Auxilia a manter a pele jovem, retardando o surgimento de rugas e manchas. Possui uma boa quantidade de vitamina C, ácido ascórbico e nutrientes com propriedades antioxidantes.

- ☐ O cará é conhecido por melhorar o funcionamento intestinal. Suas fibras têm propriedades probióticas, pois melhoram a flora intestinal, incentivando o crescimento das bactérias do bem e melhorando a imunidade.

- ☐ Melhora a digestão, prevenindo e atuando nos casos de prisão de ventre.

- ☐ Bom para a reposição hormonal feminina. Contém diosgenina, substância similar aos estrógenos, usada como matéria-prima em pílulas anticoncepcionais. Bom para mulheres na perimenopausa.

- ☐ A quantidade de vitaminas do complexo B nele melhora a produção de neurotransmissores e isso auxilia pessoas com transtornos psíquicos, tais como depressão, ansiedade, pânico, entre outros.

- ☐ Além disso, a vitamina B6 (piridoxina) existente nele é fundamental para o bom funcionamento do sistema neurológico.

- ☐ As gestantes que sofrem enjoos e náuseas melhoram muito devido à vitamina B6. Além disso, o cará é usado como preventivo dos partos prematuros.

- Inhame

    - ☐ Existe uma variedade de inhames; e, muitas vezes, é confundido com o cará. Pode ser encontrado na cor marfim, amarela e roxa. Mas a casca é marrom, muitas vezes listrada e cheia de fiapos. Às vezes, é pequeno e robusto, mas pode ser bem grande também.

    - ☐ Repleto de nutrientes importantes para o organismo.

    - ☐ Contém carboidratos complexos, fibras solúveis, vitaminas do complexo B: B6, B1, riboflavina, ácido fólico e niacina.

- É dito que seu formato redondo, semelhante ao ovário feminino, é para lembrar às mulheres de comê-lo, pois é de grande ajuda na produção hormonal feminina. Para a menopausa, ele oferece uma enzima que provoca uma reposição hormonal natural e contribui, assim, para diminuir muitos dos sintomas mais desagradáveis dessa fase.

- Ajuda nos problemas respiratórios, sendo um dos alimentos indicados pela medicina tradicional chinesa para contemplar o canal de energia do elemento metal, composto pelo pulmão e intestino grosso.

- Previne e inibe o câncer, principalmente o do cólon, mas, em verdade, todos os tipos desse mal são impedidos por ele. O inhame possui uma fibra dietética que bloqueia os compostos tóxicos de outros alimentos, evitando que entrem na mucosa do cólon. Outros tipos de câncer que ele previne fortemente por causa da vitamina A são o do pulmão e da boca.

- Essa mesma fibra contribui para a diminuição da diverticulite, reduzindo a inflamação. A ação anti-inflamatória e antioxidante do inhame também atua fortemente aqui.

- É preventivo contra cardiopatias, melhora a pele, ajuda na dieta para perda de peso, melhora a visão, aumenta a imunidade e como anti-inflamatório no início do século passado era usado na cura de doenças venéreas, como a sífilis e a gonorreia.

- Pode ser usado diariamente por qualquer pessoa que não seja alérgica a ele.

- Cuidado no preparo, melhor escovar bem a casca e só retirá-la depois do inhame cozido.

- Nem todos podem consumi-lo cru.

- Tudo o que se prepara com batata e cará, também pode fazer com ele.

- Hoje, é usado na confecção de leite vegetal, compondo vitaminas saborosas de alto teor nutricional.

- Konnyaku/ konjac
  - É uma batata, konjac, cuja tecnologia de preservação data de 1776 e se tornou base para uma série de alimentos. Nessa época, o konnyaku tinha a finalidade medicinal, mas com o tempo passou a ser introduzido na alimentação, sendo atualmente muito usado, principalmente, na culinária vegetariana.
  - Essa batata, konjac, é processada na forma de uma massa insossa, de aparência no mínimo esquisita, mas que preparada pode se tornar uma delícia nutritiva e não calórica.
  - Dá para substituir o bacon na feijoada vegana, temos a receita dela aqui no livro.
  - Pode ser usada para preparar massa de macarrão, compondo o tradicional missoshiro e ingerido grelhado, puro ou fervido em água quente, servido com vegetais.
  - Indicado para aqueles que querem perder peso, pois, além do baixo índice calórico, é excelente por conter fibras que ajudam a limpar os intestinos.
  - E não se pode deixar de citar que ajuda a regularizar o nível do colesterol e do açúcar no sangue, prevenindo contra os problemas gerados pelo diabetes e pela pressão alta.
- Yacon
  - Batata que ajuda aos diabéticos, pois contém um nutriente que gera picos do hormônio (insulina) no corpo. Com esse resultado, ela permite um certo controle da glicemia por pessoas com diabetes do tipo 2 (aquela que a pessoa não produz ou produz pouca insulina no organismo).
  - Tem baixo carboidrato, que ajuda nas dietas *low carb* tão praticadas neste momento. Possui quase a metade dos carboidratos da batata-inglesa.

- ☐ Rica em potássio, que é um elemento essencial na saúde do coração, também ajuda a controlar o nível de colesterol no sangue, fazendo do seu uso algo excelente no combate às doenças cardiovasculares.
- ☐ Não podemos deixar de mencionar outro ponto forte da yacon: a quantidade de fibras que promove a sensação de saciedade, que faz com que as pessoas que a consomem comam o necessário para se sentirem saudáveis.
- ☐ A yacon ajuda a manter o abdômen sem inchaço e o intestino funcionando bem e sem risco de constipação.
- ☐ Seu sabor é completamente diferente do das batatas, é meio adocicado e lembra o sabor da pera.
- ☐ A melhor forma de consumi-la é *in natura* e crua em saladas.
- ☐ Também vem sendo usada em sucos, sopas, bolos e doces.

Sementes

Sementes são alimentos concentrados em nutrientes. Ricas em proteínas, ajudam no crescimento e na reconstituição celular. Excelentes tônicos e, em termos alimentícios, o que há de mais forte para se comer.

As sementes mais usadas são as de:

- Semente de abóbora
  - ☐ Geralmente as que são vendidas no mercado brasileiro são provenientes da abóbora-moranga.
  - ☐ Um aperitivo saudável que tem várias qualidades nutricionais e medicinais.
  - ☐ Para mulheres, combate as cólicas menstruais e os efeitos desagradáveis da TPM.
  - ☐ Ricas em magnésio, triptofano, fibras, proteínas, antioxidantes, ômega-3, anti-inflamatórios, zinco e ferro.
  - ☐ Para emagrecimento, suas fibras são fantásticas, pois ajudam o organismo a não captar gordura.

- Atletas amadores e profissionais vegetarianos podem utilizá-la na formação de massa muscular com a proteína vegetal dessa semente saborosa.
- A quantidade de magnésio contida nas sementes gera relaxamento geral: muscular, cerebral e nervoso, e o bem-estar é garantido. É um ótimo alimento antiestresse.
- Melhora a saúde dos intestinos e evita sérios problemas no cólon.
- Há uma boa quantidade de ômega-3 que previne todas as ações inflamatórias no organismo.
- Ajuda na memória, sendo uma excelente companhia em período de exames, finais de semestres universitários e concursos.
- Protege contra o envelhecimento devido à presença de antioxidantes.
- O zinco traz saúde para as glândulas, em especial para a próstata e a tireoide.
- Excelente no combate à anemia, pois contém ferro.
- Age expulsando os vermes intestinais e pode ser usada em todas as idades, desde bebês até idosos.
- É recomendada para os hipertensos, pois ajuda a diminuir a pressão arterial.

• Gergelim

- Temos duas espécies mais comuns: preto e branco.
- O gergelim preto é mais raro, contudo, mais nutricional e medicinalmente rico.
- O gergelim branco, nutricionalmente, não fica atrás do preto.
- Ambos são ricas fontes proteicas, fonte de fibras, zinco, magnésio, cálcio e vitaminas do complexo B e K.

- Dele se prepara uma pasta, o tahine, especialmente utilizada nos pratos da culinária árabe e reconhecida como especialmente rica na vitamina K, que ajuda na memória humana. Mas o excesso do uso do tahine pode gerar caspas.
- Também se prepara um complemento para o arroz integral na macrobiótica, o gersal, que ensinamos aqui, neste livro, o preparo, que é delicioso e um importante meio de terminar a acidez no organismo.
- Outro uso fantástico do gergelim preto está no seu chá que, além de ser um fortificante para a vitalidade humana, é ótimo para os rins e ajuda a diminuir o uso do café (evitando o vício que gera dependência e sofrimento em algumas pessoas). Para seu preparo, basta ferver uma colher de sopa de gergelim preto em um litro de água.

- Semente de girassol
  - Fonte de vitaminas, minerais, proteínas e fibras.
  - Alimento nutritivo que auxilia a proteger a saúde cardiovascular e no emagrecimento.
  - É uma semente que pode ser usada guarnecendo pratos, complementando saladas, pode ser crua ou torrada, sobre pães e bolos.
  - Dela se extrai o óleo de girassol.
  - Tem propriedades hidratantes e é boa opção na prevenção de infecções em bebês e o combate ao câncer.

Frutas oleaginosas

Alimentos secos, concentrados, ricos em albumina, em gorduras minerais e vitaminas.

Doadoras de energia e ricas em alimentos próprios para o crescimento e a reposição celular.

Esses alimentos devem ser muito bem mastigados para uma melhor digestão e assimilação no organismo.

Não devem ser usadas em excesso, pois para o corpo é um desperdício.

As amêndoas e as pastas feitas delas são as mais alcalinas das frutas oleaginosas.

São benéficas à reconstituição dos ossos, do esmalte dos dentes, unhas e dos ossos.

Em ordem de importância nutricional e de digestibilidade temos:

- Amêndoas
  - Agem contra a acidez, as úlceras gástricas, diarreia em crianças e afecções gastrointestinais.
  - Boas para cuidados no caso de pneumonias, bronquites e tosses.
  - Atuam contra as anemias, inflamações das vias urinárias, cálculos renais e vesicais.
  - São antiespasmódicas e diuréticas.
  - Emplastos são bons nos eczemas.
  - São contraindicadas aos que sofrem de certas afecções hepáticas, tais como icterícias e cálculos biliares.
- Amendoim
  - Já foi vilão, condenado por causar intoxicação; mas, quanto mais se estuda em busca de saídas para uma alimentação melhor e com mais saúde, descobre-se que algumas pessoas são intolerantes a ele, mas há formas bastante favoráveis a seu uso. Porém, assim como tudo, o amendoim pode ser prejudicial.
  - É rico em nutrientes, fibras e gorduras insaturadas, as saudáveis. Além disso, tem propriedades antioxidantes que protegem contra doenças.
  - Contém as vitaminas E e do complexo B. E os seguintes minerais: folato, magnésio, zinco, fósforo, cobre, potássio e cálcio.

- As principais gorduras insaturadas presentes no amendoim são o ômega-9 e o ômega-6, que previnem doenças como o alzheimer, a depressão e o câncer.
- É um alimento proteico, de bom preço e facilmente encontrado no mercado. Uma opção forte para vegetarianos e veganos.
- Na pele, possui carboidratos e fibras que nem sempre são fáceis de serem digeridas pelo organismo.
- Ajuda a perder peso, pois ativa o metabolismo e auxilia na perda de gordura com suas gorduras monoinsaturadas. Precisa ser consumido sem açúcar para manter o foco na perda de peso.
- Possui fitoesteróis que diminuem o colesterol ruim.
- Previne contra diabetes tipo 2, doenças cardiovasculares, diminui riscos de enfartos e câncer.
- Ajuda no desenvolvimento da massa muscular e na recuperação muscular após o treino físico.
- Protege a saúde dos ossos, o sistema nervoso e combate a anemia.
- A sua ação antioxidante evita envelhecimento precoce e melhora o humor.
- Para as gestantes, o consumo de amendoim diminui o risco da má formação do bebê.
- Pode ser consumido cru, tostado, torrado, como farofa, na salada, cozido, nos pães e doces.
- Recomenda-se comer numa refeição uma quantidade certa de 30 g diárias.
- Há contraindicações no consumo de amendoim? Sim, se comer demais, se for alérgico e se sofrer de herpes. É preciso estar atento ao comer, mastigando e salivando bem.

• Avelã

- É benéfica para a saúde por ser rica em fibras, ferro, fósforo, ácido fólico, cálcio, magnésio e vitaminas do complexo B e por auxiliar a diminuir o colesterol alto, prevenir a anemia, cuidar da saúde óssea e favorecer o metabolismo do fígado.

- Rica em vitaminas do complexo B, atua diretamente no cérebro e no sistema nervoso, ajudando nos problemas mais comuns e preocupantes do momento, que são as síndromes psicológicas, o estresse, a ansiedade, a depressão, o pânico, entre outras. Ela ajuda na produção dos hormônios do bem.

- Sua quantidade de gordura boa aumenta a energia e melhora o funcionamento cardiovascular. A maior parte de sua gordura é monoinsaturado ácido oleico, que aumenta a disposição corporal e reduz o colesterol do mal (LDL) e aumenta o do bem (HDL).

- Sua quantidade de antioxidantes combate os radicais livres, evitando envelhecimento precoce e câncer.

- Ela ajuda no sistema digestivo e no controle do peso. Suas fibras são excelentes e promovem a sensação de saciedade.

- O magnésio contido na avelã é um importante aliado na criação da massa magra, pois ajuda a regular a quantidade de cálcio no organismo, a recuperar os músculos após o treinamento e a gerar as formas desejadas com o treinamento. Além disso, as articulações e os ossos também são beneficiados, ficando mais fortes e menos sujeitos a doenças.

- Pode ser consumida *in natura*, mas também são feitos queijos e leites veganos a partir dela e são extremamente saborosos e saudáveis.

• Baru

- Rica em proteínas, tem 20% de sua composição nutricional de proteínas, sendo nesse quesito mais forte do que a castanha-do-brasil e a castanha-de-caju.

- É uma castanha brasileira, pouco conhecida, mas vem sendo pesquisada e divulgada.

- Contém um índice alto dos ômegas-6 e 9, o que torna essa castanha recomendada para a saúde do sangue e para o controle do colesterol orgânico.
- Conhecida como a "viagra do cerrado", tem muitos benefícios:
- Aumenta a fertilidade e a saúde sexual de todos os gêneros.
- Antioxidante poderoso que evita a formação de radicais livres e o envelhecimento celular precoce.
- Atua contra o reumatismo; seu óleo é usado para massagens que auxiliam a diminuir as dores reumáticas. O interessante é que esse uso tem se demonstrado eficaz no fortalecimento muscular e ósseo.
- Auxilia na queima das gorduras localizadas e estagnadas; apresenta substâncias que ajudam na reorganização dos tecidos adiposos parados no corpo, principalmente no abdômen, ajudando no combate aos temidos "pneuzinhos".
- Seu poder cicatrizante é maravilhoso. Tem propriedades anti-inflamatórias e, nesses casos, tanto se ingerida como se usada em forma de óleo friccionado é eficaz e recomendada nos processos de inflamação.
- Previne contra os males do coração e as doenças cardiovasculares.
- Controla a anemia, pois sua quantidade de ferro é rica e a cada 100 g de baru ingeridas se consome 59% da quantidade diária recomendada de ferro.
- Contém um alto nível de zinco, o que auxilia no controle de diversas doenças e ajuda na imunidade.
- Seu óleo essencial é um poderoso hidratante da pele, dos cabelos e das unhas.

• Castanha-do-brasil ou castanha-do-pará

- É uma fruta que dá no alto, e a colheita é feita após cair no chão. E isso pode ser feito porque sua parte comestível é protegida por uma camada bastante dura, que só é atingida após ser quebrada com o auxílio de ferramentas específicas.

- Seu valor nutricional é enorme: calorias, carboidratos, gorduras, acidez, proteínas, fibras, vitaminas e minerais.
- Dela se extrai um leite altamente nutritivo que vem há anos sendo popularizado entre veganos e vegetarianos.
- Considerada como uma carne vegetal por causa de sua qualidade nutricional de gorduras, valor proteico, calórico, mineral e vitamínico.
- Tem vitamina A, tiamina, riboflavina, niacina e ácido ascórbico.
- Contém muitos minerais na amêndoa: antimônio, cálcio, cério, césio, escândio, európio, ferro, fósforo, iodo, itérbio, lantânio, lutécio, samário, selênio, tântalo e tungstênio.
- O sabor rançoso se dá pela oxidação da gordura na amêndoa e pode indicar a validade do produto, que deve ser observada.
- É uma das melhores fontes de selênio, mas deve ser observada sua validade por conta de bolores tóxicos, produzidos por fungos perigosos que podem causar doenças crônicas e ser até letais.

- Castanha-de-caju
  - Mais pobre e menos recomendada pela digestibilidade ser mais difícil.
  - Rica em gorduras mono e poli-insaturadas e minerais como o magnésio, ferro e zinco. Também contém antioxidantes e anti-inflamatórios poderosos.
  - Bom preventivo contra problemas cardiovasculares, cânceres, envelhecimento precoce.
  - Suas gorduras são eficientes para o cérebro em sua manutenção das sinapses nervosas, melhora o colesterol, faz bem à memória, atua na prevenção do câncer, das doenças cardíacas, da osteoporose e no tratamento da anemia.

- ☐ Fortalecimento do sistema imunológico e reduz a pressão arterial.
- ☐ Atua retardando o envelhecimento pelos antioxidantes que agem nesse sentido.
- ☐ Mantém a cor da pele e dos cabelos graças ao cobre que contém.

• Castanha-portuguesa

- ☐ Usada no mundo todo, é saborosa e tem propriedades nutricionais que beneficiam o organismo humano.
- ☐ Embora chamada por nós de castanha-portuguesa, começou a ser cultivada na China há mais de 6 mil anos.
- ☐ Encontramos nela fibras, proteínas e nutrientes extremamente saudáveis e de fácil digestão.
- ☐ Rica em vitaminas C, complexo B e ácido fólico. Tem minerais essenciais: cálcio, magnésio, fósforo, potássio. Contém calorias, gorduras, carboidratos, fibras, proteínas, açúcares.
- ☐ Fortalece o sistema imunológico e previne contra uma série de doenças.
  - ◊ Produz glóbulos brancos, antioxidantes e constrange os radicais livres, alguns cânceres e algumas doenças crônicas.
- ☐ Distúrbios digestivos, doenças crônicas que surgem por conta dos radicais livres e até as mutações celulares que geram câncer, são evitados com o uso dessa castanha.
- ☐ Ela previne até o desenvolvimento alzheimer.
- ☐ Trata inflamações e desconfortos como diarreias e constipações.
- ☐ Problemas ósseos são sanados pelos minerais (cobre e magnésio, cálcio e fósforo) contidos na castanha-portuguesa.
- ☐ Em inflamações relacionadas ao sistema respiratório, tais como bronquite, asma, tosses e resfriados, essas castanhas agem com expectorantes.

- A gordura delas auxilia nosso colesterol essencial ao bom funcionamento orgânico e com as castanhas diminuímos inflamações, tendência a coágulos sanguíneos e reduzimos o risco de AVC, ataques cardíacos e outras doenças do coração.

- Trata e previne doenças relacionadas ao desenvolvimento neuronal. O complexo B de vitaminas atua no desenvolvimento das funções cerebrais e cognitivas. Ainda temos nelas o potássio que incrementa o fluxo do sangue no cérebro, ajudando nas funções do sistema nervoso, da concentração e da memória.

- O efeito ruim do hipertireoidismo é evitado. O ácido elágico presente na castanha-portuguesa auxilia a tireoide a manter suas funções equilibradas.

- Para quem quer emagrecer, juntar essa castanha aos exercícios físicos é muito bom: suas fibras vão trazer saciedade e vão conter o apetite controlado por mais tempo; sua quantidade de nutrientes mantém satisfeito o organismo por um bom período de tempo; contêm água e minerais que ajudam no controle e no reabastecimento da perda de eletrólitos para os praticantes de atividades físicas.

- E as gestantes têm nas castanhas-portuguesas vitaminas, minerais e fibras que, além de nutrirem, vão auxiliar no bom funcionamento intestinal.

- Não devem ser comidas em excesso, pois têm efeitos colaterais que nem sempre são agradáveis. E algumas pessoas são alérgicas a elas, devendo evitá-las.

- Pode ser ingerida cozida ou assada ou em doces, bolos, tortas, compotas e em calda.

- Frutos de faia

  - Têm diversos benefícios e uma quantidade de nutrientes essenciais para a saúde geral do organismo.

  - Os mais importantes benefícios deles são: estimular o crescimento dos cabelos, proteger o sistema imunológico, manter a saúde da pele, promover saúde neonatal, reduzir desconfortos respiratórios, prevenir contra infecções, aliviar dores, desintoxicar os rins e protegê-los.

- Não são comuns na América do Sul; funcionam bem como lenha, material de construção, mas têm uma excelente utilidade medicinal e de saúde com suas cascas, folhas, castanhas, seus ramos e suas flores.

- Ricos em vitamina B6, são recomendáveis sem uso exagerado, pois eles contêm certas toxinas e não devem ser consumidos em grandes quantidades.

- Macadêmia

  - "Rainha das nozes", ainda bem cara no Brasil, porque só se tornou conhecida e usada há pouco tempo aqui.

  - Originária da Austrália, adaptou-se muito bem por aqui.

  - Descascada crua, torrada, salgada, utilizada em doces, salgados, chocolates, sorvetes, confeitos e pães.

  - Tem um leve sabor amanteigado, proveniente de um óleo natural rico em ácido palmitoleico, que ajuda a manutenção saudável dos níveis de colesterol.

  - Por conta desse óleo saudável, é muito usada na indústria cosmética por sua ação rejuvenescedora.

  - Dos diversos tipos de sua árvore, apenas três são comestíveis.

  - Os benefícios da macadêmia são:

    - ◊ Reduzir o colesterol prejudicial;

    - ◊ Diminuir o risco de doenças cardíacas;

    - ◊ Melhorar contra as síndromes metabólicas e a diabetes.

  - Prevenir contra: o câncer, a obesidade, a doença de parkinson e o desenvolvimento de alzheimer.

- Além disso, tem ação protetora no cérebro contra qualquer outra disfunção causada pelo estresse e por células cancerígenas.
- É um alimento extremamente rejuvenescedor e complementar a tratamentos de transtornos psíquicos.
- Traz saciedade e reduz o desejo de comer compulsivamente.

• Noz

- Excelente tônico cerebral, dos nervos e do organismo. Revigora os debilitados.
- Propriedades lactígenas e antiestéreis.
- Tem efeitos laxativos, em especial quando usada com maçã ou quando ralada nas saladas.
- É tenífuga e, para expulsar solitárias, basta comê-las diariamente.
- É indicada na tuberculose dos ossos, especialmente na coluna vertebral.
- Recomendada na diabetes.
- Usa-se um extrato da casca verde diluído em água contra os vermes. O mesmo extrato em gargarejos é bom contra anginas.
- Seu epicarpo é excelente reconstituinte e remédio eficaz contra anemia, raquitismo, escrofulose e sífilis.
  - ◊ Modo de preparo: trituram-se seis a oito cascas, acrescenta-se mel e se faz cozer em meio litro de água durante 15 minutos. Coa-se e se toma dois copos pequenos por dia.
- O decocto da casca verde, na proporção de 40:1.000, é um remédio bom para diabetes.
- A noz é um alimento formador de tecidos, bom para os tempos frios e deve ser muito bem mastigado para que haja uma boa digestão.
- Dispépticos e portadores de doenças hepáticas não a toleram.

- É fundamental que sejam consumidas com moderação.

- Nozes brancas

  - Para a saúde, as nozes trazem muitos benefícios. Extremamente nutritivas e de fácil uso no cotidiano, embora seu preço nem sempre seja compatível com a realidade econômica dos vegetarianos.

  - Contêm altos níveis de ômega-3 que auxiliam no sistema cardiovascular e no bom funcionamento cerebral. Ajudam na diminuição do colesterol ruim no organismo, baixando a pressão arterial, sendo muito recomendadas a quem sofre com a pressão alta. E, por favorecer ao cérebro, ajudam no sistema nervoso e na melhora da memória.

  - Essa quantidade de ácidos graxos essenciais combate doenças inflamatórias como a asma, a artrite, a eczema. Além disso, esses ácidos graxos essenciais vêm sendo associados a ossos mais fortes e saudáveis.

  - O sistema imunológico é beneficiado pela quantidade de antioxidantes, que ainda vai prevenir e combater os radicais livres, ajudando a manter a juventude corporal. Também são hidratantes, principalmente para quem tem a pele seca ou já envelhecida. Os círculos escuros abaixo dos olhos tendem a desaparecer com o uso de nozes que, além de iluminar, relaxam os olhos e aliviam os inchaços. Para que haja essa proteção eficiente, é preciso inserir nozes na dieta diária.

  - Não podemos deixar de mencionar que as nozes têm melatonina que melhoram a qualidade do sono e aliviam os sintomas do estresse, tão comuns no mundo.

  - As mulheres que as consomem têm menos riscos de câncer de mama; e, na gestação, a quantidade de complexo de vitamina B, folatos, riboflavina, tiamina etc. é maravilhosa para a mulher e para o bebê.

  - Têm fibras e mantêm o sistema digestivo funcionando muito bem. Elas são como um aspirador de pó limpando internamente o corpo humano e o libertando, especialmente de vermes e parasitas.

- São benéficas para a pele e para o corpo. Têm um uso grande na indústria cosmética. Para manter os cabelos mais longos e fortes, os ômegas-3, 6 e 9 no óleo delas funcionam muito bem. Além disso, previnem contra a calvície, as caspas, mantêm o couro cabeludo saudável e o brilho capilar, destacando a cor dos cabelos.

- Nozes pecan
    - Mais nutritivas do que as demais nozes comuns. Contêm propriedades antioxidantes e anti-inflamatórias que trazem muita saúde ao cotidiano.
    - Ajudam na perda de peso, produzindo sensação de saciedade. Fortificam o sistema imunológico e ajudam a saúde mental.
    - Têm uma gordura saudável para ser incluída na dieta de todos. Essa gordura é especial para a saúde do cérebro e do coração. Mesmo sendo um alimento rico em gordura e calórico, ajudam na manutenção do peso corporal, porque esses elementos incrementam a eliminação das substâncias excessivas e tóxicas.
    - Nelas encontramos: calorias, carboidratos, proteína, gordura e fibra.
    - Em termos de vitaminas e minerais: manganês, cobre, tiamina, magnésio, zinco, fósforo, ferro, vitamina B6 e potássio.
- Nozes pretas
    - Consideradas um superalimento e indicadas para beneficiar a saúde: desenvolvimento celular, redução de cardiopatias e prevenção contra o câncer. Boas também para os problemas intestinais e para os problemas da pele.
    - Têm vitaminas: B6, E, K, ácido fólico, riboflavina e tiamina.
    - Têm um teor impressionante de manganês, antioxidante que protege a mitocôndria das células produz energia e vigor. Além

disso, o manganês tem papel fundamental no desenvolvimento ósseo, na cicatrização e no metabolismo. É sempre importante lembrar que os radicais livres que causam danos e envelhecimento precoce são combatidos pelos antioxidantes.

- Além desse mineral, elas contêm fósforo, magnésio e cobre, que são essenciais na produção de energia e no funcionamento do sistema nervoso.
- Elas contêm proteínas, que mesmo não sendo completas, são uma boa fonte de aminoácidos, como a arginina, que atuam fazendo com que os vasos sanguíneos relaxem, evitando a hipertensão, as artérias obstruídas e as doenças cardíacas.
- Seus ácidos graxos essenciais e suas gorduras insaturadas podem ser elementos fundamentais no combate das doenças cardiovasculares, e no desenvolvimento cerebral e na prevenção contra inflamação. Há uma quantidade de ômega-3 nelas que ajuda os diabéticos e os asmáticos a se manterem bem.
- Há ainda uma boa qualidade de melatonina, manganês, selênio, ácido elágico e cerca de 15 diferentes polifenóis nelas, valorizando nossa saúde e nosso bem-estar.
- Outra coisa útil é sua capacidade de tratar parasitas e vermes intestinais, essa noz é capaz de alterar o pH do intestino e com isso acabar com esse problema indesejável.

• Pinhão

- Pode ser comido apenas cozido ou assado.
- Alimento usado pelos indígenas brasileiros, tem presença na história do país, especialmente na região sul, nas festas juninas tradicionais.
- É recente o estudo de suas qualidades nutricionais, antes somente seu sabor e paladar eram levados em conta. É rico em calorias, minerais, proteínas e fibras.

- Contém os seguintes minerais: potássio, cobre, zinco, manganês, ferro, magnésio, cálcio, fósforo, enxofre e sódio.
- Suas calorias são indicadas a crianças, adolescentes, atletas e trabalhadores braçais.
- As fibras auxiliam o bom funcionamento do intestino e são recomendadas aos que sofrem problemas de constipação.
- Sua quantidade de potássio ajuda na manutenção da pressão arterial.
- Nele são encontrados ácidos graxos linoleico, o ômega-6 e o ácido graxo oleico, o ômega-9, que são fundamentais para a redução do colesterol prejudicial no sangue e, dessa forma, prevenir contra doenças cardiovasculares.
- Como não é comido cru, alguns minerais se perdem, outros se mantêm, e alguns até se concentram. A Embrapa está fazendo pesquisas nesse sentido e, em breve, já teremos esses resultados detalhados.

- Pistache (sem sal)

  - Menos popular no Brasil, mas faz diferença ingeri-lo, pois protege a saúde do coração, dos olhos e é preventivo de várias doenças, inclusive do câncer.
  - Muito conhecido pelo sorvete e pelas iguarias árabes. Mas pode ser usado em doces, como aperitivos e até no molho pesto.
  - Conhecido por suas boas fibras que provocam a sensação de saciedade e mantêm o peso corporal sob controle.
  - Contém boas gorduras que vão proteger o coração e ajudar a eliminar o colesterol ruim e favorecer o bom. Ajuda na circulação do sangue, dilatando as artérias e prevenindo coágulos sanguíneos.
  - Tem carotenoides, luteína e zeaxantina, que protegem a visão, impedindo os efeitos prejudiciais dos raios-ultravioleta, prevenindo doenças degenerativas maculares e fortalecendo a saúde ocular.

- □ Os diabéticos têm um grande ajudante nele, que reduzem o nível glicêmico no sangue e auxiliam a absorção precisa e eficiente da glicose pelo corpo.
- □ Rico em vitamina E, poderoso antioxidante, vai manter a proteção contra os radicais livres, além de deixar a pele mais sedosa, brilhante e rejuvenescida e sem ressecamento.
- □ Tem vários antioxidantes e é por isso que age prevenindo contra o câncer e as degenerações celulares causadas pelo tempo e pelas radiações nocivas ao organismo.

• Brotos

- □ Sementes germinadas, alimentos chamados "vivos", uma verdadeira dádiva dos deuses!
- □ Seu preparo é assim:
  - ◊ Separe um vidro grande e higienize bem.
- □ Coloque dentro dele um punhado de sementes (feijão, girassol, painço ou outra de sua preferência).
- □ Lave-as bem.
- □ Molhe durante a noite.
- □ Decante o excesso de água.
  - ◊ Cubra com gaze de algodão.
- □ Lave uma vez por dia (não molhe de novo à noite).
- □ Para germinar as sementes, temos duas formas:
  - ◊ Deixar em lugar escuro durante três dias.
- □ Ou as deixando no lugar escuro e no Sol no último dia, para que fabriquem clorofila.
- □ Quando começarem a brotar estão quase prontas e precisam dessa atenção e desse cuidado.

- São excelentes nas saladas, nos sanduíches, sobre alimentos como guarnição. Podem ser temperadas com limão, mel, azeite extravirgem, shoyo.
- Geralmente são usadas as sementes de: alfafa, soja, trigo, feijão-japonês, rabanete, ervilha, lentilha, trigo sarraceno, salsa, milho, cevada, aveia e o trifólio.
- Os brotos de feijão podem ser delicados e rapidamente refogados.

Frutas

- Abacate
  - O abacate é conhecido como "manteiga vegetal".
  - Oleaginoso, de gordura de fácil assimilação e aproveitamento no organismo, é rico em proteínas, carboidratos, vitaminas A, B, B2 e C.
  - É alcalino, diurético e nutritivo.
  - Além de nutrir todo o organismo, trata diversas enfermidades e combate diversos males provocados pelo fato de se comer carne de forma exagerada e inconsciente.
  - Trata perturbações digestivas, prisão de ventre, flatulência, abscessos estomacais, reumatismo, gota, afecções renais, afecções hepáticas e afecções na pele.
  - Como cosmético para pele e cabelos é muito bom.
  - O abacate produz um azeite que:
    - No tratamento das dores reumáticas e na gota se fricciona o azeite nas partes afetadas.
    - Contra a caspa, a queda de cabelo e para fazer os cabelos crescerem pode friccioná-lo no couro cabeludo.
  - As folhas e as flores do abacateiro podem ser usadas para chás de efeito diurético, carminativo e emenagogo.

- Mastigar as folhas frescas é bom na cura de afecções bucais, estomatites, azias, supurações e para fortificar gengivas e dentes.
- Compressas feitas com o chá das folhas são indicadas contra dores de cabeça.
- Comer abacate já trata vários males, tais como: dores de cabeça, afecções na garganta, bronquite, catarros, cansaço, debilidades estomacais, diarreia, desinteria, dispepsia atônica, doenças renais, indisposição para o trabalho, rouquidão, supurações e tosses.
- A casca triturada é boa contra vermes intestinais.

• Abacaxi

- Rico em enxofre, cloro, ácidos cítricos, ácidos málicos e ácidos tartárico.
- É diurético e digestivo. Ajuda aos depressivos terem mais disposição. É uma frutaque deve ser consumida pelos que desejam mais alegria.
- Indicado para os seguintes problemas: arteriosclerose, reumatismo, artritismo e neurastenia.
- É um excelente tônico cerebral e melhora a perda de memória, depressão, tristeza e melancolia.
- Trata bronquite, é um maravilhoso depurador do sangue. Ajuda na prisão de ventre, febres intestinais e inflamação no tubo digestivo.
- Ajuda nos tratamentos das enfermidades da bexiga, cálculos renais, nefrites e cálculos vesicais.
- Afecção na garganta. Seu suco pode, inclusive, ser usado para pincelar a garganta, as amígdalas e as membranas difréricas.

• Abiu

- Afecções pulmonares.
- O azeite de sua semente cura afecções inflamatórias.

- Em gotas, é indicado contra otites e otalgias.
- É excelente para desnutridos, anêmicos e convalescentes.
- Abricó-do-pará/abricó-de-são domingos ou abricó-selvagem.
- Depurativo e dissolvente.
- Combate cálculos, ácido úrico, gota, arteriosclerose e toda classe de tumores e endurecimentos.
- Hipertensão arterial, escorbuto, catarros, piorreia, raquitismo, afecção cutânea, tuberculose no primeiro estágio.
- As sementes são vermífugas.

- Ameixa
  - Rica em vitaminas do complexo B e vitaminas A, C e K.
  - Contém minerais como magnésio, fósforo, potássio, ferro, cálcio e zinco.
  - A quantidade e a qualidade de antioxidantes que contém vão além de eliminar os radicais livres que danificam e envelhecem, são preventivos contra o câncer.
  - Beneficia a visão, o sistema imunológico, aumenta a densidade óssea e tem propriedades anticoagulantes.
  - As ameixas secas são ricas em açúcar natural, acidez, fibras, ferro e potássio.
  - Vem sendo pesquisado que as mulheres na menopausa que consomem diariamente ameixas secas têm menos perda óssea.
  - A quantidade de fibras, tanto na seca quanto na fresca, provoca a sensação de saciedade.
  - Forte ação laxante, reduz a constipação e deixa as pessoas com sensação de mais leveza e satisfação.
  - A ameixa fresca é boa para hemorroidas, afecções de caráter inflamatório nas vias urinárias.

- Ameixa fresca desobstrui o fígado, depura o sangue e desintoxica o aparelho digestivo.
- Boa contra as debilidades cerebrais, inclusive no combate à hipocondria.

• Amora

- Depurativo do sangue, é nutritiva e em todos seus grãos secos ou frescos encontramos grandes propriedades desintoxicantes.
- O chá de suas flores é diurético e cura afecções das vias urinárias.
- O xarope feito de seu sumo:
  - ◊ Cura diarreia, disenteria e tosse.
  - ◊ É desinflamante.
  - ◊ E em gargarejo trata afecções da garganta.
- Na prisão de ventre, um prato de amoras em jejum, com um copo de seu suco diluído em água morna, resolve o problema.
- A raiz expulsa vermes intestinais e solitária.

• Azeitona

- São vários tipos de cores e qualidades.
- As pretas mais robustas são boas para os que sofrem de afecções no peito. E em geral, as azeitonas de todos os tipos dissolvem o muco no corpo.
- Em geral são boas para o fígado.
- Curam a embriaguez alcoólica.
- Ajudam nos seguintes casos:
  - ◊ Dores musculares, dores reumáticas e nas dores da fibromialgia.

- Gengivites e inflamações na boca.
- Congestão cerebral.
- Tuberculose, asma, inflamações na garganta e afonia.
- No raquitismo, na hidropisia renal, nas chagas, nos abcessos, nas feridas e queimaduras.

• Babaçu/coco-de-macaco/baguaçu/coco-de-palmeira

- Tem praticamente os mesmos benefícios do coco.
- Dele se extrai óleo, leite, farinha, combustível, cosméticos, sabonetes, detergente e lubrificantes.
- Seu leite ajuda a combater a prisão de ventre e a obesidade.
- É da casca do babaçu que se produz etanol, metanol, carvão reativado e outros combustíveis.

• Banana

- Rica em potássio, sódio e magnésio.
- Contém vitamina A, B e C.
- Deve ser comida madura, mas, a crença antiga de que não se deveria comer a banana enquanto ela estivesse com qualquer sinal verde vem caindo.
- É uma das frutas mais versáteis, pois pode ser consumida com qualquer outra fruta, pode ser comida crua, cozida, assada, seca, salgada ou em doce, como farinha e até sua casca vem sendo difundida como extremamente nutritiva.
- É recomendável que, quando houver alguma parte verde, que se leve a banana ao forno ligeiramente aquecido para amadurecer mais rápido.
- As bananas maduras são bem mais fáceis de serem digeridas e suavizam o trato intestinal. Além disso, sendo reguladoras do intestino grosso, são de auxílio valioso no tratamento tanto da diarreia quanto na prisão de ventre.

- O suco de banana é bom para asma, bronquite, tuberculose pulmonar.
- Os emplastos ajudam na hidropisia, úlceras e esfoladuras.
- E elas, de qualquer forma, ajudam nas afecções no fígado, icterícias, enfermidades intestinais, na doença celíaca, enfermidades do estômago, prisão de ventre, diarreia, hemorroidas, paralisias, escrofuloses, pneumonia, enfermidades renais, nefrites e anemias.
- Cura da banana, 22 dias comendo bananas nas refeições e, se possível, manter-se com apenas estas refeições.
    - três ou duas refeições ao dia
    - 1º dia – duas bananas em cada refeição
    - 2º dia – três bananas em cada refeição
    - 3º dia – quatro bananas em cada refeição
    - 4º dia – cinco bananas em cada refeição
- Durante mais de 15 dias consecutivos, cinco bananas em cada refeição
    - 20º dia – quatro bananas em cada refeição
    - 21º dia – três bananas em cada refeição
    - 22º dia – duas bananas em cada refeição

- Caju
    - As castanhas são ricas em proteína, assunto já comentado nesta edição antes.
    - A fruta é recomendada para sífilis, para casos de eczema e lepras, doenças cada vez mais raras.
    - Antisséptica, cauterizante, tônica e depurativa.

- O sumo das amêndoas é bom para tratar calos e verrugas.
- É uma fruta de fácil digestão.

• Caqui

- Recomendada às crianças e na dispepsia infantil.
- Em casos de descalcificação, anemia, tuberculose e todas as doenças respiratórias.
- Também se recomenda o caqui nas afecções do fígado, nas dores de estômago, nas acidoses e nos transtornos intestinais.
- Possui potássio, fósforo e carboidratos.

• Carambola

- Fruta refrescante, originária da Índia e superpopular na China.
- Rica em sais minerais, tipo: cálcio, fósforo e ferro.
- Contém vitaminas: A, complexo B e C.
- Seu teor calórico é baixíssimo.
- Altamente antioxidante, oferece muitos benefícios à saúde, inclusive é fonte primária de polifenóis antioxidantes.
- Aperitivo, age abrindo o apetite.
- Contribui para baixar febres e no tratamento contra o escorbuto.
- Não é recomendada aos com insuficiência renal.

• Cereja

- É rica em antioxidantes, vitaminas A e C e minerais como o potássio, cálcio, magnésio, ferro e a sílica.
- Um forte agente imunológico, combatente do envelhecimento precoce e da aterosclerose.
- Contém açucares naturais de excelente qualidade.

- □ Purifica o sangue, o fígado, os rins e as inflamações no organismo. Muito bom contra os sintomas de artrite.
- □ Excelente para prevenir contra as doenças cardíacas e os problemas com colesterol.
- □ Um estimulante do sistema digestivo e um preventivo contra o câncer de cólon e de estômago.
- □ Melhora a pele, os olhos, as unhas e os cabelos.
- □ Bom alimento para as crianças.
- □ Indicada nos tratamentos de artrite, reumatismo, ácido úrico, nefrite, cálculos da bexiga, disenteria, diarreia e perturbações intestinais.

- Cidra
  - □ Fruta cítrica de sabor azedo e muito ácida.
  - □ Indicada no tratamento de inapetência, vômitos, aftas na boca, biliosidade, inflamação da garganta, perturbações do aparelho digestivo, inflamações do fígado e do estômago, vermes intestinais e prisão de ventre.
  - □ As folhas de cidra têm propriedade antiácida para o estômago.
- Coco butiá/ coco-cabeçudo
  - □ É um coquinho azedo de casca amarela e polpa azeda.
  - □ Rico em vitamina A, vitamina C, fibras e potássio.
  - □ Ajuda na prevenção contra o câncer, no controle da pressão arterial, na prevenção contra o envelhecimento precoce, no emagrecimento e é um regulador do colesterol.
  - □ Usado na produção de licores, geleias, cachaça e vinagres.
- Coco maduro e verde
  - □ Fruto rico, nutritivo, funcional, de baixa caloria, que vem apoiando a dieta dos intolerantes à lactose.

- Substituto do leite de vaca, do queijo e do ovo.
- Alimento vegano de excelência!
- Seu uso constante ajuda contra tosse, afecção nas vias respiratórias, inflamações intestinais e rugas.
- O coco verde:
  - ◊ Tanto seu azeite quanto a polpa são muito bons para hemorroida.

• Coco maduro de casca seca

- A polpa do coco seco pode ser retirada e guardada na geladeira ou no freezer.
- Pode ser consumida sozinha, como leite, como doce, bolo, sorvete, pães, salgados, manteiga e molhos.
- Dessa polpa se produz o leite de coco, que é muito nutritivo. Três colheradas de manhã e de noite auxiliam no tratamento da artrite e da asma.
- Todos os dois cocos são remédios para a pele e para as úlceras do estômago e promovem os seguintes benefícios:
  - ◊ Incrementam a hidratação.
  - ◊ Têm propriedades antioxidantes.
  - ◊ Ajudam no emagrecimento.
  - ◊ São relaxantes dos nervos e dos músculos.
  - ◊ Auxiliam a regularizar o sono.
  - ◊ Atuam no controle do estresse e geram bem-estar.
  - ◊ Harmonizam o metabolismo orgânico.
  - ◊ Baixam a pressão arterial.
  - ◊ Previnem contra o diabetes.
  - ◊ Aumentam a imunidade corporal.

◊ Reduzem a inflamação das articulações.

- Damasco

□ No Brasil é bem raro encontrar damasco fresco, geralmente o encontramos seco, desidratado.

□ Delicada fonte de ferro, possui uma valiosa gordura orgânica e vitaminas A.

□ Ótimo para constituição dos glóbulos vermelhos e de sílica para os ossos, dentes, as unhas e os cabelos.

□ Excelente aditivo às saladas de frutas e de legumes.

□ Pode ser usado ao natural integralmente ou processado como um tempero pastoso condimentado com suco de limão.

□ Deve ser comido maduro, quando a polpa cede a uma pequena pressão dos dedos.

□ É bom para o raquitismo, a desnutrição, as afecções da garganta.

□ Ótima sobremesa junto com outras frutas.

- Figo

□ Uma das frutas mais antigas que consumimos. Podem ser pretos, roxos, vermelhos, verdes ou amarelos.

□ Rico em açúcares naturais, altamente energético e uma significativa quantidade de vitamina C.

□ Sua quantidade de sais minerais como potássio, cálcio, fósforo, ferro e magnésio é excelente.

□ Combate inflamações no sistema respiratório e possui uma suave ação laxante, que é especial para crianças e idosos.

□ É indicado para minimizar e prevenir:

◊ cálculos biliares, cálculos renais, hidropisia e vermes intestinais;

◊ irritação na garganta, catarro, bronquite, inflamações na boca e abcessos da gengiva.

□ Comê-lo em jejum é bom para os intestinos preguiçosos.

- Figo-da-Índia

□ Bom para dores reumáticas, asma, afecção das vias respiratórias, tosses, vermes, abcessos, dores reumáticas, inflamações e afecções do fígado.

□ Nos casos do sistema respiratório, a recomendação é que se faça chá da fruta e se use ao longo do dia, complementando tratamentos, e no dia a dia como prevenção de crises.

□ É um alimento recomendado aos desnutridos e debilitados por causa de sua qualidade nutricional.

- Framboesa

□ É relaxante, refrescante, diurética, antiescorbútica.

□ Útil nas afecções do fígado e da vesícula biliar.

□ Recomendada para problemas de inflamações na boca, gengiva e garganta.

□ Ajuda nas afecções do fígado, nas úlceras, diarreias, desinteria e cólicas intestinais.

□ Indicada em casos de gota e reumatismo, feridas, eczemas e erisipelas.

□ Muito usada nas anormalidades das vias urinárias e hidropisias.

- Fruta-do-conde/ata/pinha

□ Frutas adstringentes e ricas em proteínas vegetais.

□ Decoctiva, combate a colite crônica e fortifica o estômago e o intestino.

□ Madura é recomendada a pessoas débeis, anêmicas e desnutridas.

- As folhas em efusão acalmam espasmos e câimbras.
- As sementes são emetocatárticas, que produzem vômitos e soltam o intestino.
- É melhor comê-la fresca, no desjejum, só ou combinada com outras frutas.
- Também vai ajudar nos casos de inflamações dos olhos.

• Fruta-pão

- Tem propriedades laxantes.
- Fatias quentes, como emplasto, sobre furúnculos, os amolecem.
- Com as amêndoas prepara-se emulsão proveitosa em casos de corrimentos genitais.
- Usa-se a fruta contra as dores reumáticas; tônica para o estômago e rins.
- Assada ou cozida pode ser usada no lugar do pão.
- Ela pode ser misturada com farinha de trigo no preparo de pães.
- Costuma-se torrar fatias ou rodelas da fruta sobre pedras quentes.
- Seu sabor se assemelha ao da batata-doce.
- Com mel ou melado torna-se deliciosa.

• Goiaba

- No Havaí, seu suco substitui o suco de laranja para as crianças.
- Boa para anemia.
- Ajuda a prevenir a acidez e a fermentação dos hidratos de carbono durante a digestão.

- A decocção das folhas, na porção 30 g de folhas para um litro de água, é útil contra hemorragias uterinas, incontinência da urina, inchaço nos pés e nas pernas, cólera infantil e gastroenterite.
- As cascas também são usadas no tratamento dos males descritos acima.
- É adstringente e cura as mais rebeldes diarreias.
- Na medicina caseira, os grelos são indicados contra indigestão e tuberculose.
- Contém cálcio, fósforo e potássio.

• Groselha preta e vermelha

- Estimulante da secreção das glândulas e purgativa das enfermidades da mucosa no trato intestinal.
- Boa para os rins e para combater as doenças inflamatórias do corpo.
- Quando cozida com açúcar natural é usada como geleia ou gelatina e produz ácido em demasia.
- Groselhas pretas servem para rouquidão, amígdalas hipertrofiadas, sequidão da garganta, coqueluche, hidropisia, dores reumáticas, artrite e inflamação dos tecidos. As groselhas pretas, em forma de emplasto, são usadas no tratamento de gota e tumores.
- São usadas ainda no tratamento de dores gástricas, inapetência, para fortificar o estômago, nas afecções hepáticas, na icterícia, nos transtornos da bexiga, nas obstruções do baço, maleita, entre outros.
- Dá um excelente xarope, e há um popular que nem sempre é natural, mas que quando puro é bem melhor do que refrigerantes.
- A groselha vermelha tem indicações específicas:
  - ◊ Escorbuto, inflamação das gengivas, escarros de sangue, amigdalites, febres altas, pneumonia,

- Picadas venenosas, febres tifoides, sarampo.
- Icterícias, cálculos, inflamações gastrointestinais, estomatites e úlceras.
- Leucorreia, vaginites, feridas e anginas.

• Jaca

- Vem da Índia e é usada na culinária indiana, do Sri Lanka, da Tailândia, do Camboja, da Malásia e do Vietnã e, atualmente, na culinária vegana brasileira.
- Rica em proteínas, carboidratos, vitaminas A e C, potássio, cálcio, ferro e complexo B.
- O forte odor é indicativo de seu grau acentuado de amadurecimento.
- Previne a anemia, promove ossos saudáveis, aumenta a capacidade energética e suas fibras ajudam todo organismo.
- Recomendada aos que sofrem de pressão alta.
- Tem sido uma opção proteica vegana, veja a receita da "carne" de jaca nas receitas deste livro.
- Ela, bem higienizada, pode ser cozida inteira numa panela grande.
- Se for cortada, basta ser cozida em água e sal. Como solta um líquido grudento, é indicado passar óleo vegetal nas mãos para o manuseio.
- O tempo de cozimento é de no mínimo 1 hora.

• Jenipapo

- Mesmo já tendo ouvido esse nome, poucos o conhecem e o encontram para comprar.
- Pode ser consumido como fruta logo ao ser retirado do pé ou em sucos, doces ou licores. O que poucos sabem é que possui propriedades para a saúde.

- É muito rico em vitaminas B1, B2, B3, B5 e C.
- Possui fibras e é rico em minerais, sendo ferro, cálcio e fósforo os mais constantes.
- É um alimento bom para quem sofre com prisão de ventre, sendo muitas vezes usado como laxante.
- Seu xarope é bom para complementar tratamentos de problemas do sistema respiratório. A receita é muito simples, basta cozinhar três frutas com um limão cortado em quatro partes, em dois litros de água potável e, ao esfriar, acrescentar mel ou melaço a gosto. Esse xarope pode ficar armazenado e ser consumido livremente. Lembrando sempre que essas são medicinas caseiras e é sempre aconselhável ter um médico e tratamento em casos de doenças, especialmente nos casos crônicos.
- As gestantes que enjoam são beneficiadas. A indicação é de se preparar o suco da fruta, cozinhá-lo até evaporar e reduzir a 50% do volume. Tomar esse líquido morno ao longo do dia.
- É aperitivo e bom para casos de inapetência, para abrir o apetite.
- Considerado afrodisíaco tradicional em várias regiões do país.
- Sua casca é diurética e pode ser usada no combate às úlceras.
- Pessoas em tratamento quimioterápico vão obter no suco de jenipapo, adoçado com açúcares naturais, ajuda no controle das plaquetas no sangue. A fruta é toda utilizável e as sementes no suco são boas para problemas estomacais.
- E a raiz pode servir como chá laxante.

• Kiwi

- De origem chinesa, ótima fonte de potássio, fibra e de proteínas.
- É naturalmente orgânico e resistente a muitos pesticidas.

- Bom para a imunidade, para as vistas, para os intestinos, tem baixo teor glicêmico, controla a pressão arterial e auxilia na digestão.
- Sua casca é comestível e rica em vitamina C, aumentando a imunidade, minimizando o estresse, fazendo bem à beleza da pele e diminuindo a gordura corporal.

- Laranja
  - Rica em minerais e vitaminas e excelente para dietas curtas.
  - Contém: vitaminas A, B e C.
  - É estomáquica, refrescante e diurética.
  - Abre o apetite, acalma a sede, favorece a secreção do suco gástrico, da bílis e de todos os líquidos do tubo digestivo.
  - Para as lactantes é um bom preventivo contra o escorbuto.
  - Todos que abusam do consumo de carnes devem comer laranja diariamente.
  - Evita o ácido úrico e impede a acidose.
  - Depurativa do sangue, combate a artrite e é laxante.
  - Em jejum, para preparar o suco, usar partes iguais de água destilada, laranja e um pouco de limão.
  - Serve para:
    - Pneumonia, gripe, resfriado, febre, asma.
    - Neurastenia, histerismo, nevralgia, dor de cabeça e cólica.
- Lima
  - Tem as mesmas características vitamínicas e de minerais que o limão e a laranja. Destacando-se sua riqueza em açúcar natural, fósforo, cálcio e potássio.
  - Deve ser ingerida madura e em jejum, seu suco é excelente contra a acidez e as úlceras gástricas, na hiperclorídrica e nas afecções renais.

- Combate o escorbuto, acalma febres, inclusive a febre tifoide.
- Para casos de dermatose causada por impurezas no sangue, é recomendado chupar uma lima todas as manhãs.
- Outra atuação boa da lima é no combate a infecções, a neurite, ao raquitismo, à pelagra, a flatulências, afecções cardíacas e à leucorreia.
- As folhas usadas com cataplasma são indicadas nas enxaquecas recorrentes e persistentes.
- É uma fruta sem incompatibilidades.

• Limão

- O melhor remédio da farmácia e da alimentação natural.
- Purificador estomacal e adoçante.
- É rico em ácido cítrico orgânico e tem a propriedade suprema de alcalinizar o corpo humano.
- Contém vitaminas A, B1, B2 e C.
- Equilibra o ácido alcalino do corpo, aliviando muitos desconfortos. E é bom contra o escorbuto.
- Bom para melhorar a saúde, em caso de resfriado e influenza.
- O suco misturado com água quente é bom para inflamações na garganta, dispepsia e distúrbios estomacais.
- Refrescante, acalma a sede, estimula os rins, limpa os intestinos, sendo bom para o fígado, e se recomenda aos gotosos e biliosos.
- Ajuda na cura das irritações da bexiga, nas febres eruptivas e tíficas, na inibição da acidez gástrica e na cirrose hepática.
- Aplicar limão nas úlceras e feridas gangrenadas, anginas, difteria e na chamada podridão de hospital é bom.
- Cheirá-lo alivia enjoos e ânsias de vômito.
- Destrói micróbios e cria ambientes invulneráveis aos germes.

- Tem uma atuação notável nas gestantes, nas lactantes, nas crianças de peito e nos adolescentes.

• Lichia

- De origem chinesa, é uma fruta que provém de uma árvore que chega a 12m de altura.
- Fonte de vitamina C, ferro, cálcio, potássio.
- Tem pouca caloria e pode ser alinhada aos tratamentos de emagrecimento e manutenção do peso. Sempre é aconselhado a prática de exercícios físicos complementando seu uso e o de dietas responsáveis.
- É melhor ser consumida ao natural, e se sabe que na China sua utilização é integral.
- Chá da casca é usado na cura de diarreias e dermatites causadas por doenças quentes[1], como varíola, rubéola etc...
- Da semente, na China, se faz um pó analgésico que também trata problemas intestinais.
- Se associa o uso da lichia à melhora de tosses.
- Muito ainda se há de descobrir sobre a lichia.

• Maçã

- "*An apple a day, keeps the doctor away*!" o famoso dito inglês quer dizer: "Uma maçã por dia mantém o médico afastado".
- Crua ou em suco natural:
  - ◊ é um auxiliar altamente valioso para a digestão.
- Purificadora do intestino, especialmente, quando há retenções nele.
- Excelente no combate à febre e às inflamações.

1 Doenças quentes são inflamações, azias, acidez, acúmulos de toxinas, erupções epidérmicas (acnes, herpes, furúnculos, micoses, alergias e aftas).

- Boa para monodieta.
- Quando ingerida de estômago vazio, é laxativa e levemente diurética.
- Dieta da maçã:
  - Indicada na tuberculose, bronquite e tosse acompanhando a dieta suco de maçã natural.
- Boa para eliminar catarros pulmonares, afecção das vias respiratórias, palpitação do coração, debilidade cardíaca.
- Contra esgotamento nervoso e cerebral.
- Ajuda no combate ao alcoolismo.
- Nas doenças do estômago, junta-se à dieta coalhada ou leite cru natural (essa é uma dieta para pessoas que não têm alergia ao leite).
- Dieta da cura da maçã:
  - 1º dia – 1 kg de maçã repartido em várias refeições.
  - Nos dias seguintes, aumentar sucessivamente até 2 kg ou mais.
- A preparação para essa dieta deve ser de acordo com o problema de saúde.
- Se houver algum desconforto durante esse tratamento natural caseiro, suspender temporariamente.
- Esse é um tratamento capaz de vencer todos os desarranjos do aparelho digestivo, desde as mais difíceis diarreias infantis até os intestinos mais rebeldes e os estômagos mais enfermos de adultos.
- A maçã purifica o organismo, desinfeta e cura sem prejudicar. É o mais apropriado fruto para as doenças dos órgãos do aparelho digestivo. É um normatizador e eupéptico de valor incontestável.
- As flores são usadas como peitorais, antiespasmódicos em efusão a 30:1000.

- ☐ Excelente para o cérebro.
- ☐ Provoca um sono tranquilo.
- ☐ E é de fácil digestão.
- ☐ Purê de maçã ajuda e previne contra arteriosclerose.
- ☐ Suco de maçã natural:
  - ◊ quente trata a rouquidão.
- ☐ Combate difteria, febres, cálculos no fígado e nos rins, inflamação da bexiga e do aparelho urinário, catarros intestinais e os transtornos da gravidez.
- ☐ Cataplasma de maçã para os olhos inflamados.
- ☐ Maçãs cozidas podem ser sudadas como unguento para as dores reumáticas.
- ☐ Assada é ótima para fortalecer o cérebro.
- ☐ O xarope cura demência, debilidade cardíaca, hipocondria, fortalece o estômago e baixa febres.
- ☐ Auxilia nos tratamentos de cura da obesidade, do reumatismo, da gota, artrite, arteriosclerose, diabetes, sífilis, dos cálculos, da albuminúria, das dermatoses crônicas, enfermidades do sistema nervoso, sudações profusas e dos transtornos hepáticos.

- Mamão
  - ☐ Digestivo, diurético, laxante, emoliente, refrescante.
  - ☐ As sementes ingeridas limpam os intestinos.
  - ☐ Estimulante do apetite, é ótima para monodietas curtas ou longas.
  - ☐ Indicado na dispepsia, gastrite, onde a assimilação dos alimentos for difícil.

- Em jejum, de manhã, é eficaz contra a diabetes, asma e icterícia.
- Depurativo do sangue e do estômago e proveitoso para o organismo.
- Ajuda a combater a flatulência e putrefação intestinal.
- Maduro, esfregado na pele, tira manchas, suaviza a cútis áspera e minimiza as rugas da idade.
- O mamão miúdo, ácido, cortado e em forma de emplasto sobre as anginas.
- A semente é vermífuga.
  - ◊ Ingerida em certas quantidades, combate o câncer e a tuberculose.
- 10 a 15 sementes frescas, bem mastigadas, favorecem eficazmente a excreção da bílis, atuam contra enfermidades do fígado e limpam o estômago.
- As sementes limpam e fazem uma desintoxicação nos intestino, auxiliando no seu funcionamento.
- Se ao comer o mamão, as sementes forem engolidas, sairão através dos órgãos excretores inteiras e demonstrarão qual o tempo que o organismo está levando para eliminar os excessos e as toxinas de cada refeição.
- O mamão combina bem com figos, ameixas, uvas frescas ou secas.

• Manga

- Considerada a fruta da prosperidade na Índia. A terra onde existe uma mangueira é considerada um local divinamente protegido.
- Rica em potássio, vitamina A, antioxidantes, fibras e enzimas.
- Comer manga e tomar seu suco natural traz vários benefícios à saúde:

- Sendo a prisão de ventre um problema muito comum, ela tem uma atuação laxante suave que auxilia a digestão e a excreção orgânica.
- Atua contra as mais rebeldes bronquites, é antiescorbútica e ameniza inflamações das gengivas.
- Depurativa do sangue, ajuda a combater a acidez do estômago, melhora afecções gastrointestinais e facilita a eliminação de vermes.
- É boa para os rins e favorece a diurese.
- Como um xarope, adoçado com mel, é expectorante e age contra catarros, tosse e bronquite. Na tosse comprida, o uso da manga *in natura* ou em suco com mel é recomendado.
- As fibras, que têm efeito laxativo, e os antioxidantes ajudam no controle da pressão arterial.
- Temos ainda que os antioxidantes vêm se mostrando rejuvenescedores e protetores profundos, em nível celular, do organismo e, por isso, previnem contra o câncer e evitam os males da pele (envelhecimento precoce e ação nefasta dos raios solares no corpo).
- Excelente no tratamento de debilitados, anêmicos e dispépticos.
- Como cataplasma, funciona bem em contusões.
- Não é indicada aos frágeis e de intestino irritável.

• Maracujá

- É nativo do Amazonas e, mesmo sendo conhecido e usado em outros lugares do mundo, seu maior produtor é o Brasil.
- Possui propriedades emenagogas e é rico em vitamina C, antioxidantes, manganês, potássio, ferro, magnésio, zinco e fósforo, todos em quantidades essenciais para o corpo humano.

- Bom ser ingerido nos casos de diarreias, erisipela, vermes e gota.
- Triturado, pode ser aplicado em hemorroidas para aliviar o desconforto.
- As folhas possuem uma substância conhecida como passiflorina, que é analgésica e calmante, muito usada na medicina natural e como forma de chá na farmácia caseira.
- Maracujá e folhas de louro formam um remedinho caseiro emenagogo, refrescante e adstringente.
- Confira os tipos de maracujá que temos:
  - ◊ Maracujá-amarelo, maracujá-azedo, o mais usado e conhecido no Brasil. Usado nos sucos, sorvetes, nas geleias e nos doces. Casca bem grossa e enrugada quando maduro.
  - ◊ Maracujá-doce, também conhecido como passiflora, de casca lisa amarelo-claro. Tem polpa bem doce e é usado geralmente *in natura*.
  - ◊ Maracujá-açu, tem a polpa mais ácida, espessa e de sabor mais fraco do que os demais, tem casca amarelo-esverdeado e pode chegar a pesar três quilos. É mais comum no norte brasileiro.
  - ◊ Maracujá-roxo, comum na região sul do Brasil, é menos ácido do que o amarelo, mais comprido e consumido *in natura*.
  - ◊ Maracujá-maçã, maracujá-de-osso, sua casca é dura (quanto o nome osso supõe) e é difícil acessar a polpa. É bem doce, o que parece ter dado margem a ser chamada maçã. Sua flor é conhecida como a mais bela das flores de todos os tipos de maracujá.
  - ◊ Maracujá-de-cheiro, maracujá-fedorento, maracujá-fedido, maracujá-de-estalo, maracujá-do-mato, maracujazinho. Nativo da América tropical. Dá no Brasil todo, tem uma planta com cheiro forte e desagradável e a fruta é de casca alaranjada e cresce de 1,5 a 4 cm. Bastante usada na medicina popular por suas características calmantes.

- As folhas em infusão tratam desde insônias até casos de histeria.
- Emplastos, loções, banhos e pomadas com as folhas desse maracujá ajudam no tratamento contra erisipela e problemas inflamatórios na pele.
- Maracujá-preto, maracujá-peroba, maracujá-de-comer, maracujá-de-ponche, mais doce. Suas folhas em clisteres aliviam hemorroidas.

• Marmelo

- Rico em açúcares naturais de frutas.
- É composto de pectina, taninos, ácido málico, potássio, fibras, vitamina C.
- Reduz o colesterol ruim (LDL), atua na mucosa, é anti-inflamatório e cicatrizante natural.
- Estimula o fígado, é antiespasmódico, combate a retenção de líquido, elimina o ácido úrico e impede a formação de gota.
- Bom para complementar tratamento de hipertensão arterial, doenças nos vasos sanguíneos ou problemas do coração.
- Tem ação laxante natural, tem poucas calorias e pode auxiliar nas dietas para emagrecimento.
- Indicado contra aftas, gretaduras nos lábios, dores de garganta, nevralgia facial, eczemas e queimaduras.
- O xarope é bom para tuberculosos. Sendo rico em vitamina C, é bom preventivo contra gripes e resfriados e trata constipações.
- É usado assado ou cozido, em emplastos, sobre hemorroidas exteriores, com sangue.
- É adstringente e antisséptico, bom para a limpeza da pele.
- O decocto de marmelo com goiaba, cevada e pão torrado é ótimo contra disenteria amebiana.

- Aconselha-se comê-lo cozido e cortado em pedaços para combater hemoptises.
- Na medicina caseira, é usado nas inflamações dos olhos.

• Melancia

- "*Watermelon and melon eat them alone, or leave them alone!*" Esse é um velho ditado inglês que aconselha que se deve comer melancia e melão sozinhos ou se deve deixá-los sozinhos.
- Muita gente acha a melancia indigesta. Na verdade, a forma ideal de ingeri-la é sozinha. Ela digere muito rápido e, se consumida com outros alimentos de digestão mais lenta, ficará digerida sobre eles atrapalhando a produção enzimática necessária e gerando gases e arrotos de sabor desagradável.
- Possui vitaminas: B1, B2, C e todos os sais minerais.
- É diurética, boa no tratamento de reumatismo e obstruções renais.
- Um excelente desintoxicante, purificador orgânico. Lava o estômago e os intestinos. Limpa o ácido úrico do corpo com a quantidade de água que ela tem.
- Cura as dores de gases intestinais e padecimentos das afecções respiratórios, como bronquites crônicas e catarros pulmonares.
- Provoca as contrações peristálticas das paredes do aparelho digestivo, evitando atonia intestinal que causa muita constipação, prisão de ventre e consequentes estados de melancolia e neurastenia.
- O uso abundante da melancia faz bem para a pele e melhora as dermatites.
- Remédio contra a blenorragia, a acidez estomacal, dispepsia, obesidade, hipertensão arterial e também para aliviar as afecções da garganta, as chagas da boca e o veemente desejo de tomar bebidas alcoólicas.
- No tratamento da erisipela, aplica-se a melancia triturada, em polpa e a casca em cataplasma ou o suco em pinceladas.

- Seu suco é muito bom nas febres. Para combater a febre, toma-se o suco e aplicam-se fatias diretamente sobre o abdômen.

- Melão

   - Possui todas as classes de sais minerais e é bastante alcalino.
   - Calmante, refrescante, alcalinizante, oxidante, diurética, laxante e emoliente.
   - Contra gota, reumatismo, artritismo, obesidade, colite, atonia intestinal, prisão de ventre, afecções renais, litíase renal, nefrite, cistite, leucorreia, uretrite e blenorragia.
   - Recomenda-se o suco de melão contra febre tifoide, mucosidades da garganta e do estômago e acidose.
   - Na cirrose hepática, hepatite, icterícia, nos cálculos biliares, nas insuficiências hepáticas e outras deficiências no fígado, recomenda-se o uso do melão.
   - Nos problemas de útero e ovário, ele auxilia na cura.
   - Para hemorroidas internas, a recomendação é introduzir pedaços de melão no reto.
   - As sementes expulsam a tênia. Para isso, elas devem ser mastigadas em jejum, pela manhã e, após uma hora, tomar um purgativo.
   - Fazer um dia de monodieta de melão; um dia comendo apenas melão. Esse é um hábito comum a pessoas que se preocupam em manter o corpo saudável e desintoxicado.

- Mirtilo

   - Contém vitaminas A, C, K, antocianinas, energia, proteínas, gorduras, carboidratos, fibra, cálcio, ferro, magnésio, fósforo, potássio.

- Uma das principais vantagens do mirtilo é a propriedade antioxidante que combate os radicais livres e o envelhecimento celular precoce.
- Contribui para a longevidade, diminui a danificação psicológica humana da idade, mantendo a memória, evitando a demência e a decadência cerebral.
- Eleva o bem-estar e o bom humor, regula a pressão arterial e diminui o colesterol ruim.
- Gera proteção ao coração e à arteriosclerose.
- Ótimo protetor hepático, diminui a gordura localizada no fígado.
- É fantástico para minimizar os níveis do açúcar no sangue e aumentar a sensibilidade à insulina, sendo assim muito recomendado a diabéticos.
- Melhora a ação do sistema imunológico, protegendo contra vírus, gripes, resfriados, inflamações e infecções urinárias.

• Morango

- Fruta soberana na arte de curar.
- É rico em ferro e combate a anemia.
- A fruta serve para combater cálculos, ácido úrico e males renais.
- Ele expulsa os vermes, inclusive a solitária. Também expulsa os catarros pulmonares.
- Também é bom no tratamento de areias vesicais, cálculos biliares, gota, artritismo e icterícia.
- O suco de morangos exprimidos, tomados pela manhã, auxilia no tratamento das pedras na bexiga. Na dose de uma colher de sopa, alivia as dores e evita a formação de novos cálculos.
- Ele combate a pelagra, cura o reumatismo articular.
- O morango é indicado no tratamento de gota, afecções hepáticas, litíase urinária e biliar, afecções vesicais e reumatismo.

- CURA DO MORANGO: ingestão diária de 300 a 500 g de morangos.
- A raiz cozida é diurética e adstringente.
- As folhas cozidas atuam na cura de diarreias crônicas.
- O cozimento, o enlatamento e a conserva destroem seu princípio orgânico de vida, sendo só admitidos em casos especiais de certas curas.

• Nêspera

- Contém: cálcio, fósforo, manganês, magnésio, ferro, cobre, vitaminas A e C e folato.
- Nela há muita pectina e isso a torna muito boa para os intestinos. É um alimento regulador dos intestinos, atuando contra diarreias, catarros e inflamações intestinais.
- Essas fibras são recomendadas na medicina popular contra o cancro do cólon, para ajudar na perda e manutenção do peso, na melhora da pele, na prevenção contra rugas precoces.
- Possui uma quantidade de vitamina A e antioxidantes que são fabulosos no combate aos radicais livres. Essa função é boa também para o combate ao estresse oxidativo, e como a nêspera contém flavonoides, a contribuição à proteção do organismo contra cancros e cânceres bucais é enorme.
- Suas propriedades incluem a proteção dos pulmões e a manutenção da pressão arterial, da visão e suas degenerações pelo cansaço e pela idade, prevenindo contra a catarata.
- É bom destacar que atua incrementando a formação de sangue e fortalece dentes e ossos.
- Atua como diurético, além de tratar hemorragia interna.
- A casca da árvore:
  - ◊ É empregada como adstringente em uso externo.

- E em cocção é excelente para gargarejo contra anginas e estomatites.

- Pera

  - Contém vitaminas B1, B2, C e E, fibras, potássio, magnésio e cálcio, carotenoides e flavonoides.

  - Indicada para hipertensão arterial, é um forte diurético e um valioso purificador sistêmico.

  - Há uma "cura da pera": comer, durante um certo tempo, 1 1/2 quilo de pera e alguma outra fruta suculenta, o que proporciona melhor repouso e calma.

  - Excelente depurativo do sangue.

  - Cura prisão de ventre, inapetência, enfermidades digestivas e febres intestinais.

  - Deve ser ingerida ao natural, pois seu cozimento destrói seu valor nutritivo. Contém os sais minerais necessários ao organismo, mas esses componentes nutricionais se destroem com a temperatura muito alta.

  - Indicada para o fortalecimento ósseo, no combate à diabete, para emagrecimento, no combate a inflamações e fortalecimento da imunidade.

- Pêssego

  - Possui vitaminas A, B1, B2, C, K e E, ferro, potássio, sódio, fósforo, iodo, cobre, manganês, selênio, carboidratos, proteínas, gorduras, fibras, açúcares naturais, cálcio e ácido fólico.

  - É fonte de antioxidantes e, graças a isso, é anti-inflamatório, preventivo contra as células cancerígenas e combate os danos causados pelos radicais livres. O selênio contido nele é antioxidante e protege as células contra o câncer.

  - Suas fibras são boas para diminuir a fome compulsiva, evitar a constipação e melhora a digestão. E podemos acrescentar que o pêssego atua controlando a obesidade e a diabetes.

- Indicado para debilidade e enfermidades pulmonares, afecções do fígado, prisão do ventre, úlceras cancerosas, herpes, dores reumáticas, hipertensão arterial e anemia.
- Sua atuação interna é tão eficiente que resulta numa pele saudável (lembra o termo pele de pêssego?), cabelos sedosos, caindo bem pouco e com um efeito bom no couro cabeludo. Há um uso bem grande do pêssego na indústria cosmética e, nesse caso, a assimilação dele é de fora para dentro.
- "Fruto da calma", é chamado assim por ser um elemento eficaz contra o estresse e a ansiedade.
- Auxilia a limpeza da bexiga e dos rins, ótimo diurético.
- É bom para os olhos, mantendo-os saudáveis e retardando doenças degenerativas oculares causadas pela idade.
- Também ajuda a diminuir dores e a acidez no estômago.
- O caroço macerado e triturado regulariza o fluxo menstrual.
- Afirma-se que tanto as folhas quanto a amêndoa contida no caroço são tóxicas.
- Ingerido em excesso e verde é indigesto.
- Os elementos vitais perdem seu valor quando cozidos ou enlatados.
- Ele é pobre em açúcares.

• Pequi

- Fruta brasileira, amarela, com cheiro e sabor fortes.
- Contém vitamina A, ácidos graxos, oleico, linoleico, fibras e ácido esteárico, potássio.
- Protetor do organismo contra doenças cardiovasculares como a aterosclerose, os ataques cardíacos e outros males do coração.

- Diminui os níveis de colesterol no sangue e seus efeitos antioxidantes dissolvem o acúmulo de gorduras nas paredes das artérias e dos vasos.

- Anti-inflamatório, ativa a circulação sanguínea ajudando o coração no trabalho circulatório. Um bom medicamento natural para tratamento de artrite, fibromialgias e doenças musculares inflamatórias.

- Alto teor de carotenoides, que são antioxidantes atuantes especificamente na área dos olhos. Bom para pessoas com problemas oculares.

- O óleo essencial do pequi é extraído de suas nozes/sementes:

    - Mantém uma quantidade de vitamina A muito boa para o fortalecimento dos cabelos e da pele.

    - saudável para a pele, excelente na cicatrização, luminosidade e prevenção contra sinais precoces de envelhecimento.

- Medicamento caseiro contra a asma. Bastam três a cinco gotas nas refeições, sobre a comida, duas vezes por dia.

- Perigoso, tem que ser comido com cuidado e após o cozimento. Já levou muitos ao hospital para retirar seus espinhos da língua. A semente é cheia de espinhos finos e quase invisíveis em seu interior. Para ingerir, deve-se raspar com os dentes a polpa amarela ao redor da semente.

- Pitaia

    - Existem três tipos:

        - De polpa branca e casca rosa.

        - Polpa rosa-vermelha-púrpura com casca rosa-vermelha.

        - E amarela na casca com polpa branca.

    - Também chamada fruta do dragão por causa da casca irregular e cheia de gomos.

- Contém vitaminas B, C e E, minerais, ferro, fósforo, ácidos graxos e fibras.
- Muito boa e recomendada para combater anemia e osteoporose.
- Os males cardiovasculares, digestivos, intestinais e ligados às irregularidades da pressão arterial são controlados e melhoram com o uso constante dessa fruta.
- Um outro efeito benéfico da pitaia é a proteção celular que seus antioxidantes promovem na luta contra o câncer.
- Seu efeito termogênico ajuda no emagrecimento e controle do apetite.

• Romã

- Oxidante, mineralizante e refrescante.
- Laxativo moderado com efeito purificador.
- Seu suco:
  - em forma de xarope é um remédio para anginas e as afecções geniturinárias.
- Possui propriedades adstringentes.
- Eficaz nas hemorroidas.
- Indicada contra cólicas, febres e dispepsia.

• Sapoti

- As sementes trituradas em decocção são diuréticas e úteis no tratamento da litíase vesical.
- Aperientes. Boas no tratamento da febre.

• Tâmara

- Eficaz contra enfermidades das vias respiratórias.

- O decocto da fruta é uma bebida.
- Útil no combate à tosse, bronquite e à catarros.
- Deixada de molho, forma uma massa muito boa contra inflamações da garganta.
- É um tônico muscular excelente em casos de anemia, desnutrição e tuberculose.
- Calmante do sistema nervoso, combate a insônia, fortifica o estômago e os intestinos, combate colites, hemorragias e escorbuto.
- Própria para atletas e para toda pessoa que tem uma atividade física corporal pesada no dia a dia.
- De fácil digestão, é um ótimo substituto dos açúcares provenientes da cana-de-açúcar.

• Tamarindo

- Originário da África, poderoso laxante, antioxidante e anti-inflamatório.
- A polpa contém vitaminas A, B6, B9, C e E, fibras, cálcio, ferro, potássio e manganês. E mais: proteínas, gorduras, energias.
- Considerado um cardioprotetor, ele ajuda no controle da pressão sanguínea e no colesterol.
- Além de laxante, é diurético e indicado para cólicas do fígado, febre, irritações intestinais e disenterias.
- Aconselhado seu uso nas anemias devido à quantidade de ferro que existe na polpa.
- Ajuda no emagrecimento pelo alto teor de fibras e a produção da sensação de saciedade.
- Tem ação anti-inflamatória e está em inúmeros remédios fitoterápicos.

□ Indicado para as gestantes por contribuir com o desenvolvimento e crescimento equilibrado e saudável do bebê na gestação.

□ Também traz saúde para os cabelos e as unhas.

□ Suas folhas são vermífugas.

- Tangerina

□ Contém vitaminas A, C, B1 e B2, fibras, bioflavonoides, folato e sais minerais, como potássio, cálcio, fósforo e magnésio.

□ Corta arteriosclerose, debilidade da vista, gota, reumatismo, cálculos, tumores (adenomas, condromas, fibromas, gliomas, lipomas, miomas, neuromas, asteomas), quistos recentes, endurecimentos cálcicos e cristalizações do ácido úrico.

□ Favorece o crescimento do esqueleto.

□ Tonifica as articulações e os músculos.

□ Beneficia os intestinos e o sistema nervoso.

□ Suas vitaminas são recomendadas contra as infecções e o escorbuto.

□ Fortifica o sistema imunológico e protege as células contra o envelhecimento precoce.

Sucos medicinais

- Suco de cenoura

□ Fonte riquíssima de vitamina A, estimula o apetite e ajuda a digestão. É eficaz no combate à fadiga, à anemia e à colite. Tomando-se um copo diariamente, embeleza e rejuvenesce, dando à pele um tom rosado natural. Pode ser tomado à vontade.

□ Modo de preparo:

◊ Duas cenouras médias grandes, em centrífuga, pode gerar um copo de 200 ml.

◊ No liquidificador: picar duas cenouras, acrescentar água potável a gosto e bater.

- Suco de salsão

□ Tônico para os nervos, recomendável aos ansiosos, histéricos, neurastênicos e pessoas insones.

◊ 1 ou 2 talos de salsão com as folhas.

◊ Água mineral ou filtrada a gosto.

◊ Mel de abelha (opcional)

□ Modo de preparo:

◊ Liquidificar ou usar a centrífuga para o processo.

- Suco de espinafre

□ Purificador, regenerador e reconstrutor dos intestinos.

□ Tomado diariamente cura a constipação.

□ Eficiente no combate à piorreia.

□ As pessoas que sofrem de cálculos renais não devem consumir esse suco.

□ É muito forte, por isso, não deve ser tomado sozinho, mas combinado com outros sucos, como, por exemplo, o de maçã.

- Suco de repolho ou de couve

□ Puros ou junto com suco de salsão combatem as úlceras.

- Suco de couve

□ Precisa ser combinado com vitamina C para que seu conteúdo de ferro e cálcio seja aproveitado pelo organismo humano.

□ Incluir hortelã no suco vai dar um sabor e uma qualidade nutricional maiores nesse suco. Esse será um suco melhor para os órgãos digestivos.

- Usando gengibre nesse suco, vai se acrescentar um elemento termogênico extremamente desintoxicante, digestivo e estimulante ao sistema metabólico.

• Suco de pepino

- O mais eficiente diurético natural.

• Suco de tomate

- Deve ser natural e fresco.
- Ótimo contra a acidez excessiva no organismo.
- É indicado aos que abusam das carnes e do açúcar.
- Entretanto, não deve ser tomado durante as refeições em que amidos e açúcares são servidos, pois anulariam sua ação alcalinizante.

• Suco de salsão e limão

- Neutralizam os gases digestivos quando tomados antes das refeições.

• Suco de maçã

- Purificador do organismo.
- Ótimo para os rins.
- Combate a anemia.

• Suco de uva

- Antioxidante excelente e ideal para o coração.

• Suco de morango e coco

- Bom para amenizar dor de garganta.

• Suco de abacaxi

- Ajuda na digestão das proteínas.
- Bom para dor de garganta.

- Bom para animar os deprimidos.

- Suco de laranja
  - Purificador do organismo com ação alcalina rápida.
  - Rico em vitaminas A, B e C.
  - Excelente no combate às varizes.
  - Algumas gestantes sentem alívio no enjoo e nas náuseas o tomando em jejum.

- Suco de mamão e limão
  - Grande auxiliador da digestão, especialmente indicado para pessoas de estômago sensível.

- Suco de maracujá
  - Efeito tranquilizante.

- Sucos combinados
  - Tomar sucos em abundância diariamente pode ser o melhor aliado para uma saúde perfeita.
  - Sucos diários de cenoura, alface, pepino e espinafre, combinados, fortalecem os nervos e as raízes dos cabelos.
  - Sucos de cenoura, maçã e beterraba são ricas fontes de ferro e combatem a anemia, a constipação e a baixa resistência física.

Sucos para anemia

- Cenoura com beterraba
  - 1 xícara de suco de cenoura e 1/4 de xícara de beterraba

- Cenoura com maçã
  - 1 xícara de cenoura e 1 xícara de maçã

- Cenoura com vegetais

- 1 xícara de cenoura, 1/2 xícara de salsão e 1/4 de xícara de espinafre

Tônico nervoso

- Cenoura e salsão
  - 1 xícara de suco de cenoura e 1 xícara de salsão
- Cenoura, salsão e salsa
  - 3/4 de xícara de cenoura, 1/2 xícara de salsão e 1/4 de xícara de salsa

Hepático

- Cenoura, beterraba e pepino
  - 1 xícara de suco de cenoura, 1/4 de xícara de beterraba e 1/4 de xícara de pepino

Para laringe

- Suco de cenoura e suco de abacaxi
  - 1 xícara de suco de cenoura, 1 xícara de suco de abacaxi. Os sucos são tomados separadamente, em horários diferentes.

Para fortalecimento do organismo durante a gravidez

- Cenoura, laranja e coco
  - 1 xícara de cenoura, 1/2 xícara de laranja e 1/2 xícara de coco
- Cenoura e maçã
  - 1 xícara de cenoura e 1 xícara de maçã

- Cenoura, beterraba e pepino
  - 3/4 de xícara de cenoura, 1/2 xícara de beterraba e 1/2 xícara de pepino

Combate à insônia

- Cenoura e salsão
  - 1 xícara de cenoura e 1/2 xícara de salsão

Varizes

- Suco de laranja puro

Calmantes naturais

- Suco de maracujá

Estimulantes naturais

- Guaraná
  - Contém guaranine (estimulante 4 a 7 vezes mais potente que a cafeína), taninos, vitaminas B1, B3, E, PP, cálcio, magnésio, potássio, sódio, selênio e estrôncio.
  - Considerado por muitos como droga, uma vez que pode alterar o comportamento humano, retardando o cansaço e sendo um forte estimulante e tônico para o coração.
  - Possui um teor considerável de cafeína, pode ser mais forte que o café e os chás e por isso deve ser cautelosamente usado.
  - É muito forte para ser usado diariamente, embora haja localidades brasileiras nas quais as pessoas utilizam regularmente o guaraná puro ao natural.

- □ Pode ser usado em casos de depressão, falta de motivação, sono fora de hora, prisão de ventre e diarreia, calor excessivo, sangue grosso e enxaqueca.
- □ Ajuda na perda de peso, estimula a circulação sanguínea, é afrodisíaco, alivia o estresse, diurético, bom no controle à glicemia, diminui corrimentos vaginais.
- □ Indicado para remoçar os idosos, mas é necessário cuidado, pois pode diminuir o sono.
- □ Ajuda a diminuir as dores causadas pela artrite.
- □ Há cosméticos que o utilizam por ser eficiente no tratamento de peles oleosas e das celulites.
- □ Contraindicado aos que sofrem de ansiedade, e seu uso pode causar tremores, insônia, irritabilidade e palpitações.

- Maca peruana
    - □ Um energético natural, conhecido como o "viagra dos incas", com cerca de dois mil anos de utilização na medicina dos países andinos.
    - □ Fonte de vitaminas, minerais, fibras, carboidratos e proteínas.
    - □ Indicada para quem quer perder peso, por produzir uma incrível sensação de saciedade, tranquilidade relativa ao apetite e boa disposição.
    - □ A quantidade de fibras ajuda no funcionamento dos intestinos, e os inchaços abdominais desconfortáveis são evitados.
    - □ Afrodisíaco natural que pode melhorar a qualidade do sêmen, aumenta a libido.
    - □ Alivia sintomas da menopausa e aumenta a disposição das mulheres nessa fase da vida.
    - □ Ajuda na diminuição de próstatas aumentadas e aumenta a fertilidade masculina.

- Combate os radicais livres que danificam e podem causar câncer com suas maravilhosas qualidades antioxidantes.

- É indicada no controle da diabetes por ser elemento-chave na inibição das inflamações associadas a doenças crônicas como a diabetes tipo 2 e por evitar uma liberação em grande quantidade de insulina no organismo.

- O sistema imunológico também se beneficia desses antioxidantes e além de tudo já comentado, a maca peruana melhora a função cerebral e pode ser usada desde a infância para essa finalidade.

- Não há efeitos colaterais comprovados cientificamente, mas há recomendação de que ela não seja usada por gestantes e nem por lactantes. Nesses casos, somente com a indicação segura de um médico, a maca peruana deveria ser ingerida.

• Ginseng coreana

- Raiz medicinal semelhante a uma cenoura que tem a forma de um corpo humano.

- Poderoso estimulante de propriedades revigorantes que trata debilidades, falta de concentração, fadiga, regula a pressão sanguínea, trata impotência, cansaço mental, falta de concentração, depressão e até arteriosclerose.

- Excelente prevenção contra gripes, especialmente em idosos. Considerado um estimulante para o sistema imunológico.

- Contém antioxidantes preventivos contra o câncer.

- Recomendável a todos que estudam muito, estão perto de concursos e provas desafiadoras que exigem muito estudo, muita memória e concentração.

- Contraindicado a gestantes.

• Pfaffia - Ginseng brasileira (é um adjetivo no feminino porque é uma raiz)

- Bom estimulante que trata problemas circulatórios.

- □ Indicado nos casos de fadiga física e mental, perda de memória, afrodisíaco, melhora a visão e a força muscular.
- □ É antidiabético e atua contra cólicas e enterites.
- □ Mais usado em chás, cápsulas e em pó misturado em sucos e outros chás.

- Café
  - □ Saborosa bebida estimulante tradicional e ritualista nos encontros sociais ao longo do mundo.
  - □ Vem sendo pesquisado como coadjuvante na prevenção contra alzheimer, parkison, câncer, depressão, estresse e diabetes.
  - □ Rico em antioxidantes, previne contra o envelhecimento precoce.
  - □ Bom auxiliar da digestão, quando usado com parcimônia.
  - □ Ajuda no tratamento da depressão.
  - □ A dificuldade de acordar de manhã é superada com uma boa xícara de café.

Bebidas nutritivas

- Leites vegetais
  - □ Batidas com leites
    - ◊ Leite vegetal com abacaxi
      - » Ingredientes
        - □ 2 litros de leite vegetal
        - □ 1 abacaxi pequeno
        - □ 170 g de açúcar mascavo

» Modo de preparo

□ Bater o abacaxi com o açúcar e, somente na hora de servir, misturar o leite de soja no liquidificador.

◊ Leite vegetal com amendoim

» Ingredientes

□ 2 litros de leite vegetal

□ 70 g de amendoim torrado

□ 170 g de açúcar mascavo

◊ Modo de preparo

» Bater no liquidificador todos os ingredientes e beber frio.

◊ Leite vegetal caramelado

» Ingredientes

□ 2 litros de leite vegetal

□ 250 g de açúcar mascavo

» Modo de preparo

□ Caramelar o açúcar em ponto de fio (como se usa nos pudins) e juntar o leite vegetal a essa calda. Mexer bem para ir dissolvendo e continuar mexendo a mistura até ferver. Servir quente ou frio.

◊ Leite vegetal com ameixa seca

» Ingredientes

□ 2 litros de leite vegetal

□ 70 g de ameixas secas

□ 3 colheres de açúcar mascavo (opcional)

» Modo de preparo

- Bater todos os ingredientes no liquidificador e tomar frio.

◊ Vitamina de leite vegetal e frutas

» Ingredientes

- 1 banana
- 1 pedaço de mamão
- 1 maçã pequena
- 3 ameixas secas
- 1 1/2 litro de leite vegetal

» Modo de preparo

- Bater os ingredientes no liquidificador e servir imediatamente.

◊ Batidas de frutas – sugestões

» Abacaxi e maracujá

» Abacaxi, maçã e limão

» Banana e leite vegetal

» Banana, mamão, maçã e limão

» Caju e limão

» Laranja, abacaxi e limão

» Laranja, tangerina e limão

» Morango, laranja e limão

» Morango, cerejas e ameixas

» Morango, coco e leite

» Manga e limão

» Mamão e leite vegetal

» Uva e limão

Chás

- Chá Pombo ou Lágrima de Nossa Senhora
    - Depurador sanguíneo, eliminador de toxinas e excessos de proteínas.
    - Bom no tratamento de doenças genitais femininas.
    - Indicado no tratamento de gripes, doenças pulmonares, tuberculose, asma, bronquite.
    - Os grãos devem ser torrados, moídos e transformados em pó.
    - Usar uma colher de café do pó para uma xícara de água fervente.
- Banchá
    - Digestivo, eficaz se tomado após as refeições.
    - As folhas são torradas, e isso o deixa menos amargo.
    - Usa-se uma colher de chá de folhas para cada litro de água. Ferver por 10 minutos.
    - As mesmas folhas podem ser usadas várias vezes, basta acrescentar mais uma pitadinha de folhas.
- Ginseng (coreano)
    - Rejuvenescedor, cura também problemas genitais e de limitações sexuais, especialmente a impotência.
    - Fortificante e energético, depura o sangue e combate a anemia.
    - O chá em pó deve ser dissolvido em água fervente.
    - A raiz também pode ser usada, embora seja muito difícil de ser encontrada.

- Chá mu
    - Um chá medicinal importante na macrobiótica, de sabor sofisticado, indicado em vários distúrbios e desequilíbrios.
    - Um composto de 16 ervas, folhas e raízes, inclusive o ginseng.
    - É muito energético e fortificante do organismo. Excelente preventivo da gripe e dos resfriados.
    - Muito bom para quem tem extremidades frias.
    - Bom para ajudar no tratamento de inflamações no aparelho genital feminino, inclusive leucorreia, amenorreia.
    - Vendido em pacotinhos, e se usa um deles para um litro de água. Ferver de 10 a 20 minutos.
    - Esse pacotinho pode ser usado outras vezes.
- Lótus
    - Raiz vendida em pó ou em fatias desidratadas.
    - É encontrada em entrepostos e locais de comidas macrobiótica, japonesa ou em importados.
    - Superexótico, pode ser consumido quando cozido. Precisa estar mole para ser ingerido.
    - Bom para os pulmões e as vias respiratórias.
    - Se tiver o pó, use uma colher de chá para uma xícara de água fervida.
    - Se for a raiz, use uma fatia por xícara. Essa raiz pode ser reutilizada, mas deve ser mantida na geladeira em vasilha fechada.
    - Essa raiz, depois de ficar suave e macia, pode ser picada e misturada no arroz integral em outro alimento.
- Hábu
    - De origem japonesa, são pequenas sementes que fervidas geram um chá ligeiramente rosado.

- Eficaz para resfriados, gripes, intestino preso e preguiçoso e gases.
- Depois de cozidas as sementes, o chá é excelente para minimizar os desconfortos menstruais e as cólicas.
- Indicado em estados psicológicos como histeria e alterações do equilíbrio emocional em geral.
- Também é bom contra a anemia e para aparelhos digestivos preguiçosos, pois ele ajuda no movimento peristáltico orgânico.
- Para preparar, ferver uma colher do chá hábu para cada duas xícaras.

- Erva-doce
  - Para eliminar gases no aparelho digestivo, principalmente em nenê.
  - É calmante e sonífero.
  - Ferver as sementinhas em água.
- Camomila
  - Calmante, indicada para quando o nenê chora e só para quando está no colo.
  - Anti-inflamatório natural e gera fortalecimento do sistema imunológico.
  - Ótima compressa para vistas cansadas, ardentes ou inflamadas. Faça um chá forte, deixe esfriar, coloque na geladeira e faça as compressas geladas.
- Dente-de-leão
  - Acalma problemas estomacais, estimula o fígado e é digestivo.
  - Muito bom contra dores de cabeça provocadas por gases intestinais.
  - Uma colher de chá por litro de água.

- Hibisco
    - □ Também chamado de vinagreira.
    - □ Indicado para emagrecimento e estímulo ao metabolismo.
    - □ O uso medicinal é imenso, suas qualidades rejuvenescedoras são maravilhosas, uma bênção.
    - □ Eu a conheci no Vale do Buda, crescia como mato, e meu caseiro o chamava de vinagreira. E, nos entrepostos, na cidade, eu a comprava como hibisco, pagando caro!
    - □ Comia com arroz branco feito pela caseira, a Maria. Delicioso, uma tradição nordestina. Nem sei como descobri, mas quando descobri, fiz suco, saladas, chás e muito mais.
    - □ Atualmente, tomo chás que aceleram o metabolismo, melhoram a disposição e durmo muito bem.
    - □ É um regulador da pressão arterial, prevenindo contra hipertensão, facilita a eliminação do colesterol ruim, acaba com os radicais livres, auxilia o fígado e protege contra o câncer.
    - □ Existem várias receitas para o chá e outras utilidades. Para um chá saudável, use duas colheres de sopa dele para meio litro de água. Se desejar sofisticar mais seu chá, acrescente um lasca de gengibre.
- Gengibre
    - □ Excelente para a digestão e, para isso, deve ser tomado após as refeições.
    - □ Bom contra náuseas, em especial no caso das reações colaterais da quimioterapia e na gestação.
    - □ Indicado para o controle da pressão arterial e para a perda de peso.
    - □ Ajuda a prevenir contra o câncer, em especial o dos intestinos.

- Ótimo antioxidante e anti-inflamatório ajudando a evitar envelhecimento precoce e a deterioração celular.

- Para um litro de água, quatro fatias de cerca de 0,5 cm de largura.

• Alecrim

- A erva da alegria, cultuada mundialmente, com propriedades nutritivas, medicinais e indicada em diversas religiões para banhos purificadores e higienizadores da alma.

- Rico em potássio, cálcio, magnésio e fósforo, além das vitaminas.

- Sua qualidade diurética auxilia na perda do peso, na circulação líquida do organismo e na prevenção contra inchaço generalizado.

- Digestivo, sudorífero e depurativo, em especial do fígado.

- Um antibiótico natural que anima as pessoas e as deixa mais motivadas e alegres.

- Ajuda no controle do diabetes e fortalece o sistema imunológico, combatendo tendências a gripes e resfriados.

- Os cabelos ficam mais bonitos e sedosos, em especial para cabelos negros e escuros.

- Deve ser preparado em infusão. Para um litro de água fervendo, usar cerca de 16 g de folhas secas ou frescas.

• Chá verde

- Contém manganês, potássio, ácido fólico, vitaminas C, K, B1 e B2. Um chá altamente nutritivo.

- Possui um sabor amargo, especial, que pode ser regulado pela quantidade de folhas ou, como se usava na macrobiótica, tostando as folhas antes da fervura.

- O banchá é o chá verde tostado.
- Uma de suas grandes propriedades é ser rico em antioxidantes. Ele fornece resultados no rejuvenescer e restaura o equilíbrio e o bem-estar, cada vez mais populares.
- Ajuda no emagrecimento acelerando o metabolismo das gorduras no organismo. Os que malham devem ingerir o chá antes de se exercitar, para transformar as gorduras excessivas no organismo em energia para a atividade física.
- Pessoas sensíveis à cafeína podem sentir dor de cabeça, palpitação, agitação e falta de sono, pois o chá verde contém uma grande quantidade cafeína.
- É a bebida da hora há milênios! É presente e atual no auxílio aos desequilíbrios mais comuns de cada momento histórico. O chá verde é um fortalecedor do sistema imunológico, que atrasa o envelhecimento, protege o coração, afasta o colesterol ruim, previne contra depressão e mantém o corpo em dia com o metabolismo a todo o vapor.
- Não é indicado às gestantes, aos hipertensos, aos pacientes com glaucoma e aos portadores de doenças psiquiátricas.
- Para preparar o chá, as folhas soltas ao natural são bem mais indicadas do que os sachês prontos.
- Infusão de duas colheres de sopa cheias em um litro de água fervente por cerca de cinco minutos.

Utensílios necessários a uma cozinha de naturistas

Sem o comprometimento de buscar comer com mais saúde e felicidade, não vai haver nem cozinha.

Panelas que não soltem resíduos: aço inoxidável, barro, ágata, vidro, ferro, pedra sabão e as novas ligas que estão sempre surgindo.

- Escovas para limpar frutas, legumes, raízes e verduras;
- Facas de bom corte (os facões japoneses costumavam ser excelentes);
- Colheres de pau e de silicone;
- Tábua de madeira ou de silicone para corte;
- Ralador de boa qualidade, evite o de alumínio;
- Liquidificador;
- Moedor de grãos elétrico ou manual;
- Centrífuga (opcional);
- Batedeira – para quem gosta de bolos;
- Tigelas de vários tamanhos para massas, saladas e higienização de verduras;
- Peneira;
- Copos e colheres medidores ou balança de cozinha;
- Forminhas de silicone para muffins;
- Frigideiras para panquecas e tapiocas;
- Formas de pão e de bolo furadas no centro, e de fundo solto para tortas e assadeiras;
- E, com certeza, seus utensílios de mesa.

Claro que aqui temos uma listagem básica, nada impede de você incluir outros itens.

Receitas

Nota:

1. Antes de iniciar qualquer preparo, verifique se possui todos os ingredientes na quantidade certa na sua despensa.

2. Se falta algum ingrediente, você tem algo que possa substituir o que está faltando?

3. Separe todos os ingredientes na medida da receita e deixe tudo isso pronto à sua disposição.

Coquetéis e bebidas especiais

- Abaixo o colesterol ruim (cenoura, maçã, gengibre e salsinha)

  Rende uma porção de cerca de 230 ml.

  - Ingredientes
    - ◊ 5 cenouras
    - ◊ 1/2 maçã
    - ◊ 1 1/2 cm de gengibre
    - ◊ 1 xícara de chá de salsinha
  - Modo de preparo
    - » Centrifugar tudo.
    - » Se usar liquidificador, acrescentar água natural.

- Rejuvenescedora energia explosiva (kiwi, uva, laranja)

  Uma porção de cerca de 230 ml

  - Ingredientes
    - 100 g de uvas verdes (com pedúnculos e orgânicas)
    - 3 kiwis
    - 1 laranja-pera
  - Modo de preparo
    - Centrifugar ou bater no liquidificador.
    - Caso for centrifugar, é melhor descascar a laranja e deixar a pele branca.

- Coquetel antivírus (maçã, laranja, limão e mel)

  Uma porção de cerca de 230 ml

  - Ingredientes
    - 2 maçãs
    - 1 laranja
    - 2 colheres de sopa de suco de limão
    - Mel a gosto
  - Modo de preparo
    - Pode ser centrifugado ou liquidificado.
    - Na primeira opção, descascar a laranja deixando bastante pele branca.

- Verde abacaxi (couve, abacaxi, limão, laranja)

  Uma porção de cerca de 250 ml

- Ingredientes
  - ◊ 1 folha grande de couve
  - ◊ 1 fatia de 2,5 cm de abacaxi
  - ◊ 2 folhas de hortelã
  - ◊ Suco de 1 limão
  - ◊ Suco de 2 laranjas-pera
- Modo de preparo
  - ◊ Bater tudo no liquidificador.
  - ◊ A laranja pode ser liquidificada sem os caroços.
  - ◊ E o limão pode, para quem aprecia sabores fortes, ser liquidificado inteiro com sua casca.
  - ◊ Se desejar um suco mais suave, peneirar.

• Coquetel de cálcio (tangerina, abacaxi e uva)

Uma porção de cerca de 230 ml

- Ingredientes:
  - ◊ 2 tangerinas médias ou 3 pequenas
  - ◊ 1 fatia de 2,5 cm de abacaxi
  - ◊ 85 g de uvas rosadas, pode conter os pedúnculos
- Modo de preparo
  - ◊ Descascar as tangerinas e separar em gomos, deixando os fios brancos.
  - ◊ Retirar a casca do abacaxi.
  - ◊ Cortar as uvas ao meio.
  - ◊ Processar na centrífuga ou na espremedora de frutas.

- Chai
  - □ Ingredientes
    - ◊ 1,5 l de água
    - ◊ 200 g de gengibre
    - ◊ 160 g de açúcar (cristal ou refinado)
    - ◊ 10 cravos
    - ◊ 3 paus de canela (de 6 cm)
    - ◊ Sementes de 10 favos de cardamomo
    - ◊ 100 g de leite em pó (sugestão: Ninho)
    - ◊ 8 sachês de chá preto
  - □ Modo de preparo
    - ◊ Lavar e ralar o gengibre na parte grossa do ralador.
    - ◊ Em seguida, colocar o gengibre, o açúcar, o cravo e a canela em uma panela média.
    - ◊ Levar ao fogo médio-alto, mexendo sempre.
    - ◊ Separar 200 ml de água do total de 1,5 l e diluir o leite em pó.
    - ◊ Colocar o restante da água em uma outra panela em fogo alto para esquentar.
    - ◊ Pilar as sementes de cardamomo em um pilão, amassando-as até que fiquem em pequenos pedaços, quase como um farelo.
    - ◊ Quando o açúcar e o gengibre ficarem com uma textura de melado, levemente escuro, adicionar o cardamomo e, em seguida, a água quente.
    - ◊ Após alguns minutos, adicionar o leite em pó diluído e deixar no fogo até que ferva.
    - ◊ Ao ferver, desligar o fogo e adicionar os sachês de chá preto.

◊ Deixar descansar por 10 minutos.

◊ Pressionar, levemente, com uma colher os sachês na lateral da panela, a fim de liberar todo o sabor do chá preto. Fazer isso com muito cuidado para não estourar os sachês.

◊ Peneirar, uma vez, em uma peneira grossa para remover as partículas grandes e a canela.

◊ Depois, ao transferir para uma garrafa térmica, passar por uma peneira fina.

◊ Servir bem quente.

◊ Pode ser armazenado na geladeira por um dia, lembrando que, antes de servir, deve ser fervido por um minuto.

- Coquetel de beterraba

  □ Ingredientes

  ◊ 2 xícaras de tomate orgânico picado

  ◊ 1 xícara de beterraba ralada

  ◊ 1 colher de sopa de suco de limão

  □ Modo de preparo

  ◊ Bater tudo no liquidificador e peneirar.

  ◊ Se quiser bem refrescante, acrescentar uma pedra de gelo.

  ◊ Enfeitar com uma folha de manjericão.

- Coquetel infantil

  □ Ingredientes

  ◊ 1 cenoura ralada

  ◊ 3 colheres de aveia em flocos finos

  ◊ 2 copos de leite vegetal

◊ 2 colheres de sopa de mel

□ Modo de preparo

◊ Bater no liquidificador e peneirar.

◊ Beber o quanto antes para manter os nutrientes com boa qualidade.

- Coquetel de cenoura

□ Ingredientes

◊ 1 xícara de cenoura ralada

◊ 2 xícaras de abacaxi em pedaços

◊ 1 colher de sopa de suco de limão

□ Modo de preparo

◊ Bater tudo no liquidificador.

◊ Se desejar, pode peneirar, mas não será necessário.

- Coquetel rejuvenescedor de mirtilos

□ Ingredientes

◊ 1 xícara de mirtilos

◊ 1 xícara de água

◊ folhas de hortelã

◊ 1 lasquinha de gengibre

◊ Suco de 1/2 limão

□ Modo de preparo

◊ Bater todos os ingredientes no liquidificador e ingerir em seguida.

- Amazake – bebida de arroz fermentada

Essa é uma bebida fermentada japonesa feita a partir do arroz. Uma bebida probiótica, um rejuvelac de arroz, um iogurte vegetariano. Bastante exótica com as qualidades do rejuvelac que o mundo vegano difunde atualmente. Ela rejuvenesce, revitaliza e aumenta a flora intestinal. É uma bebida festiva, usada para celebrar, nos monastérios budistas japoneses, o ano-novo e o "Hina Matsuri", o Festival da Boneca, que acontece durante o mês de março anualmente.

- Ingredientes do amazake
  - ◊ semente de arroz mofada
  - ◊ arroz integral ou inteiro
  - ◊ arroz branco
- Modo de preparo
  - ◊ Cozinhar o arroz integral ou inteiro com 1/4 de arroz branco em muita água, para um cozimento longo.
  - ◊ Deixar esfriar e acrescentar a semente mofada e misturar.
  - ◊ Aguarde até mofar tudo.
  - ◊ Tirar uma porção para ser a "isca" no preparo do próximo amazake.
  - ◊ Deixar a panela bem tampada, fora da geladeira, com um pouquinho de água.
  - ◊ É uma bebida coada como os iogurtes caseiros o são.

• Amazake com arroz motti

- Ingredientes
  - ◊ arroz motti
  - ◊ 1 lasca de canela
  - ◊ água
- Modo de preparo
  - ◊ Cozinhar o arroz motti em água.

◊ Deixar cinco dias reservado como para perder (a indicação dos especialistas é para deixar "mofar"), até cheirar a álcool.

◊ Cozinhar ou, simplesmente, aferventar em outra água com a canela.

◊ Coar.

◊ Gelar e beber com moderação.

- Amazake com arroz integral

□ Ingredientes

◊ arroz integral

◊ rapadura a gosto (opcional)

□ Modo de preparo

◊ Cozinhar o arroz em água.

◊ Deixar reservado para azedar.

◊ Aferventar e, quando estiver cheirando a álcool, aferventar novamente com mais água.

◊ Se desejar, adoce com rapadura.

◊ Coar.

◊ Gelar.

◊ Beber com moderação.

Xaropes

- Xarope para limonadas

□ Ingredientes

◊ 1 xícara de água

◊ 2 xícaras de açúcar mascavo

◊ 1 xícara de suco de limão

◊ casca de 1 limão

□ Modo de preparo

◊ Numa panela, misturar a água, o açúcar e o suco de limão e ferver durante cinco minutos.

◊ Retirar do fogo, juntar a casca do limão e deixar esfriar.

◊ Coar o xarope.

◊ Depois de frio, guardar na geladeira em um recipiente de vidro bem fechado.

◊ Quando desejar fazer limonada, é só usar uma porção a gosto e acrescentar água.

- **Xarope de agrião** *(para tratamentos de saúde)*

□ Ingredientes

◊ agrião (de preferência orgânico)

◊ mel de abelha

◊ clara de ovo

□ Modo de preparo

◊ Higienizar o agrião.

◊ Passar o agrião na máquina de moer ou o socar no almofariz.

◊ Espremer a massa adquirida das folhas num pano limpo.

◊ Para cada 300 g do suco de agrião, acrescentar 400 g de mel de abelha e a clara batida de um ovo.

◊ Levar ao fogo, mexendo sempre.

◊ Quando começar a ferver, remover a espuma da superfície.

◊ Deixar ferver.

◊ Retirar do fogo e coar.

◊ Deixar esfriar e guardar em frascos bem fechados.

◊ Ingerir uma colher de sopa quatro vezes por dia.

◊ Obs.: a clara de ovo serve para limpar impurezas de todas as caldas doces ou a gordura nas sopas. A clara tem a propriedade de trazer à tona as impurezas que vêm na forma de espuma. Fica muito fácil de ser retirada essa espuma, devido à consistência que toma.

Batidas

- **Batida nutritiva de ameixa** (receita boa para quem sofre de prisão de ventre)

  □ Ingredientes

  ◊ 2 copos de leite de soja natural ou outro leite vegetal da preferência

  ◊ 6 ameixas secas, pretas, sem caroço

  ◊ 1 colher de sopa de gérmen de trigo

  ◊ 1 colher de sopa de aveia integral fina

  ◊ 3 colheres de sopa de açúcar mascavo

  □ Modo de preparo

  ◊ Bater tudo no liquidificador e servir fria.

- Batida com banana

  □ Ingredientes

  ◊ 4 copos de leite vegetal

  ◊ 6 bananas maduras

  ◊ 2 colheres de sopa de mel de abelha

  ◊ 1 colher de chá de suco de limão

◊ 1 colher de sopa de gérmen de trigo

□ Modo de preparo

◊ Bater tudo no liquidificador e servir fria.

◊ Obs.: Pode variar essa receita com outras frutas, tais como morango, mamão, maracujá etc.

- Batida rica

□ Ingredientes

◊ 4 copos de leite vegetal

◊ 3 bananas maduras

◊ 3 colheres de sopa de aveia

◊ 1 colher de chá de canela em pó

◊ 1 colher de sopa de gérmen de trigo

□ Modo de preparo

◊ Bater tudo no liquidificador e servir fria.

- Milkshake de castanha-de-caju

□ Ingredientes

◊ 1/4 de xícara de castanha-de-caju não tostada

◊ 1xícara de água

◊ 1 colher de sopa de mel

◊ 1 banana

◊ 4 pedras de gelo

◊ Noz moscada

◊ 1/4 de xícara de tofu picadinho

□ Modo de preparo

◊ Bater as castanhas no liquidificador com a água para fazer o leite.

◊ Acrescentar o tofu, o mel, a banana.

◊ Bater até misturar e ficar cremoso.

◊ Adicionar as pedras de gelo e bater para quebrá-las.

◊ Enfeitar com noz moscada.

◊ Servir imediatamente.

Saladas

Tome cuidado com as folhas. As orgânicas são mais recomendadas. Caso não haja possibilidade de encontrar produtos sem agrotóxicos, aprenda a selecionar as melhores folhas para comer. Ao escolher suas verduras, observe se no dorso existem manchinhas brancas. Se houver, não compre, pois são folhas pulverizadas. Procure produtos plantados organicamente, para não ingerir químicas venenosas na sua refeição.

As hortaliças e verduras que tiverem um bichinho ou a marca de uma mordida deles, provavelmente, não foram "tratadas" com agrotóxicos e, portanto, se o bichinho as escolheu para comer é porque nós também podemos comê-las sem perigo. Deve-se higienizar muito bem as folhas e os legumes.

- Higienização

Nos mercados há um produto especial para esse cuidado essencial com suas indicações descritas na embalagem. Caso não tenha esse produto, ele pode ser substituído por água sanitária que não seja alvejante. Existe uma marca da Qboa que não contém alvejante e que pode fazer essa higienização com segurança. Para higienização: uma colher de sopa de Qboa, para cada litro de água. Deixar a verdura de molho durante 20 minutos e lavar bem em água corrente. Assim, as hortaliças estão prontas para serem usadas.

Deve-se usar a criatividade e o bom gosto para que os pratos fiquem apetitosos e o colorido harmonioso.

Saladas cruas de cenoura, beterraba, couve-flor, repolho, abobrinha, acrescentando, à vontade, folhas de alface, salsa, coentro, rúcula, almeirão, agrião, azeitonas, cebola-roxa, shoyo etc., assim, as saladas ficam extremamente deliciosas e nutritivas.

As saladas cruas são ingeridas antes para realizar uma varredura no organismo. Se puder dar um intervalo de 15 minutos antes de comer os pratos cozidos, o corpo vai assimilar muito melhor e com mais facilidade todos os nutrientes. Essa salada crua poderá ser consumida após os cozidos, mas para ser melhor para o corpo é bom que se aguarde 15 minutos após a ingestão dos cozidos para ingerir o cru.

- Salada de cenoura, repolho e passas

  (8 porções)

  - Ingredientes
    - 4 xícaras de cenoura ralada no ralo grosso
    - 4 xícaras de repolho ralado no ralo grosso
    - 1 xícara de maionese de legumes
    - 6 colheres de sopa de leite vegetal
    - 2/3 de xícara de passas claras
    - Sal a gosto
  - Modo de preparo
    - Misturar a cenoura e o repolho.
    - Em outra tigela pequena, misturar a maionese, o leite e as passas.
    - Juntar aos legumes e misturar bem.
    - Provar o sal e, se necessário, adicione mais um pouco e mexa bem.
    - Levar à geladeira até a hora de servir.

- Salada de repolho com nozes

  (1 porção)

- ▢ Ingredientes
  - ◊ 1 xícara de repolho cortado em tiras
  - ◊ 3/4 de xícara de nozes cortadinhas
  - ◊ molho de salada predileto
- ▢ Modo de preparo
  - ◊ Misturar as nozes às tiras de repolho e acrescentar o seu molho predileto.
  - ◊ Ornamentar a salada com folhinhas de manjericão e servir gelada.

- Salada de escarola
  - ▢ Ingredientes
    - ◊ 1 maço de escarola higienizado
    - ◊ 1 tomate caqui grande
    - ◊ 1 cebola-roxa
    - ◊ molho para salada de sua preferência
  - ▢ Modo de preparo
    - ◊ Rasgar as folhas de forma grosseira dentro da saladeira.
    - ◊ Cortar o tomate em quatro e, depois, em tiras de cima para baixo e juntar às folhas.
    - ◊ Fatiar a cebola bem fininha e juntar aos outros elementos.
    - ◊ Misturar tudo e temperar com seu molho favorito.
- Salada de alface
  - ▢ Ingredientes
    - ◊ 1/4 de maço de alface-americana
    - ◊ 1/4 de maço de alface-roxa
    - ◊ 1/4 de maço de alface-crespa

    - ◊ 1/4 de maço de alface-romana
    - ◊ limão
    - ◊ azeite extravirgem de oliva
    - ◊ sal
  - □ Modo de preparo
    - ◊ Cortar as folhas grosseiramente.
    - ◊ Misturar todas as folhas.
    - ◊ Temperar com limão, azeite e sal a gosto.
    - ◊ Servir gelada.
- Salada de beterraba crua
  - □ Ingredientes
    - ◊ 1 beterraba grande
    - ◊ 1/4 de maço de cheiro-verde picado
    - ◊ limão
    - ◊ azeite extravirgem de oliva
    - ◊ sal
  - □ Modo de preparo
    - ◊ Descascar e ralar a beterraba no ralo grosso.
    - ◊ Misturar o cheiro-verde
    - ◊ Temperar com limão, azeite e sal a gosto.
    - ◊ Servir gelada.
- Picles de nabo branco comprido
  - □ Ingredientes

- ◊ 1 nabo branco comprido grande
- ◊ pano de algodão limpo ou plástico limpo e transparente
- ◊ pedra ou peso para prensar
- ◊ sal grosso
- ◊ shoyo
- ◊ vidro de conserva esterilizado com tampa

□ Modo de preparo

- ◊ Cortar o nabo transversalmente
- ◊ Misturar as fatias com o sal, observando que a quantidade do sal não deve ser grande, mas moderada, para não azedar o nabo.
- ◊ Colocar em uma vasilha e embrulhar com o pano ou com o plástico.
- ◊ Sobre a vasilha, colocar o peso para prensar o nabo salgado durante dois dias.
- ◊ Passado esse tempo, torcer as fatias em um pano.
- ◊ Colocar as fatias, após espremê-las, no vidro.
- ◊ Misturar shoyo.
- ◊ Esse mesmo procedimento pode ser feito com outras hortaliças.

• Salada de soja com milho-verde

□ Ingredientes

- ◊ 2 xícaras de feijão-soja cozido
- ◊ 2 xícaras de milho-verde debulhado, cozido e escorrido
- ◊ 1 xícara de queijo frescal tipo minas cortado em cubinhos
- ◊ 1 colher de sopa de salsinha picada
- ◊ 1 xícara de farinha de rosca passada no tahine.

◊ sal

□ Modo de preparo

◊ Colocar camadas alternadas de feijão-soja, milho e queijo numa forma refratária untada.

◊ Fazer um caldo temperado com sal, shoyo e salsinha e despejar por cima.

◊ Salpicar com a farinha de rosca passada no tahine sobre a salada.

◊ Levar ao forno moderado por 30 minutos, ou até que a farinha de rosca doure.

◊ Observação: a farinha de rosca pode ser substituída por migalhas de pão fresco.

- Salada síria de berinjela

□ Ingredientes

◊ 2 berinjelas grandes inteiras com os cabinhos

◊ limão e sal

◊ 1 colher de sopa de tahine

◊ azeite extravirgem de oliva

□ Modo de preparo

◊ Higienizar as berinjelas sem tirar os cabinhos.

◊ Assar as berinjelas em espetinho sobre o fogo.

◊ Ir virando as berinjelas sobre o fogo, para que assem por igual, em todos os lados.

◊ Quando a casca estiver bem pretinha, apagar o fogo.

◊ Deixar as berinjelas esfriarem.

◊ Descascar, retirando toda a casca preta.

◊ Amassar com um garfo as berinjelas ou cortar a polpa em tiras bem fininhas.

◊ Temperar com o molho especial, misturando-o na polpa.

- Molho especial

Bater o limão, o tahine e o sal, misturando bem os três elementos.

Tabule

□ Ingredientes

◊ 1 xícara de trigo partido de quibe

◊ 1 pepino pequeno picado

◊ tomate picadinho à vontade

◊ 2 cenouras pequenas raladas no ralo médio (ou 1 beterraba média, ralada no ralo grosso, a salada vai ficar avermelhada com ela).

◊ 1 maço grande de salsinha higienizada picada.

◊ 1 macinho de hortelã higienizada.

◊ 2 pés de alface higienizadas.

◊ limão

◊ azeite extravirgem de oliva

◊ shoyo (opcional)

◊ sal

□ Modo de preparo

◊ Lavar e escorrer o trigo.

◊ Deixar o trigo de molho por 1 hora no mínimo.

◊ Enquanto isso, junte pepinos, tomates e cenouras na saladeira.

◊ Pegar a hortelã, destacar as folhinhas do galho e separar as menorzinhas das folhas grandes.

◊ Picar as maiores grosseiramente. As folhas menores devem ficar inteiras.

◊ Juntar os "verdinhos" aos demais ingredientes na saladeira.

◊ Temperar com limão, azeite e sal a gosto.

◊ O shoyo é opcional e pode substituir o sal.

◊ Enfeitar com as folhas de alface inteiras, ladeando o tabule. Outra forma de servir é usando as folhas de alface como canoas com a salada dentro.

◊ Servir gelada.

- Salada de chicória com laranja

  □ Ingredientes

  ◊ 2 molhos de chicória-crespa

  ◊ 2 laranjas seletas descascadas

  ◊ 1 pepino em rodelas

  ◊ Molho de soja, shoyo

  ◊ azeitonas pretas

  ◊ limão

  ◊ sal (opcional)

  □ Modo de preparo

  ◊ Higienizar as folhas.

  ◊ Forrar a saladeira com algumas folhas inteiras.

  ◊ Tentar deixar o centro vazio.

  ◊ Picar as folhas restantes e reservar.

  ◊ Decorar com as laranjas cortadas em rodelas ou em gomos, em círculo, sobre as folhas.

  ◊ No centro, colocar a chicória picada.

◊ Espalhar as azeitonas sobre tudo.

◊ Temperar com limão, shoyo e sal a gosto.

◊ Servir gelada.

- Guacamole com crudités

□ Ingredientes do Guacamole

◊ 1 Abacate

◊ 1 tomate picado

◊ suco de 1/2 limão

◊ sal a gosto

◊ 1 pimenta de cheiro

◊ 1/2 cebola pequena picada

◊ 1/3 maço de coentro fresco

□ Molho de pimenta

□ Ingredientes do crudités:

◊ 200 g de cenouras

◊ 150 g de pepino picado

◊ 1 pimentão amarelo

◊ 1 pimentão vermelho

◊ 5 alfaces-americanas

□ Modo de preparo do Guacamole

◊ Descascar o abacate, tirar o caroço e amassar com um garfo ou passar no liquidificador para fazer um purê.

◊ Espremer o limão e agregar ao abacate misturando bem.

◊ Juntar ao abacate a cebola, o tomate, o molho de pimenta e o sal.

◊ Trabalhar bem a mistura e adicionar todos os ingredientes.

□ Modo de preparo dos crudités:

◊ Higienizar as verduras e depois cortá-las em tiras.

◊ Colocar no centro do prato o Guacamole e as verduras cortadas ao redor e servir.

- Fradinho vinagrete

Rende: 8 porções

□ Ingredientes

◊ 200 g de feijão-fradinho cozido ao dente

◊ 2 tomates maduros

◊ 1 cebola-roxa

◊ 1 pimentão amarelo

◊ 1 pimentão vermelho

◊ orégano a gosto

◊ ervas finas (opcional)

◊ 100 ml de suco de limão *in natura*

◊ azeite extravirgem

◊ coentro picado a gosto

◊ folhas de hortelã para guarnecer

◊ sal a gosto

□ Modo de preparo do feijão-fradinho

◊ Deixar de molho de um dia para o outro trocando a água três vezes.

◊ Colocar na panela de pressão com louro e só acrescentar o sal depois. Quando iniciar a pressão, contar 10 minutos e desligar. Deve ficar ao dente. Depois que finalizar a pressão, acrescentar o sal. Reservar.

- □ Modo de preparo do "vinagrete"
  - ◊ Cortar e picar a cebola.
  - ◊ Cortar os pimentões em cubos pequenos.
  - ◊ Aquecer uma frigideira com um pouco de azeite.
  - ◊ Juntar a cebola e o pimentão para dar uma leve salteada.
  - ◊ Mexer até soltar bastante água.
  - ◊ Retirar do fogo e levar à geladeira para esfriar.
  - ◊ Cortar os tomates em cubos pequenos e adicionar à mistura de cebola e pimentões.
  - ◊ Ao esfriar, juntar tudo com os feijões.
  - ◊ Levar para resfriar por 20 minutos.

Molhos e condimentos especiais

- Molho par a salada crua
  - □ Ingredientes
    - ◊ 3 colheres de sopa de shoyo
    - ◊ 1 colher de café de azeite extravirgem natural
    - ◊ salsinha picada
    - ◊ limão
  - □ Modo de preparo
    - ◊ Misturar os ingredientes.
    - ◊ Colocar numa molheira e deixar que cada um se sirva à vontade.
- Molho de missô

- Ingredientes
  - ◊ 1 colher de sopa de missô
  - ◊ 1/2 xícara de água
  - ◊ salsinha picada
- Modo de preparo
  - ◊ Dissolver o misso na água.
  - ◊ Misturar os ingredientes, acrescentando a salsa.
  - ◊ Servir sobre a salada.

• Molho de tahine para macarronada

- Ingredientes
  - ◊ 2 colheres de sopa de tahine
  - ◊ 4 colheres de sopa de missô
  - ◊ 2 xícaras de água
  - ◊ salsinha picada
- Modo de preparo
  - ◊ Dissolver na água o tahine e o missô.
  - ◊ Acrescentar a salsinha.
  - ◊ Se desejar um molho mais grosso, juntar um pouco de araruta ou de amido de milho e levar ao fogo mexendo até engrossar.

• Molho azedo para macarronada

- Ingredientes
  - ◊ 3 colheres de leite de soja talhado
  - ◊ salsinha picada
  - ◊ sal

□ Modo de preparo

◊ Retirar o soro do leite coalhado.

◊ Misturar a massa de coalho com o restante dos ingredientes.

• Molho branco macrobiótico

□ Ingredientes

◊ 4 colheres de sopa rasas de farinha de trigo ou farinha de arroz ou araruta

◊ 1/2 litro de água

◊ 1 cebola pequena picadinha (opcional)

◊ óleo para refogado

◊ salsinha e cebolinha picadas

◊ 2 xícaras de legumes cozidos

□ Modo de preparo

◊ Refogar a cebola no óleo.

◊ Depois das cebolas brilharem, acrescentar parte da água e deixar ferver.

◊ Dissolver a farinha escolhida no restante frio da água e adicionar à água fervente.

◊ Misturar para não embolar.

◊ Cozinhar bem e juntar os legumes cozidos.

◊ Deixar um pouco mais no fogo.

◊ Retirar em seguida, quando a farinha estiver cozida.

◊ Servir acompanhado de arroz integral.

- Gersal
  - ☐ Ingredientes
    - ◊ 9 colheres de sopa de gergelim integral (branco ou preto)
    - ◊ 1 colher de sopa quase cheia de sal grosso marinho
  - ☐ Modo de preparo
    - ◊ Lavar e secar as sementes de gergelim
    - ◊ Após bem seco o gergelim, misturar o sal.
    - ◊ Cuidadosamente, tostar numa frigideira.
    - ◊ Para tostar bem, usar uma espátula e mover de um lado para o outro da frigideira.
    - ◊ O processo é rápido e é preciso atenção para não queimar.
    - ◊ As sementes "pipocam".
    - ◊ Ao "pipocar" a primeira semente, logo outras "pipocarão", então, retirar do fogo.
    - ◊ Para checar, pegar algumas sementes tostadas e pressionar, friccionando entre o indicador e o polegar.
    - ◊ As sementes devem se desmanchar um pouco (ou muito, isso não é problema).
    - ◊ Levar ao liquidificador ou ao pilão e processar.
    - ◊ Guardar a "farofa" gerada, o gersal, em vidro e guardar bem fechado.
- Masala indiana básica
  - ☐ Ingredientes
    - ◊ 6 pimentões (chiles) vermelhos secos
    - ◊ 25 g de coriandro
    - ◊ 2 colheres de café de grãos de cominho

◊ 1/2 colher de café de grãos de pimenta-preta

◊ 1 colher de café de grãos de feno-grego

◊ 10 folhas de curry

◊ 1/2 colher de café de gengibre moído

◊ 1 colher de sopa de açafrão-da-terra moído

□ Modo de preparo

◊ Retirar os grãos dos pimentões secos.

◊ Numa frigideira, tostar rapidamente, em fogo médio, misturando pimenões e as especiarias em grão.

◊ Deixar esfriar e, depois, moer tudo junto.

◊ Tostar as folhas de curry e socar.

◊ Misturar o açafrão e o gengibre.

◊ Depois, junte tudo.

- Chutney de manga

□ Ingredientes

◊ 1/2 kg de mangas verdes ou "de vez[2]"

◊ 3 xícaras de açúcar demerara

◊ 1/2 xícara de vinagre

◊ 1 pedaço de gengibre de 9 cm

◊ 4 dentes de alho descascados

◊ 2 colheres de sopa de chili vermelho em pó

◊ 2 colheres de sopa de passas

◊ 1 colher de sopa de sal

□ Modo de preparo

2 Termo regional de Goiás, que significa que as frutas estão verdes, mas são comestíveis.

◊ Descascar as mangas e cortar em cubos pequenos, retirando o caroço.

◊ Numa tigela, misturar os cubos de manga com o açúcar e deixar repousando por uma hora.

◊ Ralar o gengibre e picar o alho bem fininho, misturando com um pouco de vinagre.

◊ Adicionar o sal e o chili vermelho em pó aos cubinhos de manga e misturar bem.

◊ Despejar a mistura numa caçarola e deixar ferver.

◊ Assim que levantar fervura, abaixar o fogo e cozinhar lentamente por mais alguns minutos.

◊ Quando as mangas se tornarem macias, pressioná-las e amassá-las.

◊ Continuar cozinhando até que a mistura engrosse e adquira a consistência de geleia.

◊ Adicionar as passas e o resto do vinagre, misturando bem tudo.

◊ Retirar do fogo.

◊ Deixar esfriar e conservar em um vidro esterilizado.

◊ Fechar e deixar maturar por dois dias ante de usar.

• Teka – condimento fortificante orgânico macrobiótico

□ Ingredientes

◊ 750 g de bardana

◊ 450 g de raiz de lótus fresco

◊ 350 g de cenoura

◊ 50 g de gengibre

◊ 1/2 litro de óleo de gergelim

◊ 1 kg de missô

◊ chapa de amianto

□ Modo de preparo

◊ Picar todos os ingredientes em pedaços, extremamente miúdos. Reservar todos, porém, separados.

◊ Numa panela grande, esquentar o óleo (a cerca de 130°C), sem chegar no ponto de fumaça.

◊ Adicionar, na ordem descrita, cada elemento, mexendo à medida que os adiciona: a bardana, o lótus, a cenoura e o gengibre.

◊ Deixar cozinhando em fogo o mais baixo possível.

◊ Quando tudo estiver bem cozido, acrescentar o missô.

◊ Colocar a chapa de amianto sob a panela e manter a panela no fogo. Essa chapa vai evitar que as raízes grudem no fundo da panela.

◊ O cozimento leva 12 horas.

◊ Ir mexendo com uma colher de pau ou de silicone.

◊ Não pode queimar!

◊ Pode ser retirado do fogo e retornado, mas não pode grudar ou queimar.

◊ O cozido deve soltar do fundo da panela.

◊ O ponto é semelhante a uma farofa grossa, úmida e escura, quase preta.

◊ Conservar numa compoteira ou num vidro bem fechado.

◊ Usar uma colher de chá sobre o arroz integral no prato de cada pessoa.

Pratos especiais

- Arroz integral à la macrobiótica

  Serve 4 porções

  □ Ingredientes:

  ◊ 2 xícaras de arroz integral cateto, vermelho ou branco[3]

  ◊ 4 xícaras de água potável[4] e [5] [6]

  ◊ sal integral ou rosa do himalaia

  ◊ panela de pressão, ou de vidro, aço inox ou qualquer material que não seja alumínio.

  ◊ gersal

  ◊ cheiro-verde

  □ Modo de preparo

  ◊ Caso o arroz tiver sido comprado a granel, selecionar para evitar pedras e sujeiras.

  ◊ Lavar em água corrente e retirar poeiras.

  ◊ Levar o arroz ao fogo alto apenas com a água e deixar ferver destampado.

  ◊ Quando ferver, acrescentar o sal e tampar a panela.

  ◊ Abaixar o fogo, se possível, como se o fosse apagar.

---

3 A oferta de arroz integral é grande: arroz-cateto (branco, ,vermelho e misto), arroz-agulha, arroz parbolizado e outros.

4. Quanto mais fino, menos tempo de cozimento vai requerer. Experimentar com atenção.

5. Existe uma forma de medir a água do arroz chamada "da vovó", que é assim: colocar o arroz na panela, pressionar com a mão o arroz ao fundo da panela e acrescentar a água até a altura do "ossinho" do pulso – ulna – que fica no pulso, na direção do dedo mínimo. "O incrível é a precisão, independentemente do tamanho da mão!!! Você vai entender! Dá certo!"

6 Observar se o clima está bom. Os lugares úmidos ou secos demais costumam ter variação na necessidade da quantidade da água. O arroz é um cereal especial demais e, portanto, requer bastante atenção, inteireza do cozinheiro e amor!

◊ Se em panela de pressão, com o fogo extremamente baixo, cozinhar por 40 minutos; nas demais, deixar por 50 a 60 minutos.

◊ Desligar o fogo e manter a panela fechada até a hora de servir.

◊ Servir ornado com gersal (receita neste livro) e cheiro-verde picadinho.

- Arroz integral com raiz de lótus

□ Ingredientes

◊ 2 xícaras de arroz integral

◊ sal

◊ 3 fatias de raiz de lótus fervidas em 4 1/2 xícaras de água

□ Modo de preparo

◊ Picar as fatias de raiz de lótus depois de fervidas e amolecidas.

◊ Utilizar a água da fervura da raiz de lótus para o arroz.

◊ Ao ferver a água com o arroz já nela, acrescentar a raiz de lótus picadinha e o sal.

◊ Abaixar o fogo ao máximo e deixar o arroz cozinhar por cerca de 40 minutos.

◊ Caso o arroz pareça duro, acrescentar mais água fervente.

- Bardana ao shoyo

□ Ingredientes

◊ 1 bardana cortada em palitos

◊ shoyo

□ Modo de preparo

◊ Cozinhar a bardana cortada no shoyo apenas.

◊ Mexer sempre até que a bardana fique ao dente.

- Alga marinha com legumes
  - □ Ingredientes
    - ◊ 1 1/2 xícara de algas hijiki hidratadas
    - ◊ 1 cebola pequena picada
    - ◊ 1 cenoura
    - ◊ 1 mandioquinha
    - ◊ 1 abobrinha
    - ◊ 5 vagens
  - □ Modo de preparo
    - ◊ Hidratar a alga:
      - » deixar uma xícara de algas desidratadas cobertas de água, de molho, por 30 minutos.
    - ◊ Finalizado o tempo e aumentado o volume das algas, escorrer numa peneira.
    - ◊ Cotar os legumes enviesados em tiras finas.
    - ◊ Cozinhar tudo junto e servir com arroz integral.
- Caril de abóbora d'água ou drumstick curry
  - □ Ingredientes
    - ◊ 8 abóboras-d'água (ou Itália) tenras e frescas
    - ◊ 4 "capsicuns" (pimentas) vermelhas em flocos / chilis kashimiri
    - ◊ 1/2 colher de sopa de cominho
    - ◊ 3 cravos-da-índia
    - ◊ 3 colheres de sopa de coco ralado
    - ◊ 1 colher de sopa de açafrão-da-terra em pó
    - ◊ 3 dentes de alho ralados

◊ 1 colher de sopa de ghee

◊ 2 cebolas picadas finas

◊ 1 colher de sopa de semente de mostarda

◊ folhas de curry ou alecrim

□ Modo de preparo

◊ Preparar o masala:

» num pilão, socar os chilis kashimiri, o cominho, os cravos e, no fim, o açafrão, mexendo bem.

◊ Numa tigela, misturar o masala com o coco-ralado e o alho e mexer bem. Reservar.

◊ Cortar as abóboras em pedaços pequenos e cozinhar na água com sal até amolecer um pouco.

◊ Numa caçarola, dourar a cebola na ghee e refogar os pedaços de abóbora cozidos.

◊ Juntar o molho, as sementes de mostarda e as folhas.

◊ Adicionar sal a gosto e servir.

- Feijoada vegetariana

□ Ingredientes

◊ 1 1/2 xícara de feijão-preto ou azuki

◊ 3 xícaras de água

◊ 2 folhas de louro

◊ 1 colher de sopa de gersal

◊ 1/2 maço de coentro picado

◊ 1 xícara de chuchu picado

◊ 1 xícara de mandioquinha picada ou cará picado

◊ 1 xícara de glúten picado

◊ sal

□ Modo de preparo

◊ Ferver o feijão por 2 minutos e retirar do fogo.

◊ Deixar o feijão de molho no mínimo por 4 horas.

◊ Levar de volta ao fogo e cozinhar na mesma água, junto com o louro.

◊ Quando estiver quase cozido, acrescentar o gersal e o sal.

◊ Em seguida, acrescentar os legumes e deixar cozinhar por mais meia hora em fogo baixo.

◊ Enquanto isso, dourar o glúten (já cozido) no óleo à parte.

◊ Observação: o glúten, logo após sua preparação, pode ser cozido junto com o feijão.

◊ 10 minutos antes do feijão estar pronto, acrescentar o glúten que foi dourado.

◊ Faltando 5 minutos para tirar tudo do fogo, acrescentar o coentro picado.

◊ **Nota especial:** em vez de mandioquinha ou de cará, podemos usar kommyaku, um produto japonês feito de uma batata do mesmo nome e que fica semelhante ao "toicinho".

• Caviar de berinjela

□ Ingredientes

◊ 3 berinjelas grandes

◊ 12 azeitonas verdes descaroçadas e cortadas em rodelas

◊ 12 azeitonas pretas descaroçadas e cortadas em rodelas

◊ 1 nabo em picles

◊ 1 suco de limão grande

◊ 4 colheres de sopa de azeite extravirgem

◊ sal

- Modo de preparo
  - ◊ Cortar as berinjelas no meio e levá-las ao fogo com pouca água até ficarem macias.
  - ◊ Retirar, com uma colher, a polpa das cascas.
  - ◊ Fazer da polpa um purê.
  - ◊ Misturar bem o azeite com o sal e com o suco de limão.
  - ◊ Temperar com essa mistura líquida o purê de berinjelas.
  - ◊ Juntar ao purê os nabos em conserva e as azeitonas.
  - ◊ Misturar tudo delicadamente.
  - ◊ Servir numa molheira.

- Charlote natural
  - Ingredientes
    - ◊ 500 g de cenouras raladas em ralo grosso
    - ◊ 500 g de vagens picadas
    - ◊ 600 g de ervilhas frescas
    - ◊ 500 g de batatas cortadas em cubinhos
    - ◊ 1 1/2 colher de sopa de azeite extravirgem natural
    - ◊ salsinha picada
  - Modo de preparo
    - ◊ Escolher uma panela em que o alimento não grude com facilidade.
    - ◊ Vá colocando os ingredientes em quatro camadas:
    - ◊ 1ª) cenouras raladas no ralo fino.
    - ◊ 2ª) vagens picadas.

◊ 3ª) ervilhas.

◊ 4ª) batatas em cubinhos finos e pequenos.

◊ Deixar cozinhando em fogo tão baixo como quando se vai apagar o fogo.

◊ Observação importante: não acrescentar água, gordura e nem sal, apenas manter o fogo brando (chapa de amianto sob a panela também pode ajudar).

◊ Manter a panela tampada.

◊ No final, destampar a panela para evaporar o excesso de líquido.

◊ Desinformar a charlote, regar com azeite e polvilhar com a salsa picada.

- Hambúrguer de soja

  □ Ingredientes

◊ 2 xícaras de feijão-soja cozido

◊ 1 xícara de arroz integral cozido

◊ 1 xícara de migalhas de pão integral

◊ 2 colheres de sopa de salsinha picada

◊ sal

◊ shoyo (apenas umas gotinhas)

  □ Modo de preparo

◊ Amassar bem o feijão.

◊ Misturar o feijão amassado com o restante dos ingredientes.

◊ Formar os hambúrgueres.

◊ Assar em forno moderado, até dourar, por cerca de 45 minutos.

- Estrogonofe vegetal

Nota: ótimo para momentos especiais, quando os convidados não são vegetarianos ou são apenas iniciantes no vegetarianismo. Nessa receita, a melhor combinação é o glúten, mas poderá ser substituído por proteína de soja ou qualquer outra proteína (ou simplesmente usar cogumelos).

□ Ingredientes

◊ Se for glúten, usar 500 g; se proteína de soja 500 g (já hidratada)

◊ 500 g de tomate

◊ 250 g de cogumelos champignon frescos picados.

◊ 5 colheres de sopa de óleo de girassol ou de milho

◊ 1 cebola picada

◊ 1 colher de sopa de shoyo (opcional)

◊ salsinha picada (opcional)

◊ sal

◊ 1 copo de creme de leite fresco

□ Modo de preparo da proteína que será usada

◊ Se a proteína for desidratada, deverá ser hidratada.

◊ Se a proteína for em peça, cortar em pequenos pedaços a gosto.

◊ Refogar a proteína em óleo até amolecer e dourar.

◊ Reservar.

□ Modo de preparo do molho de tomate

◊ Aferventar os tomates

◊ Quando a pele dos tomates começar a rachar, retirar do fogo.

◊ Retirar a pele externa dos tomates e reservar as polpas.

◊ Passar os tomates sem pele no liquidificador.

◊ Reservar.

□ Modo de preparo do estrogonofe

◊ Colocar o óleo na panela para esquentar com a cebola picada.

◊ Quando a cebola ficar brilhante, adicionar os cogumelos. Deixar cozinhando até se tornarem tenros.

◊ Acrescentar a proteína e deixar cozinhar por alguns minutos.

◊ Em seguida, acrescentar o tomate, o sal e o shoyo.

◊ Mexer cuidadosamente.

◊ Quando tudo estiver macio, colocar o creme de leite.

◊ Mexer para não grudar no fundo e nem nas laterais da panela.

◊ Melhor não deixar o creme de leite ferver, para não talhar.

◊ Tradicionalmente, ele é servido com batata frita, arroz branco e salada de alface com tomates.

◊ Se desejar algo mais natural, use arroz integral e batatas "dorê" (batatas cozidas com casca e, em seguida, assadas até ficarem douradinhas).

◊ Use a salsa para guarnecer os pratos e dar um toque colorido e saudável.

• Estrogonofe macrobiótico

□ Ingredientes

◊ 1/4 de 1 melancia média

◊ 250 g de cogumelos champignon frescos naturais, picados e aferventados ou ligeiramente refogados

- ◊ 4 colheres de sopa de óleo de girassol, milho ou coco
- ◊ 250 g de tofu ou de conhaco cortados em cubinhos
- ◊ 1 colher de sopa de missô
- ◊ 1/2 maço de salsinha picada
- ◊ sal

□ Modo de preparo

- ◊ Cozinhar a polpa da melancia.
- ◊ Passar a melancia cozida no liquidificador e reservá-la.
- ◊ Colocar o óleo na panela e levar ao fogo.
- ◊ Ao aquecer, acrescentar os cogumelos, o tofu ou o conhaco. No caso de ser o conhaco, poderá levar um pouco mais de tempo no fogo.
- ◊ Logo a seguir, colocar o missô diluído em um copo de água.
- ◊ Para finalizar, coloque 3 ou 4 colheres do molho de melancia e sal a gosto.
- ◊ Servir com arroz integral e cará cozido ou assado.

• Cuscuz de milho

□ Ingredientes

- ◊ 1/2 kg de fubá fino ou 1/2 kg de flocão de milho
- ◊ 1 coco grande
- ◊ 2 colheres de sopa de farinha de mandioca
- ◊ açúcar mascavo
- ◊ sal a gosto

□ Modo de preparo

- ◊ Ralar o coco, juntar água e espremer num pano limpo para retirar seu leite grosso.
- ◊ Dividir o bagaço do coco em duas partes.
- ◊ À primeira parte, adicionar o fubá, a farinha de mandioca, o açúcar e o sal.
- ◊ Encher com água a parte inferior da cuscuzeira e leve ao fogo para ferver.
- ◊ Na parte superior, ajeitar o fubá sem prensar. Caso a cuscuzeira seja inteira, colocar o fubá sobre um guardanapo umedecido, sem apertar.
- ◊ Tampar a cuscuzeira e cozinhar durante 3 horas se for com fubá fino ou 30 minutos se usar o flocão de milho.
- ◊ Depois de esfriar um pouco, molhar com leite vegetal ralo ou com leite animal e virar num prato.
- ◊ Adicionar leite vegetal grosso na hora de servir.
- ◊ Serve 12 pessoas.

- Glúten — proteína vegetal do trigo

Nota: o conjunto de proteínas do trigo tem o nome de glúten e pode ser extraído da farinha de trigo, como está descrito aqui.

□ Ingredientes

- ◊ 1 kg de farinha de trigo
- ◊ 3 xícaras de água

□ Modo de preparo

- ◊ Misturar a farinha na água.
- ◊ Amassar durante, no mínimo, 10 minutos, como se estivesse preparando um pão, até formar uma bola uniforme e firme.
- ◊ Colocar a bola numa tigela, cobrindo-a com água fria.

◊ Deixar no molho por pelo menos 1 hora. O efeito de um pernoite é melhor.

◊ Feito isso, lavar a massa na água corrente. Esse é um processo complexo e demorado.

◊ Dividir a bola de massa em partes, 4 ou 6 pedacinhos.

◊ Lavar um pedacinho de cada vez dentro d´água ou debaixo da torneira.

◊ Espremer e apertar para retirar o amido (a parte branca da farinha) da massa.

◊ Deixar a água penetrar e transpassar a massa até sair transparente, sem o branco do amido.

◊ A massa sem amido deve estar úmida para não esfarelar.

◊ Dar à massa a forma de um rolo.

◊ Colocar a massa sobre uma tábua de corte para escorrer toda a água.

◊ Cortar o rolo em fatias de 1 cm de largura cada.

- Cozimento do glúten

  □ Ingredientes

  ◊ Massa de glúten (feita a partir de 1 kg de farinha)

  ◊ 4 xícaras de água (de preferência, a água onde foi cozido algum vegetal)

  ◊ 3 colheres de sopa de óleo

  ◊ 1/2 xícara de tomates picados

  ◊ 1/2 xícara de shoyo

  ◊ salsa picada

  ◊ louro

  ◊ cebola picada (opcional)

- ◊ sal

- □ Modo de preparo 1

  - ◊ Esquentar o óleo e acrescentar a cebola (se for usá-la).
  - ◊ Quando a cebola brilhar, acrescentar tomates, louro e salsa.
  - ◊ Cozinhar aí as fatias de glúten.
  - ◊ Ao cozinhar o glúten, deve ser mantido nesse molho até ser usado.

- □ Modo de preparo 2

  - ◊ Colocar as fatias para cozinhar junto com o feijão já cozido e temperado.
  - ◊ Deve haver muito caldo no feijão.
  - ◊ Cozinhar na panela de pressão de 15 a 20 minutos.
  - ◊ O glúten terá um sabor diferente do da receita anterior.
  - ◊ Obs.: as fatias do glúten depois do cozimento podem ser usadas de muitas maneiras: bolinhos, recheios, molhos, bifes à milanesa, guisados ou moídas em assado.

- • Bife de glúten à milanesa

  - □ Ingredientes

    - ◊ Fatias de glúten
    - ◊ ovos
    - ◊ shoyo
    - ◊ sal
    - ◊ farinha de rosca

  - □ Modo de preparo

    - ◊ Separar o glúten em fatias de 1 a 1 1/2 cm de largura e as escorrer.

◊ Bater os ovos e juntar umas gotinhas de shoyo e, se necessário e desejado, acrescentar sal a gosto.

◊ Mergulhar as fatias de glúten nos ovos batidos salgados.

◊ Em seguida, passe as fatias na farinha de rosca.

◊ Fritar no óleo (que desejar) preaquecido.

- Tofuburguer

  □ Ingredientes

  ◊ 350 g de tofu

  ◊ 1 cenoura pequena ralada fina

  ◊ 1/2 cebola

  ◊ 1 1/2 cm de gengibre ralado

  ◊ 1/2 colher de mostarda em pó

  ◊ 1/2 colher de chá de sal

  ◊ 1/2 colher de chá de manjericão

  □ Modo de preparo

  ◊ Extrair a água do tofu, torcendo-o e o espremendo num pano de algodão.

  ◊ Em seguida, colocar o tofu numa tigela com os demais ingredientes.

  ◊ Amassar e misturar tudo com as pontas dos dedos.

  ◊ Formar os *burgers* e fritar em óleo até ficarem dourados dos dois lados.

  ◊ Servir como hambúrgueres comuns, em pão com alface, tomate e maionese de tofu.

- Acarajé

  □ Ingredientes

  ◊ 1/2 kg de feijão-fradinho

- ◊ sal
- ◊ azeite de dendê

□ Modo de preparo

- ◊ Deixar o feijão de molho na água uma noite, até inchar e aumentar de volume.
- ◊ Descascar grão a grão, tirando o olho preto.
- ◊ Passar na máquina de moer.
- ◊ Temperar a massa com sal a gosto.
- ◊ Bater bem até que a massa levante bolhas.
- ◊ Fritar colheradas da massa no azeite de dendê quente.

- Abóbora recheada

□ Ingredientes

- ◊ 1 abóbora-japonesa grande, com o centro
- ◊ 5 colheres de sopa de araruta
- ◊ 5 xícaras de leite vegetal
- ◊ 1/2 queijo de soja tofu (250 g) picadinho
- ◊ 1 colher de café de noz-moscada
- ◊ 3 colheres de sopa de shoyo
- ◊ sal

□ Modo de preparo da abóbora

- ◊ Lavar bem a abóbora.
- ◊ Cozinhar inteira em banho-maria ou numa cuscuzeira grande.
- ◊ Quando estiver macia, cortar ao redor do pedúnculo, cerca de quatro dedos de distância do centro.
- ◊ Salvar esse tampo retirado do alto da abóbora.

◊ Com uma colher retirar as sementes do centro.

◊ Passar o missô na parte interna da abóbora.

◊ Colocar o creme e tampar a abóbora, levando ao forno por de 10 a 15 minutos.

□ Modo de preparo do recheio

◊ Fazer um creme de araruta.

◊ Dissolver a farinha no leite vegetal frio e juntar a noz-moscada, o shoyo e o sal.

◊ Levar ao fogo e, quando tiver cozido, acrescentar o tofu.

◊ Reservar.

◊ Obs.: o recheio pode ser feito com leite de vaca, amido de milho e nozes picadas no lugar do tofu. E em vez de missô, polvilhar com queijo ralado (queijo parmesão ou minas).

Nota: a abóbora-japonesa deve ser plantada organicamente para que possamos ingerir a casca, depois de higienizada.

• Repolho recheado

□ Ingredientes

◊ 1 repolho-crespo de 2 a 2 1/2 kg

◊ 4 litros de água fervente

◊ arroz cozido

◊ "carne" vegetal em pedaços pequenos

◊ alga hijiki, que deve ficar de molho para hidratar no mínimo 15 minutos.

◊ bardana em tiras e cubos

◊ cenoura ralada em ralo grosso

◊ sal

□ Modo de preparo

◊ Higienizar o repolho e retirar as folhas duras de fora.

◊ Cozinhar o repolho por 5 minutos.

◊ Acertar o talo para que o repolho fique de pé.

◊ Colocar dois pedaços de barbante em cruz sob o repolho

◊ Deixar todas as folhas arrumadas para receberem o recheio.

◊ Colocar o recheio entre as folhas e fechar bem o repolho com o barbante.

◊ Servir numa tigela, grande o suficiente para acomodar o repolho inteiro.

□ Modo de preparo do recheio

◊ Juntar todos os ingredientes e refogar até que todos fiquem tenros e cozidos.

• Arroz integral verde

□ Ingredientes

◊ 2 xícaras de arroz integral cozido

◊ 1 maço grande de espinafre

◊ sal

◊ queijo parmesão à vontade ou queijo de soja em pedacinhos (opcional)

□ Modo de preparo

◊ Bater bem o espinafre e refogar.

◊ Depois, misturar no arroz cozido.

◊ Se desejar, guarnecer com queijo parmesão ou queijo de soja.

• Tomate recheado

- □ Ingredientes
  - ◊ 5 tomates grandes firmes (não moles)
  - ◊ 500 g de ervilhas fresca torta
  - ◊ 3 xícaras de molho branco
  - ◊ 1/5 colher de café de noz-moscada
  - ◊ queijo mozarela pode ser acrescentado opcionalmente
- □ Modo de preparo
  - ◊ Cozinhar em água e sal as ervilhas até ficarem tenras.
  - ◊ Preparar o molho branco acrescentando a noz-moscada.
  - ◊ Tirar a tampinha do tomate e as sementes de seu centro.
  - ◊ Misturar a ervilha no molho branco.
  - ◊ Colocar a mistura dentro do tomate e fechar com a tampinha do tomate.
  - ◊ Assar em forno preaquecido por cerca de 7 minutos, até amolecer um pouco o tomate.

• Guisado de coco

Serve 4 porções

Indicado para clima frio e seco

- □ Ingredientes
  - ◊ 600 g de folhas de repolho
  - ◊ 400 g de tomates sem sementes
  - ◊ 1/2 copo de óleo
  - ◊ 1 xícara pequena de coco-ralado
  - ◊ 1 colher de sopa de curry
  - ◊ 1 colher de sopa de ervas (tomilho, basilicão, alecrim etc.)

◊ 1/2 colher de sopa de coentro picadinho

◊ sal, pimentões verdes e vermelhos picados

□ Modo de preparo

◊ Esquentar o óleo.

◊ Acrescentar os pimentões e o tomate e refogar um pouco.

◊ Quando estiver amolecendo, acrescentar o restante dos ingredientes.

◊ Misturar tudo e deixar cozinhando por cerca de cinco minutos.

- Cará ou inhame ao missô

□ Ingredientes

◊ 1 kg de cará ou inhame higienizados

◊ 1 xícara de água potável

◊ 1 colher de sopa bem cheia de missô

□ Modo de preparo

◊ Cozinhar o inhame ou cará com casca em água com uma pitada de sal.

◊ Quando os tubérculos cozinharem, descascá-los.

◊ Cortar em cubos e levar ao fogo com a mistura de missô.

◊ Não deixar ferver, o missô não deve ser fervido, para manter seus bacilos.

◊ Bastarão cerca de, no mínimo, dois minutos para o cozimento final.

◊ Servir quente acompanhado de arroz integral.

- Caruru vegetariano

□ Ingredientes

◊ 50 quiabos

◊ 3 colheres de sopa de caruru picado

◊ 1/2 xícara de castanha-de-caju

◊ 50 g de amendoim torrado e moído sem casca

◊ 1 cebola grande

◊ 1 xícara de azeite de dendê

◊ suco de 2 limões (opcional, para os que não gostam de baba)

◊ 1 colher de sopa de sal

◊ 2 xícaras de água quente

◊ Pimenta, gengibre e alho a gosto

□ Modo de preparo

◊ Lavar os quiabos e enxugá-los bem para não formar baba na hora de picá-los.

◊ Colocar a cebola ralada, o alho, o sal, as castanhas e o amendoim para refogar no azeite de dendê.

◊ Adicionar os quiabos picados, a água e o suco de limões (para cortar a baba).

◊ Adicionar algumas castanhas, as grandes inteiras.

◊ Cozinhar tudo até ficar pastoso e retirar do fogo quando os caroços dos quiabos estiverem bem rosados.

◊ Acompanha arroz, vatapá, farofa, enfim, um prato típico do período de Cosme e Damião, setembro/outubro.

- Inhame ao creme de missô

Serve 4 porções

□ Ingredientes

◊ 1 kg de inhame

◊ 2 colheres de sopa rasas de missô

◊ 150 ml de água potável

□ Modo de preparo

◊ Escovar e lavar bem os inhames, retirando fiapos.

◊ Cozinhar os inhames com a casca em bastante água e sal grosso marinho.

◊ Checar se estão bem cozidos espetando com o garfo.

◊ Quando os inhames cozinharem, retirar as cascas sob água corrente (para não queimar as mãos).

◊ Picar os inhames em cubos medianos e reservar.

◊ Dissolver o missô na água até formar uma pastinha aguada.

◊ Juntar a pastinha de missô aos inhames picados numa panela.

◊ Levar ao fogo, mexendo um pouco, até formar uma calda.

◊ Se quiser, pode acrescentar uma colherinha de tahine (pasta de gergelim) e cheiro-verde.

- Macarrão ao molho de gergelim

Serve 2 porções

□ Ingredientes

◊ 250 g de espaguete integral

◊ 1 colher de sopa bem cheia de tahine

◊ 1 colher de sobremesa de missô

◊ 1 talo de alho-porro higienizado

□ Modo de preparo

◊ Cozinhar o macarrão em uma panela grande de água fervente com óleo vegetal e sal grosso marinho.

◊ Enquanto o macarrão cozinha, picar o alho-porro e acrescentá-lo no cozimento do macarrão.

◊ Preparar uma pasta misturando o tahine, o missô e um pouco da água do cozimento do macarrão.

◊ Escorrer o macarrão misturado com o alho-porro.

◊ Juntar a pastinha de tahine com missô ao macarrão escorrido com alho-porro.

◊ Servir guarnecido com cheiro-verde.

- Macarronada à jardineira

  □ Ingredientes

◊ 200 g de macarrão de arroz integral

◊ 1 tomate Débora

◊ 2/3 de queijo minas frescal ralado

◊ 1 xícara de couve-flor cozida, ao dente, no vapor

◊ 1 xícara de brócolis cozido, ao dente, no vapor

◊ sal a gosto

◊ 1 colher de sopa de óleo de coco

◊ 1 cm de gengibre ralado

◊ 1 cebola picada (opcional)

  □ Modo de preparo

◊ Cozinhar o macarrão no dobro de seu volume de água, com uma colher de sobremesa de sal e um pouco de óleo.

◊ Picar a couve-flor e o brócolis. Reservar.

- ◊ Escorrer o macarrão e reservar na tigela de servir.
- ◊ Esquentar o óleo de coco e refogar nele a cebola e o gengibre.
- ◊ Quando a cebola brilhar, acrescentar os demais vegetais e salgar a gosto.
- ◊ Se desejar dar mais sabor, acrescentar ervas e pimenta a gosto.
- ◊ Ao aquecer os vegetais, apagar o fogo.
- ◊ Juntar os vegetais ao macarrão, mesclando bem.
- ◊ Servir quente.

- Purê de castanha-portuguesa
  - □ Ingredientes
    - ◊ 1 kg de castanhas-portuguesas cozidas com a casca (para cozinhar as castanhas, retirar o tampo da castanhas)
    - ◊ 2 colheres de sopa de ghee
    - ◊ 1 xícara de chá de leite
    - ◊ sal a gosto
  - □ Modo de preparo
    - ◊ Após cozinhar as castanhas, retirar a casca.
    - ◊ Esquentar o leite.
    - ◊ Com um mixer ou no liquidificador, processar as castanhas tornando-as um purê.
    - ◊ Adicionar ao purê o leite aquecido e o ghee.
    - ◊ No caso de a massa ficar muito ressecada, adicionar mais leite e ghee.
    - ◊ Ao final, adicionar o sal.
    - ◊ Ornamentar com ervas frescas.
- Kashmiri bhindi (quiabos à moda do Kashmir)

- Ingredientes
  - 500 g de quiabos frescos
  - 3 colheres de sopa de ghee ou óleo vegetal
  - 1 colher de sopa de água
  - 1 colher de chá de curcuma moída
  - 1/2 colher de chá de sal
  - 1/2 colher de chá de pimenta-negra moída na hora
- Modo de preparo
  - Fazer uma pasta misturando açafrão, pimenta, sal e água.
  - Higienizar os quiabos e cortar suas pontas.
  - Fazer uma incisão lateral nos quiabos (de aproximadamente 5 a 6 cm, dependendo do tamanho).
  - Rechear os quiabos com a pasta.
  - Passar um pouco do recheio por fora dos quiabos também.
  - Reservar por cerca de 12 minutos.
  - Esquentar o ghee (ou o óleo).
  - Fritar os quiabos em fogo moderado, durante quatro ou cinco minutos, até mudarem de cor.
  - Servir quente, com arroz e outros vegetais.

Tortas

- Massa básica simplificada com ricota ou tofu

Observação: essa massa pode ser doce ou salgada. O recheio poderá ser de ricota com frutas secas ou com tofu com shoyo e legumes cozidos.

- Ingredientes da massa
  - 1 xícara de ricota ou tofu

◊ 4 colheres de sopa de água gelada

◊ 1 xícara de farinha de arroz

□ Modo de preparo

◊ Juntar os ingredientes.

◊ Passar tudo no espremedor de batatas.

◊ Amassar bem, diretamente na forma ou nas forminhas.

◊ Abrir com os dedos, deixando uma crosta bem fina.

◊ Pré-assar por alguns minutos a massa e depois acrescentar o recheio de sua escolha.

- Crosta integral salgada ou doce

□ Ingredientes

◊ 3 xícaras de farinha de trigo integral

◊ 6 colheres de sopa de óleo (ou 5 de óleo e 1 de tahine)

◊ 1 xícara de água (não cheia)

◊ 1 colher de sobremesa de sal

□ Modo de preparo

◊ Se desejar uma massa flocada, não peneirar a farinha.

◊ Mas se desejar uma massa mais lisa, peneirar a farinha.

◊ Abrir um buraco no meio do monte de farinha.

◊ Colocar no centro do buraco o óleo.

◊ Misturar na farinha até que a totalidade esteja com óleo.

◊ Dissolver o sal na água. E juntar, lentamente, à mistura de farinha com óleo.

◊ Deixar a massa descansar alguns minutos e abri-la com o rolo de massa.

◊ Se quiser uma torta coberta, retirar o tampo e reservar.

◊ Cobrir o fundo da forma, usando os dedos das mãos para ajustar o forro do fundo da torta.

Sopas

Para enriquecer o sabor das sopas, usa-se um caldo básico, porém, não se deve deixá-lo guardado por mais de 1 dia, pois todo o seu valor nutritivo se perderá. Pode-se usar a água de legumes ou cereais também como caldo básico.

- Caldo básico para sopas (I)

□ Ingredientes

◊ 1/2 repolho

◊ 2 batatas-inglesas

◊ 1 beterraba pequena

◊ 1 rabanete

◊ 1 cenoura grande

◊ 2 folhas de acelga

◊ 1 tomate

◊ 1 maço de cheiro-verde

◊ 1 colher de café de sal grosso ou sal rosa do Himalaia

◊ 2 litros de água

◊ 1 nabo comprido médio

◊ 100 g de abóbora

□ Modo de preparo

◊ Higienizar todas as hortaliças.

◊ Picar todos os ingredientes após limpos.

◊ Colocar tudo junto com o sal na panela de pressão.

◊ Acrescentar a água.

◊ Se desejar, fazer somente a metade da receita.

◊ Cozinhar por 20 minutos.

◊ Retirar do fogo e coar.

◊ Usar o caldo em qualquer sopa.

◊ Os legumes podem ser utilizados em outros pratos.

- Caldo básico para sopas (II)

□ Ingredientes

◊ 2 cenouras pequenas

◊ 1 abobrinha pequena

◊ 1 maço de coentro

◊ 1 colher de café de sal grosso moído

◊ 1 maço de cheiro-verde (com salsa)

◊ 1 talo de alho-poró

◊ 3 batata-baroas

◊ 1 berinjela sem casca

◊ 2 chuchus

◊ 1/2 couve-flor pequena

◊ 2 folhas de beterraba

◊ 5 quiabos

◊ 2 rabanetes com casca

◊ 2 galhos de manjericão

◊ 2 folhas de louro

□ Modo de preparo

◊ Higienizar todas as hortaliças.

◊ Picar todos os ingredientes após limpos.

◊ Colocar tudo junto com o sal na panela de pressão.

◊ Acrescentar a água.

◊ Se desejar, fazer somente a metade da receita.

◊ Cozinhar por 20 minutos.

◊ Retirar do fogo e coar.

◊ Usar o caldo em qualquer sopa.

◊ Os legumes podem ser utilizados em outros pratos.

- Sopa de ervilha

□ Ingredientes

◊ 375 g de ervilhas secas

◊ 2 cravos

◊ 1/2 kg de cenoura

◊ 1 folha de louro

◊ 1/2 salsão (só a parte branca)

◊ sal a gosto

□ Modo de preparo

◊ Escolher e lavar as ervilhas.

◊ Colocar as ervilhas numa panela, cobrí-las com água e fechar com uma tampa.

◊ Ferver as ervilhas por dois minutos (isso vai evitar que azede e que sua casca fique dura).

◊ Deixar descansar de 6 a 8 horas.

◊ No dia seguinte, cozinhar as ervilhas em 2 litros de água, com a folha de louro e os cravos.

◊ Cozinhar durante 90 minutos.

◊ Limpar as cenouras e as colocá-las na sopa juntamente com o salsão.

◊ Temperar a gosto e deixar cozinhar por 40 minutos.

◊ Retirar os legumes e passar a metade da sopa por uma peneira.

◊ Cortar a cenoura em cubinhos e colocá-los de volta na sopa.

◊ Em seguida, verificar o tempero e aquecer novamente.

◊ No momento de servir, retirar as folhas de louro e os cravos.

◊ Servir com croutons de pães integrais.

- Sopa de mandioquinha (batata-baroa)

  □ Ingredientes

  ◊ 1/2 kg de mandioquinha cortada em pedacinhos

  ◊ 1 litro de caldo básico

  ◊ sal a gosto

  ◊ cheiro-verde picadinho

  □ Modo de preparo

  ◊ Ferver o caldo básico.

  ◊ Juntar a mandioquinha, o cheiro-verde e o sal.

  ◊ Quando estiver macio, amasse um pouco com um garfo, servir logo.

- Sopa chinesa

  □ Ingredientes

  ◊ 1 litro de caldo básico

  ◊ 1 colherinha de molho de soja, shoyo

◊ 4 colheres de sopa de farinha de trigo sarraceno

◊ I xícara de cenoura ralada

□ Modo de preparo

◊ Diluir a farinha de trigo sarraceno no caldo.

◊ Levar ao fogo para engrossar.

◊ Temperar com o shoyo.

◊ Juntar a cenoura quase na hora de servir.

• Sopa Juliana

(serve 8)

□ Ingredientes

◊ 2 cenouras

◊ 2 batatas

◊ 10 ou 12 vagens

◊ 2 colheres de sopa de arroz

◊ 1 colher de sopa de azeite extravirgem

◊ 2 nabos

◊ 1 couve-flor média

◊ 1 alho-poró

◊ 2 tomates sem pele e sem sementes

◊ 2 litros de caldo básico

□ Modo de preparo

◊ Todos os legumes cortados em cubos.

◊ A couve-flor em buquês e as vagens de 2 ou 3 cm.

◊ Levar ao fogo em um caldeirão com o azeite e esquentá-lo.

◊ Logo, colocar os tomates, o caldo e os demais ingredientes.

◊ Deixar cozinhar até que tudo esteja bem macio.

- Sopa de agrião

□ Ingredientes

◊ 6 batatas-inglesas

◊ sal a gosto

◊ 1 maço de agrião higienizado e picado.

◊ 1 folha de louro

◊ 1 pitada de gengibre ralado

◊ 2 tomates

◊ 2 cenouras

◊ 1 litro de caldo de legumes

◊ 1 colher de sopa de cheiro-verde picado

◊ 1 colher de sopa de azeite extravirgem

□ Modo de preparo

◊ Descascar as batatas

◊ Raspar as cascas das cenouras

◊ Cozinhar os dois ingredientes acima em 1 litro de caldo.

◊ Checar o tempero e deixar o sabor a gosto.

◊ Juntar os tomates, o cheiro-verde, o louro, o sal e o gengibre.

◊ Quando tudo estiver cozido, passe numa peneira ou no liquidificador.

◊ Colocar numa panela e juntar a quantidade de água que achar necessária, acrescentar azeite e agrião.

◊ Deixar ferver.

- Sopa de aveia
  - ☐ Ingredientes
    - ◊ 2 litros de caldo básico
    - ◊ 1 1/2 xícara de aveia
    - ◊ 1 colher de sopa de tahine ou de missô.
    - ◊ sal
    - ◊ noz-moscada
- Modo de preparo
    - ◊ Diluir o sal e a noz-moscada em um pouco do caldo de legumes.
    - ◊ Ferver o caldo.
    - ◊ Quando levantar fervura, juntar a aveia, misturar e deixar no fogo durante 10 minutos.
    - ◊ Temperar com a misturinha de sal e noz-moscada.
    - ◊ Numa sopeira, colocar o tahine ou o missô no fundo e despejar a sopa quente.
    - ◊ Mexer e servir acompanhada de croutons integrais ou torradinhas.
- Sopa de cará
  - ☐ Ingredientes
    - ◊ 1 litro de caldo básico
    - ◊ 1 folha de louro
    - ◊ 4 a 6 carás cozidos e picadinhos
    - ◊ 1 xícara de queijo parmesão ralado
  - ☐ Modo de preparo
    - ◊ Ferver o caldo e juntar o cará.

◊ Deixar ferver mais 15 minutos com a panela bem fechada até os carás ficarem bem cozidos.

◊ Na hora de servir, juntar o queijo.

- Sopa azeda

 Ingredientes

◊ pães velhos

◊ sal

◊ salsinha picada

◊ cebola picada

◊ tahine

◊ louro

 Modo de preparo

◊ Deixar o pães velhos de molho de um dia para o outro.

◊ No dia seguinte, passar os pães no liquidificador com a água.

◊ Levar ao fogo com bastante água.

◊ Acrescentar os temperos depois que abrir a fervura.

- Sopinha de bebê

 Ingredientes

◊ 2 fatias grossas de pão integral torrado

◊ 1 colher de chá de tahine ou de requeijão natural

◊ 2 copos de caldo básico

◊ 1 pitada de sal

 Modo de preparo

◊ Ferver o caldo.

◊ Esmigalhar o pão nesse caldo.

◊ Deixar ferver até ficar na consistência de creme.

◊ Na hora de servir, juntar o sal e o tahine ou o requeijão.

- Sopa revitalizante com ginseng

 □ Ingredientes

 ◊ 1 1/2 l de caldo vegetal

 ◊ 15 g de ginseng inteiro

 ◊ 150 g de cogumelos frescos picadinhos

 ◊ 1 1/2 cm de gengibre fresco raladinho

 ◊ 3 cebolas picadas

 ◊ 3 dentes de alho picadinhos

 ◊ 220 g de macarrão integral para sopa

 ◊ 1 cenoura com a casca raspadinha

 ◊ 1 macinho de cheiro-verde picado

 ◊ sal rosa do Himalaia a gosto

 ◊ pimenta (opcional)

 ◊ azeite de oliva extravirgem

 □ Modo de preparo

 ◊ Refogar o alho e a cebola até ficarem brilhando.

 ◊ Acrescentar o caldo de legumes básico, o ginseng, a cenoura, o gengibre e os cogumelos.

 ◊ Cozinhar em fogo brando até a cenoura ficar tenra.

 ◊ Acrescentar o macarrão e deixar cozinhar até que fique bem macio.

 ◊ Temperar com o sal e a pimenta (que é opcional, o gengibre já vai dar um sabor picante, exótico e saboroso) a gosto.

◊ Ao apagar o fogo, retirar o ginseng e acrescentar o cheiro-verde.

◊ Servir com croutons integrais.

- Caldo de missô

Rende 1 porção

□ Ingredientes:

◊ 1 colher de sopa rasa de missô

◊ 2 copos de água (400 ml)

◊ 1 fatia grossa de tofu

◊ cheiro-verde picadinho

□ Modo de preparo

◊ Cortar o tofu em cubinhos.

◊ Ferver a água com os cubinhos de tofu.

◊ Após ferver, apagar o fogo e reservar.

◊ Retirar um pouco da água fervida e dissolver o missô nela.

◊ Juntar o missô dissolvido ao restante da água.

◊ Servir guarnecido pelo cheiro-verde picado.

◊ Comer quentinho e, de preferência, nos dias frios

◊ É uma excelente entrada.

Queijo e manteigas

- Ghee — manteiga clarificada

□ Ingredientes

- ◊ 1 kg de manteiga sem sal
- ◊ 1 caçarola de fundo grosso
- ◊ 1 espumadeira

□ Modo de preparo

- ◊ Colocar a manteiga na caçarola em fogo baixo.
- ◊ Ir retirando aos poucos, com uma espumadeira, os pedacinhos de gordura sólida que ficam boiando na superfície, como espuma branca.
- ◊ Controlar a temperatura, evitando que queime ou que escureça e que enfumace.
- ◊ Prosseguir até que vá se tornando âmbar dourada, porém, líquida e transparente.
- ◊ Despejar em uma vasilha de louça e deixar esfriar ao descoberto.
- ◊ Depois de esfriar, guardar em um recipiente hermeticamente fechado, em lugar fresco e seco.
- ◊ Dura muito, então, pode ser feita em boa quantidade.

• Ricota

□ Ingredientes

- ◊ 3 litros de leite
- ◊ suco de 1 1/2 limão
- ◊ pano (ou saco) de algodão
- ◊ sal

□ Modo de preparo

- ◊ Esquentar o leite numa panela para 4 litros.

◊ Misturar o limão e deixar coberto com um pano durante algumas horas.

◊ Adicionar 1 litro de água fervente e mexer.

◊ Salgar à vontade.

◊ Despejar no saco ou pano e amarrar cuidadosamente, deixando pendurado para escorrer o soro.

◊ Deixar durante 2 horas ou mais, conforme a preferência da consistência, mais dura ou mais mole.

- Queijo econômico

□ Ingredientes

◊ 2 colheres de sopa de maisena ou araruta

◊ 1 pitada de sal

◊ 1/2 litro de leite

◊ 50 g de queijo parmesão ralado (ralo mais fino)

□ Modo de preparo

◊ Dissolver a maisena ou a araruta e o sal com um pouco do leite.

◊ Juntar o restante do leite.

◊ Acrescentar o queijo ralado.

◊ Levar ao fogo brando, mexendo sempre no mesmo sentido, durante 20 minutos.

◊ Retirar do fogo e colocar numa forma redonda de 12 cm de diâmetro, forrada com papel celofane.

◊ Deixar esfriar e levar à geladeira por 4 horas antes de utilizar.

◊ É um queijo tipo fundido.

- Tofu caseiro (queijo de soja)

Nota: alimento rico em proteína vegetal de fácil digestão. Um dos tipos, chamado tofu seco congelado, que é raramente encontrado, contém mais proteína do que o tofu comum e as carnes e os produtos de origem animal em geral. Ele e os derivados da soja com cereais integrais combinados tornam-se mais ricos do que usados individualmente, pois essa combinação faz com que o corpo use os carboidratos dos cereais como sua fonte de energia e possibilite à proteína preencher sua função básica de reparar e fazer crescer certas camadas celulares.

- Ingredientes
  - 3 litros de leite de soja
  - 1 xícara de chá de suco de limão
  - sal a gosto
- Modo de preparo
  - Aquecer o leite sem chegar à fervura.
  - Acrescentar o limão, mexendo ligeiramente sem bater.
  - Deixar descansar por 10 minutos, até talhar.
  - Colocar o coalho em um saquinho para escorrer o soro e lavar em água corrente.
  - Espremer com as mãos.
  - Colocar o coalho em forma de queijo e passar sal na superfície.
  - Comprimir bem, a fim de penetrar o sal e sair o restante do soro.
  - Esse queijo pode ser ingerido ao natural, ou cozido, ou frito.

- Queijo catupiri
  - Ingredientes
    - 250 g de queijo de minas frescal
    - 2 copos de leite de vaca

◊ 2 colheres de sopa de óleo ou requeijão cremoso

◊ 1 colherinha de sal

◊ 4 colheres de sopa de maisena

□ Modo de preparo

◊ Cortar o queijo em fatias.

◊ Juntar os outros ingredientes e levar ao fogo.

◊ Mexer sempre até formar um mingau.

◊ Umedecer uma forma e colocar nela o mingau para esfriar.

Recheios

- Recheio de proteína vegetal de soja

□ Ingredientes

◊ 1 xícara de proteína vegetal hidratada (carne de soja granulada)

◊ 2 xícaras de água

◊ 1 colher de sopa de araruta ou maisena

◊ salsinha picada

◊ sal

◊ 1 cenoura pequena

□ Modo de preparo

◊ Picar e cozinhar a cenoura em 1 1/2 xícara de água.

◊ Dissolver a araruta ou a maisena na 1/2 xícara de água restante.

◊ Quando a cenoura estiver mole, acrescentar a proteína e a araruta dissolvida.

◊ Mexer até engrossar.

- ◊ Acrescentar a salsinha e o sal.
- ◊ Utilizar em tortas ou em sanduíches.

- Recheio de glúten
  - □ Ingredientes
    - ◊ 1 kg de glúten cortado em fatias
    - ◊ óleo
    - ◊ fatias de pão integral
    - ◊ requeijão
    - ◊ fatias de queijo
  - □ Modo de preparo
    - ◊ Aquecer o óleo e refogar as fatias de glúten.
    - ◊ Passar o requeijão nas fatias de pão.
    - ◊ Colocar as fatias do glúten refogadas sobre os pães.
    - ◊ Adicionar uma fatia de queijo sobre cada fatia de pão com glúten.
    - ◊ Levar ao forno até o queijo derreter.
    - ◊ Retirar do forno e acrescentar outra fatia de pão com requeijão sobre cada pão e levar de volta ao forno até torrar ligeiramente.

- Recheio de tofu (queijo de soja)
  - □ Ingredientes
    - ◊ 1 xícara de tofu amassado
    - ◊ 4 colheres de sopa de maionese de legumes ou de leguminosas
    - ◊ 1 colher de chá de suco de limão
    - ◊ 1 pitada de sal
  - □ Modo de preparo
    - ◊ Misturar todos os ingredientes.

◊ Usar nos pães ou rechear tortas.

Pastas e patês

- Pasta de azeitona

  □ Ingredientes

  ◊ 3/4 de xícara de tofu

  ◊ 1 colher de sopa de suco de limão

  ◊ 1/2 xícara de azeitonas sem caroço

  ◊ sal

  ◊ temperos verdes

  ◊ azeite de oliva extravirgem

  □ Modo de preparo

  ◊ Bater tudo muito bem. Quanto mais bater, mais cremoso vai ficar.

  ◊ Servir com pão, saladas, macarrão ou nos hambúrgueres.

- Pasta de grão-de-bico

  □ Ingredientes

  ◊ 2 xícaras de grão-de-bico cozido e sem casca

  ◊ suco de 1 limão

  ◊ 1/4 de xícara de azeite extravirgem

  ◊ sal

  □ Modo de preparo

  ◊ Bater o grão-de-bico com o sal (e um pouco da água do cozimento, se estiver difícil de liquidificar) no liquidificador.

  ◊ Ir acrescentando, alternadamente, o azeite e o limão.

◊ Bater até o ponto de pasta.

◊ Comer com pão.

- Patê de ervilha

 □ Ingredientes

 ◊ 2 xícaras de ervilhas secas cozidas

 ◊ 1 colher de sobremesa de tahine

 ◊ 1/2 limão grande

 ◊ sal

 ◊ orégano

 □ Modo de preparo

 ◊ Bater todos os ingredientes no liquidificador ou amassar com o garfo.

 ◊ Usar com pão ou torradas.

- Maionese vegetal

 □ Ingredientes

 ◊ Escolher: cenoura, ou abóbora, ou chuchu, ou beterraba, ou inhame, ou grão-de-bico, ou lentilha, ou feijão-fradinho etc.

 ◊ suco de limão

 ◊ gengibre

 ◊ óleo

 ◊ sal

 ◊ missô ou tahine (opcional)

 □ Modo de preparo

 ◊ Cozinhar o legume ou a leguminosa escolhido.

◊ Depois de cozido, passar no liquidificador.

◊ Acrescentar o limão, o gengibre, o óleo e o sal

◊ Bater e continuar acrescentando óleo até ficar no ponto de maionese, bem liso e leve.

- Pasta de ricota

  □ Ingredientes

  ◊ 1/2 kg de ricota

  ◊ 5 colheres de sopa de nata ou leite ou maionese de legume.

  ◊ salsa picadinha.

  ◊ sal

  □ Modo de preparo

  ◊ Amassar a ricota com a nata (ou o leite ou a maionese).

  ◊ Juntar a salsinha e o sal.

- Patê de soja

  □ Ingredientes

  ◊ 1 1/2 xícara de soja cozida e sem pele

  ◊ 1/2 kg de cenoura ou beterraba cozida

  ◊ 1 colher de queijo ralado

  ◊ 1 colher de sopa de óleo

  ◊ cheiro-verde picado

  ◊ sal a gosto

  □ Modo de preparo

  ◊ Moer a soja.

  ◊ Passar a cenoura ou a beterraba pela peneira.

  ◊ Dourar os temperos no óleo.

◊ Acrescentar a soja moída e a massa de legumes.

◊ Deixar apurar no fogo.

◊ Retirar do fogo e juntar o queijo ralado.

◊ Pode ser usado sobre o pão quente ou frio.

- Patê de queijo

  □ Ingredientes

  ◊ 1/2 litro de leite

  ◊ 250 g de queijo fresco ralado

  ◊ 3 colheres de sopa de maisena ou araruta

  ◊ sal a gosto

  □ Modo de preparo

  ◊ Misturar tudo e levar ao fogo.

  ◊ Mexer bem até que apareça o fundo da panela.

  ◊ Colocar numa vasilha molhada e usar para sanduíches.

- Purê de lentilhas

  □ Ingredientes

  ◊ 1 xícara de lentilhas cozidas

  ◊ 1/4 de xícara de nozes ou castanhas

  ◊ suco de limão

  □ Modo de preparo

  ◊ Passar pela máquina de moer a lentilha e as nozes.

  ◊ Misturar tudo.

  ◊ Servir com folhas de alface cortadas.

- Maionese de abacate

  □ Ingredientes

- ◊ 1 abacate médio maduro
- ◊ 2 colheres de sopa de suco de limão
- ◊ sal
- ◊ 1/2 colher de chá de páprica picante.

□ Modo de preparo

- ◊ Descascar o abacate.
- ◊ Amassar o abacate com suco de limão até ficar liso ou bater no liquidificador.
- ◊ Juntar todos os temperos.
- ◊ Esse é um ótimo molho para salada de alface.
- ◊ Rende cerca de 2 xícaras e meia.

- Patê cremoso de tahine com Missô
  - □ Ingredientes
    - ◊ 2 colheres de sopa de tahine
    - ◊ 1 colher de sopa de missô
    - ◊ água potável
    - ◊ cheiro-verde picado
  - □ Modo de preparo
    - ◊ Misturar os ingredientes adicionando água suficiente para dar um ponto pastoso, não muito espesso.
    - ◊ Comer com pão.
    - ◊ Acrescentando mais água, torna-se um saboroso molho de macarrão integral.

- Patê de tahine com missô ao alho
  - □ Ingredientes

- ◊ 1 colher de sopa de missô
- ◊ 2 colheres de sopa de tahine
- ◊ 1/2 dente de alho
- ◊ água potável morna
- ◊ cheiro-verde
- ◊ alecrim (opcional)

□ Modo de preparo

- ◊ Picar ou amassar bem o alho.
- ◊ Misturar o tahine e o missô com a água.
- ◊ Aos poucos, ir adicionando a água, para que o patê fique suave e bem pastoso.
- ◊ Acrescentar o alho, cheiro-verde e alecrim picadinhos.
- ◊ Servir com pão integral, torradinhas integrais ou tapioca.

Massas

- "Crepioca" recheada de shimeji

□ Ingredientes

- ◊ 4 ovos pequenos
- ◊ 4 colheres bem cheias de goma de tapioca
- ◊ 1/4 de queijo frescal em cubinhos
- ◊ 1/2 xícara de cogumelos picados
- ◊ 1 cebola pequena picada
- ◊ ervas finas
- ◊ óleo de coco

□ Modo de preparo

- ◊ Refogar as cebolas até ficarem brilhantes.

◊ Colocar os cogumelos para refogar.

◊ Acrescentar os cubos de queijo e as ervas finas. Reservar.

◊ Bater os ovos com a goma de tapioca.

◊ Quando formar uma mistura homogênea, semelhante à massa de panqueca ou crepe, despejar um pouco numa frigideira pequena, de tapioca.

◊ Cozinhar um lado e, como se faz com panquecas, virar a massa para cozinhar o outro lado.

◊ Tirar do fogo e rechear.

◊ Enrolar ou dobrar e servir acompanhado de uma salada simples de verduras.

- Panqueca de banana

Rende 3 panquecas pequenas (frigideira pequenininha)

□ Ingredientes

◊ 1 banana não muito madura

◊ 2 ovos

◊ noz-moscada

◊ canela

◊ uma pitada de sal

□ Modo de preparo:

◊ Bater tudo no liquidificador ou no mixer.

◊ Aquecer uma frigideira antiaderente com um fio de azeite.

◊ Despejar a massa cobrindo o fundo da frigideira, manter o fogo no mínimo e a panela tampada.

◊ Quando a massa começar a ficar "furadinha", está na hora de virar.

- ◊ Assim que dourar, a panqueca está pronta.
- ◊ Repita o processo até terminar a massa.
- ◊ Com uma colher de sopa de alguma farinha ou algum farelo ou gérmen de trigo, fica pronta mais rapidamente, e a chance de quebrar na hora de virar é quase zero.

- Panqueca integral
  - □ Ingredientes
    - ◊ 125 g de farinha integral fina
    - ◊ 1 ovo batido
    - ◊ 300 ml de leite
    - ◊ 1 colher de sobremesa de linhaça
    - ◊ 1 colher de sopa de óleo
  - □ Modo de preparo
    - ◊ Colocar numa tigela a farinha e a linhaça e misturar.
    - ◊ Fazer um poço no centro para adicionar o ovo e, gradualmente, misturar a metade do leite e o óleo.
    - ◊ Bater até se tornar uma massa suave e homogênea.
    - ◊ Acrescentar o restante do leite.
    - ◊ Aquecer uma frigideira de 15 cm de diâmetro com algumas gotas de óleo.
    - ◊ Colocar uma colher de sopa da mistura de panqueca e cobrir o fundo da frigideira por igual.
    - ◊ Cozinhar até desprender do fundo e virar a panqueca para cozinhar a outra face (uns 10 segundos).
    - ◊ Repetir o mesmo procedimento mais 11 vezes.
    - ◊ Para que as panquecas não grudem uma na outra antes de serem recheadas e ingeridas, usar papel manteiga entre elas.

- Massa de lasanha
  - □ Ingredientes
    - ◊ 4 ovos ligeiramente batidos
    - ◊ 1 colher de sopa de óleo
    - ◊ 2 colheres grandes de leite
    - ◊ 400 g de farinha de trigo integral
    - ◊ 1 pitada de sal
  - □ Modo de preparo
    - ◊ Peneirar a farinha.
    - ◊ Fazer uma cova no centro da farinha peneirada e colocar os ovos, o leite, o sal e o óleo.
    - ◊ Amassar bem até ficar uma massa uniforme.
    - ◊ Polvilhar uma superfície com farinha para abrir a massa sobre ela e deixar a farinha por perto para, no caso de grudar, acrescentá-la.
    - ◊ Abra a massa com o rolo, corte em tiras largas de cerca de 8 a 10 cm.
    - ◊ Deixar secar um pouco.
    - ◊ Levar uma panela grande cheia de água ao fogo com bastante sal.
    - ◊ Quando levantar fervura, ir colocando uma tira de massa de cada vez.
    - ◊ Quando estiver cozida, retirar, lavar (cada uma) em água fria, escorrer e ir colocando as tiras sobre um guardanapo grande.
    - ◊ Quando toda a massa estiver cozida, armar a lasanha.
- Massa de ricota para empadinha
  - □ Ingredientes

◊ 2 xícaras de chá de ricota

◊ 1 colher de sobremesa de óleo de milho

◊ 1 xícara de chá de farinha de arroz

◊ 1 colher de sopa de água gelada

□ Modo de preparo

◊ Passar a ricota no espremedor de batata.

◊ Juntar a farinha e a água.

◊ Acrescentar o óleo e amassar bem.

◊ Abrir a massa com os dedos diretamente nas forminhas.

◊ Usar o recheio preferido.

◊ Colocar o recheio nas forminhas.

◊ Levar ao forno para assar.

◊ Essa massa serve tanto para recheio doce, como para recheio salgado.

- Pizza de arroz

□ Ingredientes

◊ 2 xícaras de arroz amanhecido

◊ 1 xícara de leite

◊ 1/2 xícara de óleo

◊ 2 ovos

◊ 1 pitada se sal

◊ 1 colher de chá de fermento químico em pó

◊ 2 colheres de sopa de queijo ralado

□ Modo de preparo

◊ Colocar todos os ingredientes líquidos da massa no liquidificador e bater.

◊ Acrescentar os demais ingredientes.

◊ Bater até a massa ficar lisa e uniforme.

◊ Não necessita untar a forma.

◊ Levar para assar até ficar douradinha.

◊ Retirar do forno, colocar a cobertura e levar de volta ao forno até derreter o queijo muçarela.

- Molho de tomate caseiro

□ Ingredientes

◊ 1 kg de tomates bem maduros

□ Modo de preparo

◊ Levar os tomates ao fogo cobertos de água.

◊ Ao rachar a casca dos tomates, ela pode ser retirada.

◊ Se desejar algo mais ácido, deixar as sementes.

◊ Caso contrário, partir os tomates ao meio e retirar as sementes.

◊ Bater os tomates pelados no liquidificador com os temperos de sua preferência.

- Recheio da pizza de arroz

□ Ingredientes

◊ Molho de tomate caseiro

◊ 1/2 xícara de manjericão fresco

◊ 1/2 cebola grande cortada em rodelas

◊ 1 tomate cortado em rodelas

- ◊ pimentão
- ◊ milho-verde
- ◊ palmito
- ◊ orégano
- ◊ ervilha opcional

□ Modo de preparo

- ◊ Misturar os ingredientes.
- ◊ Colocar sobre a pizza.
- ◊ Sobre o recheio, colocar a muçarela.

• Pizza napolitana

□ Ingredientes

- ◊ 250 g de farinha de trigo
- ◊ 1 colherinha de sal
- ◊ 1 colherinha de açúcar mascavo
- ◊ 3 colheres de sopa de azeite extravirgem
- ◊ 1 tablete de fermento Fleischmann
- ◊ 1/2 xícara de água morna
- ◊ 1/2 kg de muçarela fatiada
- ◊ 10 a 12 tomates bem maduros
- ◊ orégano

□ Modo de preparo

- ◊ Preparar o fermento dissolvendo o tablete na água.
- ◊ Fazer uma massa macia com a mistura de fermento e farinha.
- ◊ Deixar descansar por pelo menos meia hora.

◊ Deixar a muçarela de molho por meia hora em bastante água.

◊ Untar a assadeira da pizza.

◊ Cortar os tomates em pedaços.

◊ Temperar com sal e 2 colheres de azeite.

◊ Abrir a massa e colocar na assadeira.

◊ Espalhar sobre a massa os tomates e o orégano.

◊ Colocar no forno bem quente.

◊ Escorrer a muçarela.

◊ Retirar do forno a pizza e distribuir a muçarela, parcialmente, sobre os tomates.

◊ Regar com 3 ou 4 colheres de azeite sobre a muçarela.

◊ Por de volta a pizza no forno quente por mais 5 ou 6 minutos.

- Pizza fingida

  □ Ingredientes

  ◊ pão amanhecido

  ◊ requeijão

  ◊ molho de cenoura ou de abóbora

  ◊ salsinha

  ◊ orégano

  ◊ azeitonas descaroçadas picadas (opcional)

  ◊ 1/2 kg de muçarela

  ◊ azeite extravirgem

  □ Modo de preparo

◊ Passar requeijão no pão amanhecido fatiado.

◊ Arrumar numa assadeira.

◊ Colocar por cima de cada fatia de pão um pouco do molho de cenoura ou de abóbora.

◊ Temperar com a salsinha picada e o orégano.

◊ Acrescentar as azeitonas (se for utilizá-las).

◊ Arrumar as fatias de muçarela sobre cada fatia de pão.

◊ Regar com azeite.

◊ Colocar no forno aquecido até que a muçarela derreta.

◊ Servir quente.

- Pizza de muçarela

  □ Ingredientes da massa

  ◊ 1/2 xícara de água ou leite morno

  ◊ 1 tablete de fermento Fleischmann

  ◊ 1 colher de chá de sal

  ◊ 2 xícaras de farinha de trigo

  ◊ 3 colheres de sopa de óleo

  ◊ 1 colher de chá de açúcar mascavo

  □ Modo de preparo

  ◊ Dissolver o fermento no leite morno e tampar.

  ◊ Deixar descansar por 10 minutos.

  ◊ Acrescentar os demais ingredientes, sovar bem até a massa ficar lisa.

  ◊ Deixar descansar, tampada, por 1 hora.

◊ Estender a massa e colocar numa assadeira untada.

◊ Deixar descansar por meia hora.

◊ Assar um pouco a massa e reservar, caso não vá consumi-la logo. A massa pode ser guardada na geladeira, enrolada em papel filme, por uma semana.

◊ Se for servir, colocar a cobertura logo.

□ Ingredientes do recheio

◊ 3 tomates sem sementes maduros picados

◊ orégano

◊ sal

◊ azeite extravirgem

◊ muçarela

◊ azeitonas

□ Modo de preparo

◊ Temperar os tomates picados com orégano, sal e azeitonas.

◊ Espalhar esse molho por cima da massa.

◊ Cobrir com fatias de muçarela.

◊ Regar com azeite e levar ao forno para derreter a muçarela.

• Minipizza de ricota

□ Ingredientes

◊ 2 xícaras de farinha de trigo

◊ 2 xícaras de ricota

◊ 1/4 de xícara de óleo

◊ 1 colher de chá de sal

□ Modo de preparo

◊ Misturar tudo.

◊ Abrir com o rolo, mas sem deixar a camada muito fina, e cortar em rodelas com a boca de um copo.

◊ Colocar as rodelas numa assadeira untada e levar ao forno para assar – cuidar para não tostar.

◊ Depois de esfriar, as rodelas podem ser guardadas numa lata bem fechada, para serem usadas em outro momento.

◊ Na hora de servir, colocar sobre cada rodela molho de tomate e muçarela.

◊ Levar ao forno para derreter o queijo.

◊ Servir quentinho.

Sobremesas

- Sobremesa de chia com tamarindo

  □ Ingredientes:

  ◊ 2 limões(suco)

  ◊ 2 copos de água

  ◊ 1 xícara de mel ou açúcar de coco

  ◊ 1/2 colher de café de canela

  ◊ 1 pitada de gengibre em pó

  ◊ 100 g de polpa de tamarindo

  ◊ 8 colheres de sopa de chia

  □ Modo de preparo

  ◊ Bater no liquidificador o limão, o adoçante escolhido, a canela, o gengibre, a água e o tamarindo, fazendo um suco.

  ◊ Usar 2 taças individuais (pode ser usada uma tigela grande para ser servida em colheradas).

◊ Para cada 250 ml de suco, utilizar 4 colheres de chia no fundo da taça e acrescentar o suco sobre elas.

◊ Levar à geladeira e deixar de 3 a 4 horas.

◊ Guarnecer com pedaços de morango ou folhas de hortelã.

- Creme de maçã

  - Ingredientes

    ◊ 10 maçãs pequenas, descascadas e raladas

    ◊ casca de 1 limão

    ◊ 1 punhado de araruta

    ◊ 1 colher de sopa cheia de missô

  - Modo de preparo

    ◊ Misturar tudo e levar ao fogo por cerca de 30 minutos, até ficar uma pasta.

    ◊ Retirar do fogo e colocar numa forma.

    ◊ Deixar esfriar e levar ao congelador por algumas horas (4 horas é um bom tempo).

    ◊ Para servir, colocar gérmen de trigo tostado por cima.

    ◊ Em lugar do gérmen de trigo, pode-se colocar castanhas, nozes, gergelim ou amendoins picados.

- Sorvete de milho-verde

  - Ingredientes

    ◊ milho-verde para 1 litro de leite de milho

    ◊ 1 litro de leite vegetal

    ◊ Adoçante de sua preferência (açúcar mascavo, agave, açúcar de coco etc)

    ◊ 4 gemas (opcional)

- Modo de preparo
    - ◊ Ralar o milho-verde como para curau.
    - ◊ Passar em uma peneira fina e aproveitar apenas o leite.
    - ◊ Para 1 litro de leite de milho, 1 litro de leite vegetal.
    - ◊ Adoçar bastante. Aqui entram as gemas, que devem ser batidas no açúcar e adicionadas aos leites.
    - ◊ Levar ao fogo e passar por uma peneira fina.
    - ◊ Depois de frio, levar ao congelador.

- Creme de soja com bananas
    - Ingredientes
        - ◊ 1/2 litro de leite vegetal
        - ◊ 4 colheres de sopa de açúcar mascavo
        - ◊ 2 colheres de soja de maisena ou de araruta
        - ◊ raspa de 1 limão ou essência de baunilha
        - ◊ 1 copo de requeijão vegetal ou de creme de leite fresco
        - ◊ bananas nanicas cortadas em tiras ao comprido – reservar para o final
        - ◊ canela em pó
    - Modo de preparo
        - ◊ Dissolver no leite o amido de milho ou a araruta e o açúcar.
        - ◊ Levar ao fogo a mistura.
        - ◊ Quando estiver duro (ponto do mingau), juntar a essência ou a casca de limão.
        - ◊ Acrescentar o requeijão ou o creme de leite e bater bem.
        - ◊ Colocar as bananas em tiras num pirex.
        - ◊ Depositar o creme sobre elas e polvilhar com canela em pó.

◊ Servir frio.

- Sorvete de laranja

    □ Ingredientes

    ◊ 1 litro de leite vegetal

    ◊ 1 1/2 copo de suco de laranja

    ◊ 2 xícaras de chá de açúcar mascavo ou outro tipo de açúcar desejado

    ◊ 1 colher de sopa de amido de milho ou araruta

    ◊ 1 clara em neve

    □ Modo de preparo

    ◊ Ferver o leite com o açúcar e o amido de milho (ou araruta) dissolvido nele.

    ◊ Deixar esfriar e acrescentar o suco de laranja.

    ◊ Bater tudo no liquidificador.

    ◊ Levar ao congelador durante 1 hora.

    ◊ Bater outra vez no liquidificador, juntando a clara em neve.

    ◊ Levar novamente ao congelador.

- Sorvete de pitaya saudável com xilitol

    □ Ingredientes

    ◊ 2 xícaras de pitaia branca ou vermelha

    ◊ xilitol a gosto

    ◊ 1 xícara de creme de leite *light* vegetal ou não

    ◊ 4 claras batidas em neve

    □ Modo de preparo

    ◊ Misturar todos os ingredientes, menos as claras.

◊ Incluir as claras em neve delicadamente.

◊ Colocar numa vasilha de sorvete e fechar.

◊ Levar ao congelador.

◊ Após cerca de 2 horas, retirar do congelador e bater vigorosamente. Se desejar, pode usar um mixer ou uma batedeira.

◊ Levar de volta ao congelador até endurecer outra vez e servir.

- Pudim de milho

□ Ingredientes

◊ 500 g de farinha de milho

◊ 100 g de passas de uvas

◊ mel

◊ canela

◊ erva-doce

□ Modo de preparo

◊ Fazer um creme de passas com canela e erva-doce, usando água suficiente para um creme fino.

◊ Dissolver a farinha de milho em água e levar ao fogo.

◊ Juntar o creme e mexer até ficar bem dissolvido.

◊ Logo em seguida, acrescentar o mel e assar em forma caramelada.

- Pavê de maisena ou araruta

□ Ingredientes

◊ 1/2 pacote de bolacha integral

◊ amido de milho ou araruta

◊ leite

◊ rapadura

◊ canela em pó

□ Modo de preparo

◊ Bater no liquidificador o leite, a rapadura, a canela em pó e o amido de milho (pouco).

◊ Depois, engrossar no fogo.

◊ Após engrossar, retirar do fogo.

◊ Colocar num pirex uma camada de bolachas e outra de creme.

◊ Ir alternando as camadas: bolacha e creme.

◊ Finalizar com uma camada de bolachas.

◊ Sobre as bolachas, banhar com uma calda (de laranja, de passas de uvas, de ameixas ou ainda vermute ou vinho do Porto).

◊ Por cima, pode se acrescentar um doce ou uma salada de frutas.

- Cocada-puxa

□ Ingredientes

◊ 1 coco grande (800 g pesado com casca)

◊ 6 rapaduras-puxa (pequenas)

◊ 1 limão

◊ 1 copo de água

□ Modo de preparo

◊ Misturar as rapaduras com 1 copo de água e levar ao fogo para desmanchar.

◊ Adicionar a água de coco e levar ao fogo novamente até engrossar, fica um tipo de melaço.

◊ A seguir, colocar o coco-ralado e algumas gotas de suco de limão.

◊ Mexer sem parar até atingir ponto de puxa-puxa.

- Figos com castanha-do-pará
  - □ Ingredientes
    - ◊ 1/2 kg de figos secos
    - ◊ Massa de soja, missô
    - ◊ 100 g de castanha-do-pará
  - □ Modo de preparo
    - ◊ Ralar as castanhas.
    - ◊ Misturar as castanhas raladas com um pouquinho de misso.
    - ◊ Rechear os figos secos.
    - ◊ Servir em forminhas de papel ou simplesmente soltinhos em um prato.
- Queijada
  - □ Ingredientes
    - ◊ 2 cocos
    - ◊ 600 g de açúcar mascavo
    - ◊ 1 limão
    - ◊ 1 copo de água
  - □ Modo de preparo
    - ◊ Cortar os cocos em pedacinhos.
    - ◊ Levar o açúcar e a água ao fogo para fazer uma calda.
    - ◊ Acrescentar o coco em pedacinhos bem miudinhos.
    - ◊ Ir mexendo até obter uma cor amorenada.
    - ◊ Continuar até que solte dos lados da panela.

◊ Umedecer uma superfície de mármore e ir pingando as colheradas para que esfrie e endureça.

◊ Depois de esfriar, retirar com espátula e servir.

- Gelatina de alga kanten

□ Ingredientes

◊ 1 tablete de alga kanten

◊ 1 litro de água

◊ suco da fruta desejada

◊ rapadura ou açúcar mascavo (opcional)

□ Modo de preparo

◊ Levar ao fogo os ingredientes até dissolver o tablete.

◊ Mexer com colher de pau para ajudar a dissolução da alga em tablete.

◊ Se usar rapadura ou açúcar, levar ao fogo para dissolver no início, junto com o tablete de alga.

◊ Quanto ao sabor, escolha o que desejar: frutas secas ou frescas, melado, rapadura, legumes ou até cereais.

◊ É bastante apetitosa quando enfeitada com pedaços de frutas.

◊ Quanto mais líquido for o elemento usado, menos água deve levar para atingir a consistência de gelatina.

◊ Os japoneses costumam usar abóbora-japonesa e feijão-azuki em forma doce para gelatinas.

◊ Fica muito saborosa a receita feita com:

» laranja – 6 laranjas para 1 litro de água.

» maçã – 4 maçãs para 1 litro de água.

» banana – 5 bananas para 1 litro de água.

» morango – 250 g para 1 litro de água.

» uva – 250 g para 1 litro de água.

» manga – 5 mangas para 1 litro de água.

◊ As frutas, em geral, não precisam ser cozidas; mas os demais sim.

◊ Todos os ingredientes deverão ir no liquidificador e depois devem ser misturados à alga dissolvida.

◊ Se usar mel para adoçar, colocar depois que retirar a alga dissolvida do fogo.

- Geleia de morango

□ Ingredientes

◊ 1 kg de morangos higienizados

◊ Açúcar mascavo ou mel em igual quantidade dos morangos

□ Modo de preparo

◊ Retirar os talos e as folhas dos morangos.

◊ Colocar os morangos numa panela grande.

◊ Levar os morangos ao fogo em pouca água até se desfazerem bem.

◊ Passar os morangos desfeitos numa peneira fina.

◊ Medir em xícaras, juntando o açúcar ou o mel em igual quantidade.

◊ Levar ao fogo brando, mexendo sempre até aparecer o fundo da panela.

◊ Caso preferir não muito doce, diminuir a quantidade de açúcar.

- "Apple Strudel" Rocambole de maçã

  - Ingredientes da massa

    - ◊ 1/2 kg de farinha de trigo
    - ◊ 2 colheres de óleo
    - ◊ 1 pitada de sal
    - ◊ tahine (opcional)
    - ◊ 1 xícara de água

  - Modo de preparo da massa

    - ◊ Misturar os ingredientes acima.
    - ◊ Trabalhar bem a massa, deixando-a bem fina e lisa.
    - ◊ Deixar descansar a massa por meia hora.
    - ◊ Com rolo, abrir a massa bem fina.
    - ◊ Estender sobre uma superfície farinhada.
    - ◊ Sobre o "lençol" de massa fina colocar uma camada de fatias de maçã.
    - ◊ Espalhar as uvas-passas sobre as maçãs e polvilhar com açúcar mascavo.
    - ◊ Adicionar a canela e, por último, polvilhar a farinha de rosca sobre tudo.
    - ◊ Pingar algumas gotas de tahine sobre o recheio.
    - ◊ Enrolar com muito cuidado, como se fosse um rocambole.
    - ◊ Dobrar as pontas e vedar a saída do recheio.
    - ◊ Colocar em uma forma untada e pincelar gema de ovo ou shoyo na massa e polvilhar açúcar mascavo.

◊ Levar ao forno durante cerca de 40 minutos.

□ Ingredientes do recheio

◊ 8 a 10 maçãs descascadas e cortadas em fatias ao comprido.

◊ 300 g de uvas-passas sem caroço

◊ açúcar mascavo

◊ 1 colher de sopa de canela em pó

◊ farinha de rosca fina

◊ tahine

- Torta de manga

□ Ingredientes da crosta

◊ 1 xícara de aveia

◊ 1/3 de farinha de trigo

◊ 1/4 de colher de chá de sal

◊ 1/3 de xícara de açúcar mascavo ou rapadura ralada

◊ 1/3 de xícara de óleo

□ Modo de preparo

◊ Misturar os quatro primeiros ingredientes.

◊ Adicionar o óleo, esfarelando tudo bem.

◊ Espalhar numa forma de torta de 20 cm de diâmetro.

◊ Apertar a massa bem no fundo.

◊ Assar em forno quente até começar a dourar (mais ou menos 15 minutos).

□ Ingredientes do recheio

◊ 3 xícaras de mangas cortadas em pedaços

◊ 1/2 xícara de açúcar mascavo

◊ 1/2 xícara de água

◊ 1 pauzinho de canela

◊ 1 pitada de sal

◊ 2 colheres de sopa de amido de milho dissolvidas em 1 colher de sopa de água

◊ 1 colher de sopa de suco de limão

□ Modo de preparo do recheio

◊ Numa panela, misturar os cinco primeiros ingredientes numa panela.

◊ Ferver tudo.

◊ Separadamente, bater bem o amido de milho dissolvido na água com o limão.

◊ Adicionar essa batida à mistura de manga.

◊ Mexer bem e ferver por um minuto.

◊ Colocar o recheio na crosta já assada.

◊ Servir bem fria.

Merendas – bolos e biscoitos

- Bolo de chocolate (tofu substituindo os ovos)

□ Ingredientes

◊ 1/2 xícara de tofu

◊ 1/2 xícara de óleo

◊ 1/3 de xícara de cacau em pó

◊ 1 xícara de água

◊ 1 colher de chá de baunilha

- ◊ 2 xícaras de açúcar mascavo
- ◊ 1/4 de colher de chá de sal
- ◊ 1 colher de sopa de suco de limão
- ◊ 2 xícaras de farinha de trigo integral
- ◊ 1 colher de chá de bicarbonato de sódio

□ Modo de preparo

- ◊ Preaquecer o forno a 180ºC
- ◊ Untar uma forma de 23 cm com óleo, polvilhar com farinha e reservar.
- ◊ Bater o tofu, o cacau, a água, a baunilha, o açúcar, o sal e o limão no liquidificador até que a mistura se torne uniforme.
- ◊ Colocar numa tigela.
- ◊ Numa outra tigela, juntar e mexer bem os ingredientes secos.
- ◊ Acrescentar os ingredientes secos aos líquidos e mexer bem.
- ◊ Colocar a massa na forma untada e assar por 30 minutos.
- ◊ Servir com creme de chantilly ou de cacau.

• Chantilly de tofu

□ Ingredientes

- ◊ 1 xícara de tofu
- ◊ 1/4 de colher de chá de baunilha
- ◊ 1 pitada de sal
- ◊ 2 colheres de sopa de mel
- ◊ 2 colheres de sopa de leite de coco

□ Modo de preparo

- ◊ Bater tudo e reservar na geladeira para cobrir bolos e sobremesas.

- Gingerbread à moda do Raj – receita antiga, antes de 1869
  - Ingredientes
    - 1 1/2 xícara de açúcar
    - 1/2 xícara de ghee
    - 2 xícaras de farinha de trigo integral
    - 1/4 de xícara de gengibre em pó
    - 1 colher de chá de cravos moídos ou mesmo de canela em pó
    - 1 colher de chá de água
  - Modo de preparo
    - Misturar o gengibre e as especiarias com a farinha de trigo.
    - Numa frigideira, colocar o açúcar e uma colher de chá de água, para derreter o açúcar em fogo brando.
    - Quando estiver bem dissolvido, juntar o ghee e deixar amolecer bem.
    - Acrescentar a farinha misturada com o gengibre e as especiarias.
    - Mexer com uma espátula ou colher de pau para não encaroçar.
    - Manter no fogo, até formar uma pasta.
    - Despejar em forminhas ou num tabuleiro untado em forma de pingos grossos.
    - Levar ao forno até dourar.
    - Deixar esfriar e servir.
- Biscoitos de castanha-do-pará ou castanha-do-brasil
  - Ingredientes
    - 3/4 de xícara de óleo
    - 1/2 xícara de açúcar mascavo

- ◊ 1 ovo
- ◊ 2 colheres de chá de essência de baunilha
- ◊ 2 xícaras de farinha de trigo integral peneirada
- ◊ 1/2 colher de chá de sal
- ◊ 2 xícaras de castanhas moídas (se quiser, pode tentar com outras oleaginosas)
- ◊ 1/3 de gérmen de trigo tostado

□ Modo de preparo

- ◊ Bater o óleo com açúcar mascavo até ficar cremoso.
- ◊ Juntar a farinha com o sal e bater.
- ◊ Acrescentar as castanhas e misturar bem.
- ◊ Formar pequenas bolas numa assadeira não untada.
- ◊ Assar por 20 minutos em forno quente.
- ◊ Passar no gérmen de trigo cru, os biscoitos quando estiverem ainda quentes.

• Biscoitos de iogurte

□ Ingredientes

- ◊ 1 1/2 xícara de açúcar mascavo
- ◊ 1/4 de xícara de óleo
- ◊ 1 colher de sobremesa de fermento em pó
- ◊ 1 colher de chá de canela em pó
- ◊ 1 colher de chá de sal
- ◊ 1 ovo
- ◊ 3/4 de xícara de iogurte
- ◊ 2 1/2 xícaras de farinha de trigo integral

- ◊ 1/2 xícara de amido de milho ou araruta

□ Modo de preparo

- ◊ Bater o açúcar com o óleo.
- ◊ Juntar o fermento, o sal e a canela.
- ◊ Adicionar o ovo e bater bem.
- ◊ Colocar o iogurte e misturar.
- ◊ Em seguida, adicionar e misturar bem a farinha e o amido (ou a araruta).
- ◊ Num tabuleiro untado e enfarinhado, despejar colheradas da massa espaçadas já formando os biscoitos.
- ◊ Assar em forno médio por 10 a 15 minutos ou até ficarem dourados.
- ◊ Retirar do tabuleiro enquanto os biscoitos estiverem mornos.
- ◊ Polvilhar com gergelim ou gérmen de trigo torrado.
- ◊ Rende 2 dúzias.

• Biscoito de farinha de arroz

□ Ingredientes

- ◊ 10 colheres de sopa de farinha de arroz
- ◊ 10 colheres de sopa de araruta
- ◊ 5 colheres de sopa de óleo
- ◊ 7 colheres de sopa de açúcar mascavo
- ◊ Leite vegetal ou de vaca suficiente para dar consistência de enrolar.

□ Modo de preparo

- ◊ Juntar a farinha de arroz com a araruta.

◊ Fazer uma cova no centro das farinhas.

◊ Deitar no centro da cova, aos poucos, o açúcar, o óleo e o leite.

◊ Amassar até ficar no ponto de enrolar.

◊ Formar os biscoitinhos.

◊ Colocá-los numa assadeira untada.

◊ Assar em forno preaquecido.

◊ Deixar dourar e retirar do forno.

- Broa de milho

□ Ingredientes

◊ 2 1/2 xícaras de farinha de arroz

◊ 1 1/2 de xícara de fubá

◊ 1 1/2 colher de sopa de fermento em pó

◊ 3/4 de xícara de leite soja ou vegetal em pó

◊ 3/4 de xícara de açúcar mascavo

◊ 1 colher de chá de sal

◊ 1 1/2 xícara de água

◊ 1/2 xícara de óleo

□ Modo de preparo

◊ Misturar bem os ingredientes secos.

◊ Juntar a água e o óleo, agregando bem.

◊ Colocar em forminhas de empadas forradas de papel.

◊ Assar em forno quente por 20 minutos, até dourar.

◊ Ao retirar do forno, pincelar mel ou geleia sobre as broas.

- Bolachas de aveia
  - □ Ingredientes
    - ◊ 1 colher de sopa de tahine
    - ◊ 1/2 xícara de mel
    - ◊ 1 colher de chá de canela em pó
    - ◊ aveia o quanto baste para dar a consistência de bolacha.
    - ◊ 2 colheres de óleo
    - ◊ Passas de uvas sem caroço
  - □ Modo de preparo
    - ◊ Amassar bem os ingredientes.
    - ◊ Fazer bolinhos e colocar uma passa no centro de cada um.
    - ◊ Assar no forno com fogo baixo por 10 a 15 minutos.
- Losangos de aveia com recheio de ameixas
  - □ Ingredientes da massa
    - ◊ 400 g de farinha de trigo
    - ◊ 300 g de açúcar mascavo
    - ◊ 300 g de aveia
    - ◊ 1 copo de leite vegetal ou animal
    - ◊ 1 xícara de óleo
    - ◊ 1 colherinha de sal
    - ◊ 1 colherinha de fermento
  - □ Modo de preparo da massa
    - ◊ Deixar a aveia de molho no copo de leite por 5 minutos.

◊ Juntar todos os ingredientes.

◊ Se for necessário, adicionar mais leite.

◊ Misturar tudo muito bem e preparar o recheio.

□ Ingredientes do recheio

◊ 1/2 kg de ameixas sem caroços

◊ 4 colheres de sopa de açúcar mascavo

◊ pequenas lascas de canela em pau

□ Modo de preparo do recheio

◊ Cozinhar as ameixas, amassando bem e juntando os pedaços de canela e o açúcar mascavo.

◊ Quando se tornar uma espécie de marmelada, retirar do fogo.

□ Modo de montar os losangos

◊ Abrir a massa com um rolo.

◊ Estender o recheio sobre a massa.

◊ Cortar em forma de losangos.

◊ Colocar em tabuleiros untados e levar ao forno quente até assar.

◊ Depois de assados, guardar em latas bem fechadas.

- Biscoitos de nozes

□ Ingredientes

◊ 1 xícara de açúcar mascavo

◊ 1/4 de xícara de óleo

◊ 1 ovo

◊ 1/2 xícara de nozes picadas

◊ 1 colher de chá de canela em pó

◊ 3/4 de xícara de farinha de trigo

◊ 1 colher de chá de fermento em pó

◊ 1/2 colher de chá de sal

□ Modo de preparo

◊ Misturar o açúcar, o óleo, o sal, o ovo e bater bem.

◊ Juntar as nozes e a canela.

◊ Adicionar a farinha, misturando com o fermento.

◊ Colocar a massa numa assadeira untada.

◊ Espalhar a massa por igual na forma.

◊ Assar em forno moderado por 25 a 30 minutos.

◊ Quando a massa assar, cortar em quadrados de 4 x 4 cm enquanto ainda estiver morna.

◊ Depois que os biscoitos esfriarem, colocar em uma lata bem fechada.

- Biscoito de bananas

□ Ingredientes

◊ 1 xícara bem cheia de farinha de trigo

◊ 1 xícara de açúcar mascavo

◊ 2 colherinhas de coco-ralado

◊ 2 colherinhas de tahine

◊ 3 bananas (prata ou maçã) amassadas

◊ 4 colheres de sopa de água

◊ 1 pitada de sal

◊ 1 colher de fermento

□ Modo de preparo

◊ Misturar durante 1 minuto o açúcar, o tahine, a banana, o coco e o sal.

◊ Juntar a água e, depois, sempre batendo, acrescentar a farinha e o fermento.

◊ Polvilhar com farinha uma superfície para abrir a massa.

◊ Cortar os biscoitos e os depositar na assadeira.

◊ Assar em forno regular durante 20 a 25 minutos.

- Muffin de cenoura salgado sem glúten

□ Ingredientes

◊ 1 xícara de farinha de arroz

◊ 1 cenoura média ralada

◊ 2 ovos

◊ 1/2 xícara de leite

◊ 1/4 xícara de óleo de coco

◊ 1 colher de sopa de caril em pó.

◊ 1 colher de café de sal rosa do Himalaia

◊ 1/4 de xícara de azeitonas descaroçadas picadas

◊ 1/2 xícara de cheiro-verde picado

◊ 1 xícara de muçarela ralada

◊ 1 colher de sopa de fermento químico

□ Modo de preparo

◊ Acender o forno para preaquecer em 200° C, enquanto prepara a receita.

◊ Untar as forminhas (eu não tinha forminhas a primeira vez que fiz, usei uma forma pirex de 18cm/30cm – ficou meio biscoitão, mas delicioso) com óleo ou manteiga e polvilhar com farinha de arroz.

◊ Numa tigela, misturar os ingredientes secos, menos o fermento.

◊ Adicionar o óleo, os ovos e o restante dos ingredientes, um por um.

◊ Misturar até a massa se tornar homogênea.

◊ Espalhar nas forminhas e levar ao forno a 180° C.

◊ Assar e checar o ponto testando com o palito (até que ao espetar o palito saia seco).

◊ Comer quentinho.

- Sequilhos de soja com coco da Odete

  □ Ingredientes

  ◊ 4 colheres de sopa de óleo

  ◊ 2 xícaras de açúcar mascavo

  ◊ 1 coco-ralado

  ◊ 1 xícara de resíduo de soja (resíduo retirado da preparação do leite caseiro)

  ◊ 3 xícaras de farinha de trigo peneirada

  □ Modo de preparo

  ◊ Bater o óleo, o açúcar e o coco.

  ◊ Acrescentar a soja em seguida.

  ◊ Aos poucos, colocar o restante.

  ◊ Formar pequenos rolinhos e apertar com o garfo.

  ◊ Levar ao forno por mais ou menos 20 minutos.

- Barras de banana e nozes

 (16 barrinhas)

 - □ Ingredientes
   - ◊ 125 g de manteiga
   - ◊ 125 g de açúcar demerara
   - ◊ 2 ovos
   - ◊ 125 g de farinha de trigo integral
   - ◊ 2 colheres de chá de fermento em pó químico
   - ◊ 2 bananas amassadas (em aula, amassar na hora)
   - ◊ 125 g de nozes fatiadas
 - □ Modo de preparo
   - ◊ Fazer um creme fofinho e suave da manteiga com o açúcar.
   - ◊ Juntar um ovo de cada vez, mas, ao adicionar o segundo ovo, misturar junto com uma colher de sopa da farinha de trigo integral.
   - ◊ Acrescentar o restante da farinha e o fermento com as bananas.
   - ◊ Numa assadeira quadrada de 20cm untada, espalhar a mistura, alisando bem.
   - ◊ Salpicar as nozes por cima.
   - ◊ Levar ao forno, moderadamente preaquecido (a 190° C).
   - ◊ Deixar assando de 20 a 25 minutos, até que fique sequinho, mas fofo.
   - ◊ Após 2 minutos fora do forno, cortar em 16 pedaços.

Pães

- Chapati

- Ingredientes
    - ◊ 250 g de farinha de trigo integral
    - ◊ 50 g de ghee
    - ◊ 1 pitada de sal
    - ◊ água morna (o necessário para dar o ponto)

- Modo de preparo
    - ◊ Misturar toda a farinha e o sal e ir adicionando a água morna para dar o ponto de rosca.
    - ◊ Sovar a massa muito até que se torne firme e lisa.
    - ◊ Deixar a massa descansar no mínimo 1 hora, mas o ideal é uma noite.
    - ◊ Passado o tempo de descanso, formar bolinhas de 4,5 cm de diâmetro.
    - ◊ Esticar com rolo de abrir massa, numa espessura de 3 mm.
    - ◊ Aquecer a frigideira de ferro ou de fundo grosso e colocar os chapatis que couberem no fundo.
    - ◊ Aguardar de um ou dois minutos e virar.
    - ◊ Retirar do fogo com pegador e colocar diretamente na grelha ou numa panela preaquecida e tampar

- Pãozinho crocante (sem fermento)
    - Ingredientes
        - ◊ 4 colheres de sopa de leite de soja ou qualquer outro leite
        - ◊ 1 copo de água (caso fique seco, colocar mais água)
        - ◊ 2 colheres de sopa de óleo
        - ◊ 1 pitada de erva-doce
        - ◊ 1 pitada de sal
        - ◊ 50 g de farinha de trigo integral fina ou branca

◊ 200 g de farelo de trigo

□ Modo de preparo

◊ Misturar os ingredientes secos, o óleo, o leite e a água.

◊ Espalhar sobre um tabuleiro (fica como um biscoito).

◊ Talhar em losangos ou quadradinhos.

◊ Levar ao forno até dourar.

- Pãezinhos de queijo (sem ovos)

□ Ingredientes

◊ 1 copo de polvilho doce

◊ 1 copo de queijo minas curado e ralado

◊ 1 colher de sopa de óleo

◊ Leite até chegar ao ponto em que a massa desgrude.

□ Modo de preparo

◊ Misturar todos os ingredientes.

◊ Quando desgrudar das mãos, enrolar pequenas bolinhas.

◊ Assar por 20 a 30 minutos em forno quente.

◊ Experimentar usar nesta receita o queijo tofu.

- Pão de forma

□ Ingredientes

◊ 1 kg de farinha de trigo (8 xícaras) ou 1/2 kg de farinha de trigo branca, mais 1/2 kg de farinha integral

◊ 20 g de fermento Fleischmann (colher de sopa cheia)

◊ 1/2 litro de água (2 xícaras)

◊ 20 g de sal (2 colheres de sopa rasas)

◊ 60 g açúcar mascavo (6 colheres de sopa rasas)

◊ 35 g de óleo (3 colheres de sopa rasas)

□ Modo de preparo

◊ Dissolver o fermento com o açúcar na água morna.

◊ Juntar os demais ingredientes à solução de fermento e misturar tudo muito bem.

◊ Colocar a massa numa vasilha e deixar crescer até atingir o dobro de seu volume (aproximadamente 60 minutos)

◊ Cortar a massa em pedaços.

◊ Colocar em uma forma untada de gordura.

◊ Deixar crescer até o dobro do volume.

◊ Levar ao forno bem quente e deixar assar por meia hora.

- Pão de milho simples sem fermento

□ Ingredientes

◊ 2 xícaras de farinha de milho

◊ 1/2 xícara de farinha de arroz

◊ 1 colher de chá de sal

◊ 1 colher de sopa de óleo milho

◊ 2 xícaras ou 1/2 xícara de água morna

□ Modo de preparo

◊ Misturar bem os ingredientes.

◊ Sovar bem e deixar a massa descansar.

◊ Deixar assar em forno morno mais ou menos durante 3 horas, no mínimo.

- Pão de anadama (receita americana)

□ Ingredientes

◊ 1/2 xícara de fubá

- ◊ 3 colheres de sopa de óleo
- ◊ 1/4 de xícara de melado
- ◊ 2 colheres de chá de sal
- ◊ 3/4 de xícara de água fervente
- ◊ 1 tablete de fermento Fleischmann ou 1 colher de sopa de fermento seco granulado
- ◊ 1/4 de xícara de água morna
- ◊ 1 ovo batido
- ◊ 3 xícaras de farinha de trigo peneirada ou 2 de farinha branca e 1 de farinha integral ou 1 1/2 de uma farinha e 1 1/2 da outra.

□ Modo de preparo

- ◊ Juntar o fubá, o melado, o sal e a água fervente numa vasilha grande e reservar.
- ◊ Preparar o fermento salpicando-o seco sobre a água e mexendo para dissolver (a água deve estar quente ao ponto de seu dedo aguentar).
- ◊ Juntar o fermento, o ovo, a metade da farinha com a mistura de fubá e bater vigorosamente.
- ◊ Acrescentar o resto da farinha e mexer até que fique uma massa uniforme e meio mole.
- ◊ Despejar a massa numa forma untada (não muito grande, mas com os lados de 8 a 10 cm de altura).
- ◊ A massa deve encher 1/3, ou no máximo, metade da forma.
- ◊ Cobrir com um pano e deixar num lugar morno até a massa ficar com 2 a 3 cm mais alta que o lado da forma.
- ◊ Ou deixar no forno com um prato de sopa de água fervente para criar um ambiente quentinho).
- ◊ Salpicar a parte de cima com fubá e sal.

- ◊ Assar em forno moderado, não lento, durante 50 a 55 minutos, checar para conferir se está pronto.
- ◊ Deixar esfriar antes de cortar.

- Pão de mel
  - □ Ingredientes
    - ◊ 2 colheres de sopa cheias de óleo
    - ◊ 6 xícaras de farinha de trigo (farinha integral misturada)
    - ◊ 3 xícaras de açúcar mascavo
    - ◊ 3 xícaras de leite
    - ◊ 1 xícara bem cheia de mel
    - ◊ 2 colheres de chá de cravo moído
    - ◊ 1 colher de sopa de fermento
  - □ Modo de preparo
    - ◊ Misturar todos os ingredientes.
    - ◊ Juntar a água e, depois, sempre batendo, acrescentar a farinha e o fermento.
    - ◊ Untar e forrar com papel impermeável um tabuleiro.
    - ◊ Polvilhar, despejar a massa e levar para assar em forno quente, durante 5 minutos.
    - ◊ Depois, diminuir a temperatura e deixar no forno até assar completamente.
  - □ Ingredientes do glacê
    - ◊ 2 colheres de sopa de chocolate ou cacau em pó
    - ◊ 2 xícaras de açúcar
    - ◊ 2 colheres de sopa de leite
  - □ Modo de preparo

◊ Misturar os ingredientes.

◊ Espalhar sobre o pão já assado.

◊ Levar novamente ao forno só para secar.

◊ Sugestão: cortar os pães em formato de coração ou redondos e confeitar com castanha-de-caju.

- Pão de trigo bulgur

□ Ingredientes

◊ 1 colher de sopa de fermento granulado ou 2 tabletes de fermento Fleischmann

◊ 3/4 de xícara de água morna

◊ 1 xícara de trigo bulgur seco

◊ 4 1/2 xícaras de farinha de trigo

◊ 2 colheres de sopa bem cheias de óleo

◊ 2 colheres de sopa rasas de tahine

◊ 2 colheres de sopa de açúcar mascavo

◊ 1 colher de chá de sal

◊ 1/2 xícara de leite de soja ou água morna

□ Modo de preparo

◊ Deixar o trigo bulgur de molho em duas xícaras de água uma noite.

◊ Pela manhã, espremer bem o trigo com as mãos e, se desejar, pode usar essa água para fazer o pão.

◊ Dissolver o fermento e o açúcar na 1/2 xícara de água morna e deixar crescer tampado por 10 minutos.

◊ Em separado, misturar a farinha de trigo, o trigo espremido, o sal e o açúcar.

◊ Adicionar o óleo e o tahine.

◊ Fazer uma cova no centro e ali juntar o fermento crescido.

◊ Misturar um pouco e juntar a segunda quantidade de água ou leite.

◊ Se desejar, acrescentar 1 ovo.

◊ Misturar tudo, amassar com as mãos em uma mesa enfarinhada, sovando bem por uns 10 minutos.

◊ Colocar a massa numa bacia untada com azeite, que deverá ficar num lugar coberto para levedar.

◊ Quando aumentar o volume, cortar em pedaços, colocar em formas previamente untadas e deixar crescer outra vez.

◊ Levar ao forno bem quente e assar por meia hora.

- Pão de batata

□ Ingredientes

◊ 1 colher de sopa de fermento granulado ou 1 tablete de fermento Fleischmann

◊ 1 1/2 xícara de água morna

◊ 1 colher de sopa de açúcar mascavo

◊ 2 colheres de sopa de óleo

◊ 2 colheres de chá de sal

◊ 2 xícaras de purê de batata (pode ser cará, mandioquinha ou batata-doce)

◊ 4 xícaras de farinha de trigo branca ou integral

□ Modo de preparo

◊ Cozinhar as batatas com casca.

◊ Depois, descascar as batatas e passar no espremedor de batatas.

◊ Separar a medida do purê de batatas e reservar.

◊ Dissolver o fermento na água morna.

◊ Misturar o óleo e o sal ao purê de batata.

◊ Juntar o fermento, a metade da farinha e bater bem.

◊ Acrescentar o restante da farinha e amassar por 8 minutos.

◊ Colocar numa vasilha untada, cobrir e deixar até dobrar o volume.

◊ Amassar por mais 1 minuto.

◊ Formar 2 pães, os colocar em formas untadas e em locais mornos por 1 hora.

◊ Deixar os pães crescerem cobertos.

◊ Assar em forno quente por 50 a 60 minutos.

- Pão de minuto de maçã

  □ Ingredientes

  ◊ 1/4 de xícara de óleo

  ◊ 1/2 xícara de leite

  ◊ 2 xícaras de farinha de trigo branca ou integral

  ◊ 1/4 de xícara de açúcar mascavo

  ◊ sal

  ◊ 3 colheres de chá de fermento

  ◊ 1/2 colher de chá de canela em pó

  ◊ 2 xícaras de maçã raladas com casca (só use a casca se souber que é orgânica)

  □ Ingredientes da farofinha

  ◊ 1/3 de xícara de açúcar mascavo

  ◊ 1/3 de xícara de castanha-de-caju picada

  ◊ 1/2 colher de chá de canela em pó

- Modo de preparo
  - ◊ Derramar o óleo no leite.
  - ◊ Peneirar juntos a farinha, o açúcar (se for do açúcar mais soltinho), o fermento e a canela.
  - ◊ Juntar as maçãs cruas raladas com ou sem a casca (tal como o dito acima).
  - ◊ Misturar somente até a farinha ficar umedecida.
  - ◊ Encher 2/3 com essa massa as forminhas (tipo de empadinhas), untadas previamente.
  - ◊ Caso as forminhas sejam individuais, colocá-las dentro de uma assadeira.
  - ◊ Em uma tigela separada, misturar os ingredientes da farofa.
  - ◊ Salpicar sobre a massa a farofa.
  - ◊ Assar os pães em forno quente, por 25 a 30 minutos.
  - ◊ Os pães podem ser conservados em uma lata bem fechada.

• Pão integral ou de centeio

- Ingredientes
  - ◊ 1 colher de sopa bem cheia de fermento seco granulado ou 2 tabletes de fermento Fleischmann
  - ◊ 1 xícara de água morna
  - ◊ 4 xícaras de farinha integral ou de centeio
  - ◊ 1 colher de sopa de sal
  - ◊ 2 colheres de sopa de açúcar mascavo
  - ◊ 1/4 de xícara de óleo
  - ◊ 1 1/4 de xícara de água morna
- Modo de preparo

◊ Dissolver o fermento na primeira quantidade de água morna assinalada nos ingredientes com 1 colher de sopa de açúcar mascavo.

◊ Deixar o fermento descansando, tampado, por 10 minutos.

◊ Em separado, misturar a farinha, o sal e o açúcar.

◊ Juntar o óleo.

◊ Fazer uma covinha no centro e colocar aí o fermento crescido.

◊ Misturar um pouco e acrescentar a segunda quantidade de água morna descrita nos ingredientes.

◊ Misturar bem, amassando com as mãos e sovando sobre uma superfície enfarinhada durante uns 10 minutos.

◊ Caso a massa fique muito mole, acrescentar mais farinha.

◊ Colocar a massa numa vasilha própria, untada e coberta em um local morno e livre de vento.

◊ Deixar a massa crescer até dobrar seu volume, por cerca de 2 horas.

◊ Abaixar a massa com o punho e amassar novamente.

◊ Na vasilha onde a massa está, deixar crescer novamente até dobrar o volume, o que levará menos tempo agora. Lembrar de deixar coberto e num lugar morno.

◊ Feito isso, levar a massa de novo à superfície enfarinhada, para amassá-la outra vez.

◊ Trabalhar a massa por mais alguns minutos.

◊ Depois disso, formar os pães do tamanho que desejar.

◊ Colocar os pães em formas untadas e os pincelar com óleo.

◊ Cobrir com um pano de prato limpo e deixar crescer por 50 a 60 minutos.

◊ Assar em forno quente por cerca de 1 hora, ou até ficar bem dourado.

◊ Ao colocar no forno, uma forma não deve tocar na outra, pois precisa haver circulação de ar para que os pães assem melhor.

◊ Depois de assados, desenformar e colocar os pães sobre um pano de prato para esfriar um pouco.

• Pão integral ou de centeio, rápido

□ Ingredientes

◊ 1 1/4 de xícara de água morna

◊ 1 tablete de fermento Fleischmann

◊ 1 de xícara de óleo

◊ 2 colheres de chá de sal grosso

◊ 2 colheres de sopa de açúcar mascavo

◊ 2 xícaras de farinha integral ou de centeio

□ Modo de preparo

◊ Misturar todos os ingredientes, deixando parte da farinha reservada.

◊ Bater na batedeira por algum tempo e, então, acrescentar o restante da farinha.

◊ Misturar agora com a colher de pau até ficar uma massa uniforme.

◊ Cobrir a massa com um pano e colocá-la num lugar morno.

◊ Deixar crescer por 2 horas.

◊ Formar os pães e colocá-los em formas untadas.

◊ Deixar crescer por mais meia hora com um pano de prato limpo sobre as formas.

◊ Assar em forno quente por cerca de 1 hora, ou até ficar bem dourado.

◊ Ao colocar no forno, uma forma não deve tocar na outra, pois precisa haver circulação de ar para que os pães assem melhor.

◊ Depois de assados, desenformar e colocar os pães sobre um pano de prato para esfriar um pouco.

- Pão de araruta (sem fermento)

□ Ingredientes

◊ 1/2 kg de farinha de trigo

◊ 300 g de araruta

◊ sal

◊ 1/2 xícara de água

□ Modo de preparo

◊ Misturar a farinha de trigo, o sal e a água no dia anterior.

◊ No dia seguinte, misturar a araruta e deixar descansar por 2 horas antes de levar ao forno.

◊ Formar pãezinhos ou um único pão, como quiser.

◊ Colocar em formas untadas.

◊ Assar em forno quente até ficar bem dourado.

- Pãezinhos de aveia

□ Ingredientes

◊ 1 xícara de aveia em flocos

◊ 1 xícara de coalhada

◊ 1/3 de xícara de manteiga

◊ 1/2 xícara de açúcar mascavo

◊ 1 ovo

◊ 1 xícaras de farinha de trigo

◊ 1 colher de fermento em pó químico

□ Modo de preparo

◊ Deixar de molho por 1 hora a aveia na coalhada.

◊ Misturar a manteiga com o açúcar e o ovo.

◊ Peneirar juntos os ingredientes secos.

◊ Misturar os ingredientes, alternando-os.

◊ Encher forminhas (de empada) untadas até 2/3.

◊ Assar em forno quente por 20 a 25 minutos.

◊ Servir quente.

- Pão rápido de soja

  □ Ingredientes

  ◊ 1 xícara de farinha de soja

  ◊ 1 colher de chá de sal

  ◊ 2 colheres de chá de fermento em pó químico

  ◊ 1 colher de sopa de óleo

  ◊ 2/3 de xícara de água

  ◊ 4 gemas

  ◊ 4 claras em neve

  □ Modo de preparo

  ◊ Misturar bem a farinha, o sal, o fermento, o óleo, a água e as gemas.

  ◊ Sovar bastante a massa.

  ◊ Em seguida, juntar as claras batidas em neve.

  ◊ Colocar em forma untada e assar em forno brando por 30 a 40 minutos.

  ◊ Servir o pão, de preferência, quente ou torrado.

- Pão de massa azeda (eles crescem!)

  □ Ingredientes

◊ farinha integral

◊ água (o quanto baste)

◊ sal

□ Modo de preparo em 3 partes

◊ 1ª) Fazer a massa com farinha de trigo integral e água, tão rala como a massa de panqueca.

◊ Deixar descansar por uma noite, coberta com um pano molhado.

◊ 2ª) De manhã, adicionar mais farinha, até que se possa amassar.

◊ Amassar, dar a forma de pão e deixar descansar durante mais ou menos 4 horas, ou até crescer.

◊ Escolher sempre um local morno para deixar o pão descansar, pois isso ajuda a fermentação e, consequentemente, o crescimento.

◊ 3ª) Colocar o pão no forno alto (forte) para eliminar o cheiro.

◊ Deixar assar durante 2 horas.

Outra ideia:

Colocar a água em que foi cozido macarrão em um vidro e fechar com firmeza. O líquido deve azedar em 3 ou 4 dias. Esse líquido azedo pode ser usado no lugar da água e a massa vai crescer mais rapidamente. Ou usar a sobra de grãos integrais que fermentaram (com cheiro azedo). Isso tornará o pão bastante digestivo.

Bolos

- Bolo de mel (sem ovos)

□ Ingredientes

◊ 3 cravos moídos

◊ 3 xícaras de farinha de trigo

◊ 3 xícaras de açúcar mascavo

◊ 1 colher de sopa de fermento em pó químico

◊ 1/2 colher de chá de sal

◊ 1 xícara de mel

◊ 1 xícara de leite

◊ 2 colheres de sopa de óleo

◊ 1 colher de chá de canela em pó

□ Modo de preparo

◊ Misturar todos os ingredientes secos.

◊ Em separado, misturar o óleo e o mel.

◊ Juntar os ingredientes secos e mexer bem.

◊ Adicionar o leite, vagarosamente.

◊ Bater até se tornar cremoso.

◊ Espalhar numa assadeira untada e assar em forno moderado por uns 35 minutos, ou até dourar.

◊ Depois de frio, cobrir com frutas ou glacê de cacau.

◊ Cortar em pedaços pequenos, retangulares ou losangos.

◊ Pode ser guardado em latas bem fechadas.

- Bolo de cenoura glúten *free*

□ Ingredientes

◊ 2 xícaras de farinha de arroz

◊ 2 xícaras de açúcar demerara

◊ 1 xícara de óleo (usei manteiga de garrafa)

◊ 3 ovos

◊ 3 cenouras médias picadas ou raladas

◊ 1 pitada de sal (usei rosa do Himalaia)

◊ 1 colher de sopa de fermento em pó químico

□ Modo de preparo

◊ Untar a forma com óleo e polvilhar com farinha de arroz e reservar.

◊ Bater no liquidificador a cenoura, o óleo, os ovos e o açúcar até que se torne um creme

◊ Numa vasilha, à parte, misture o sal na farinha de arroz.

◊ Jogue o creme do liquidificador sobre a farinha salgada e vá misturando até que se torne uma massa homogênea.

◊ Acrescente por último o fermento e misture bem.

◊ Despeje a massa na forma espalhando bem e leve ao forno preaquecido; asse em temepratura moderada por cerca de 30 minutos.

- Bolo de cenoura (sem ovos)

□ Ingredientes

◊ 2 xícaras de creme de cenoura (1 kg de cenoura)

◊ 2 xícaras de creme de passas (1 kg de passas de uvas sem caroço)

◊ 1 colher de sopa de óleo de gergelim

◊ 3 xícaras de aveia

◊ 2 1/2 de banchá quente

◊ 1 1/2 de xícara de farinha de trigo

◊ 2 colheres de chá de farinha de trigo fina

◊ 2 colheres de chá de fermento Fleischmann

□ Modo de preparo do creme de cenoura

◊ Cozinhar as cenouras em pouca água.

◊ Escorrer as cenouras e passar no liquidificador.

◊ Reservar.

□ Modo de preparo do creme de passas

◊ Cozinhar as passas em pouca água.

◊ Escorrer as passas e passar no liquidificador.

◊ Reservar.

□ Modo de preparo do fermento

◊ Dissolver o fermento no banchá quente.

□ Modo de preparo do bolo

◊ Bater bem o fermento e misturar tudo, acrescentando cada ingrediente com calma.

◊ Espalhar numa assadeira untada com óleo.

◊ Assar em forno aquecido até dourar.

◊ Depois de frio, cobrir com cenoura ralada ou glacê de cacau.

- **Cobertura simples para bolo** (creme para uma receita)

□ Ingredientes

◊ 3 xícaras de leite

◊ 2 colheres de sopa de amido de milho

◊ 2 gemas

◊ açúcar mascavo a gosto

◊ canela em pó

□ Modo de preparo

◊ Misturar todos os ingredientes.

◊ Levar ao fogo mexendo sempre até engrossar.

◊ Despejar o creme morno/quente sobre o bolo.

◊ Alisar bem o creme em cima do bolo.

◊ Colocar frutas frescas ou secas, castanhas, amendoins ou amêndoas moídas para ornamentar.

- Bolo de mel

  □ Ingredientes

  ◊ 3 xícaras de farinha de trigo integral

  ◊ 1 xícara de mel

  ◊ 1 xícara de tahine

  ◊ 1 1/2 xícara de água

  ◊ 2 colheres de chá de fermento em pó químico

  ◊ 2 ovos

  ◊ 1 pitada de canela em pó

  ◊ 3 cravos amassados

  □ Modo de preparo

  ◊ Peneirar todos os ingredientes secos.

  ◊ Bater, separadamente, as claras em neve.

  ◊ Bater as gemas, o mel e o tahine.

  ◊ Acrescentar aos poucos e alternadamente os ingredientes secos e a água.

  ◊ Quando tudo estiver bem misturado, acrescentar com suavidade e delicadeza as claras em neve.

  ◊ Despejar a massa em uma assadeira pequena untada.

  ◊ Assar em forno aquecido até dourar.

- Bolo de limão (bolo grande, excelente para aniversário, com ovos)

  □ Ingredientes

- ◊ 8 ovos
- ◊ 4 xícaras de açúcar mascavo
- ◊ 2 xícaras de farinha de trigo peneirada
- ◊ 2 xícaras de farinha de trigo integral peneirada
- ◊ Raspa da casca de 2 limões
- ◊ 1 xícara de óleo
- ◊ 2 colheres de sobremesa de fermento químico em pó

□ Modo de preparo

- ◊ Bater as claras em neve e reservar.
- ◊ Bater o açúcar com o óleo.
- ◊ Juntar as gemas, uma a uma, batendo bem.
- ◊ Acrescentar as farinhas e o fermento alternando com o leite.
- ◊ E, por último, adicionar as claras em neve mexendo levemente.
- ◊ Assar em assadeira untada e enfarinhada no forno quente até dourar.
- ◊ Para aniversário, fazer duas receitas e rechear com doce de ameixa, ou doce de maçã, ou cocada. Todos os doces feitos com açúcar mascavo ficarão deliciosos e saudáveis.
- ◊ Cobrir o bolo com merengue cozido.
- ◊ Se desejar, salpicar com castanha-do-pará ralada ou frutas frescas ou secas (já testei com todas e foram todas ótimas experiências).

• Merengue cozido

□ Ingredientes

- ◊ 2 copos de açúcar mascavo ou melado
- ◊ 1 copo de água

◊ 4 claras

◊ raspa de casca de 1 limão

□ Modo de preparo

◊ Fazer uma calda em ponto de fio com o açúcar ou com o melado.

◊ Coar a espuma com a espumadeira.

◊ Bater as gemas, o mel e o tahine.

◊ Na batedeira, bater as claras com a raspa do limão, até o ponto de neve dura.

◊ Despejar a calda quente sobre as claras.

◊ Continuar batendo até esfriar e o glacê não cair da pá da batedeira.

◊ Essa receita dá para cobrir uma receita dobrada do bolo de limão.

Nota: ponto de fio é o que se experimenta molhando o dedo indicador na calda e juntando-se ao polega e ao separá-los, vai formar um fio sem quebrar. Se quebrar, não está no ponto certo.

- Bolo de fubá (I)

□ Ingredientes

◊ 1 xícara de fubá

◊ 1 xícara de farinha de trigo integral peneirada

◊ 1 xícara de melado

◊ 2 xícaras de leite de soja

◊ 3 colheres de sopa de óleo

◊ 2 colheres de chá de fermento (ou 1 colher de café de bicarbonato de sódio)

□ Modo de preparo

◊ Colocar todos os ingredientes secos numa tigela.

◊ Acrescentar os demais ingredientes pouco a pouco.

◊ Misturar tudo muito bem.

◊ Despejar em forma de furo, untada e polvilhada com farinha.

◊ Assar em forno preaquecido até dourar.

- Bolo de fubá (II)

□ Preparar um mingau

□ Ingredientes para o mingau

◊ 2 xícaras de chá de fubá

◊ 2 xícaras de chá de açúcar mascavo

◊ 2 xícaras de chá de leite de soja

◊ 2 colheres de sopa de óleo

◊ 1 colher de chá de erva-doce

◊ 4 cravos-da-índia

◊ 1 canela em pau

◊ 1 pitada de sal

□ Modo de preparo do mingau

◊ Fazer um mingau com todos os ingredientes acima.

◊ Colocar os ingredientes numa panela.

◊ Mexer o tempo todo até cozinhar e desprender da panela, mostrando o fundo.

◊ Deixar esfriar o mingau.

□ Ingredientes para o bolo

◊ 4 ovos

◊ 1 colher de sopa bem cheia de fermento químico em pó

- ◊ 1 xícara de chá de leite
- ◊ 1 pires de queijo parmesão ralado

□ Modo de preparo

- ◊ Separar as claras das gemas.
- ◊ Bater as claras em neve.
- ◊ Acrescentar as gemas às claras e bater mais um pouco.
- ◊ Juntar os ovos ao mingau frio e misturar bem.
- ◊ Dissolver o fermento em pó no leite e juntar o queijo ralado.
- ◊ Adicionar a mistura do leite com fermento e queijo ao mingau.
- ◊ Misturar tudo muito bem, buscando uma massa homogênea.
- ◊ Despejar numa forma furada, untada e enfarinhada.
- ◊ Assar em forno quente até dourar.

• Bolo de fubá (III)

□ Ingredientes

- ◊ 1/2 copo de óleo
- ◊ 150 g de açúcar mascavo
- ◊ 1 ovo galado
- ◊ 120 g de farinha de trigo integral
- ◊ 130 g de fubá bem fino
- ◊ 1 colher de chá de sal grosso
- ◊ 4 colheres de chá de fermento em pó
- ◊ 1 1/2 xícara de leite
- ◊ canela em pó

□ Modo de preparo

◊ Bater o óleo, o açúcar e o ovo.

◊ Peneirar juntos a farinha, o fubá, o sal e o fermento.

◊ Adicionar aos ingredientes secos, alternadamente, a mistura de óleo com o leite.

◊ Mexer bem.

◊ Despejar numa forma de bolo bem untada e polvilhada com farinha a massa batida e polvilhar com canela.

◊ Assar em forno quente durante 35 a 40 minutos.

- Bolo de fubá (IV)

    ☐ Ingredientes

◊ 3 xícaras de fubá

◊ 2 xícaras de farinha de trigo

◊ 2 xícaras de rapadura raspada

◊ 1/2 xícara de óleo

◊ 2 colheres de sobremesa de fermento químico em pó

◊ 1 medida de queijo parmesão ralado (opcional)

◊ Leite até dar o ponto do bolo

◊ Erva-doce

- Modo de preparo

◊ Misturar as farinhas e o açúcar.

◊ Acrescentar o fermento, o óleo, o leite (se desejar, pode usar um pouco de água morna).

◊ Adicionar o queijo (se o usar) e a erva-doce.

◊ Assar em uma forma untada e enfarinhada no forno quente até dourar.

- Bolo de azuki (sem ovos, tipo pudim)
  - □ Ingredientes
    - ◊ 1 prato fundo de feijão-azuki cozido sem sal
    - ◊ 100 g de uvas-passas sem caroço
    - ◊ Farinha de trigo integral na quantidade que dê o ponto
    - ◊ Mel ou açúcar mascavo à vontade (opcional)
    - ◊ Fermento em pó químico (opcional)
    - ◊ 1 maçã fatiada e sem semente
  - □ Modo de preparo
    - ◊ Bater o feijão no liquidificador com as passas.
    - ◊ Acrescentar a farinha de trigo até ficar no ponto de bolo.
    - ◊ Se desejar mais doce, adicionar o mel ou o açúcar mascavo.
    - ◊ Se não gostar de comer fermento químico, não precisa usar. Vai ficar um pouco mais solado, mas ficará bom.
    - ◊ Se desejar um bolo mais leve, adicionar uma colherinha de café rasa de fermento.
    - ◊ Colocar a massa em forma untada com óleo e enfarinhada.
    - ◊ Cobrir com as fatias de maçã e assar em forno quente.
    - ◊ Retirar do forno quando espetar com um palito e este sair seco.
- Bolo de abóbora (sem ovos)
  - □ Ingredientes
    - ◊ 200 g de passas
    - ◊ 1 colher de chá de canela em pó
    - ◊ 1 pitada caprichada de fermento em pó
    - ◊ 200 g de aveia em flocos finos

◊ 100 g de farinha de trigo integral

◊ 1/2 kg de abóbora

□ Modo de preparo

◊ Colocar a abóbora para amolecer no vapor ou banho--maria.

◊ Passar as passas no liquidificador, reservar.

◊ Em seguida, misturar a canela, o fermento, a aveia e a farinha numa panela grande.

◊ Juntar a abóbora amassada ou liquidificada.

◊ Levar ao fogo por 20 minutos.

◊ Colocar em forma untada e assar.

◊ Quando estiver quase pronto, adicionar o creme de passas por cima.

Nota:

1. O fermento Fleischmann pode ser usado em bolos e, nesse caso, deve ser dissolvido em água morna.

2. A água morna nos bolos e pães naturais tem a propriedade de deixá-los grandes e macios.

3. A abóbora e as passas substituem o açúcar.

• Bolo de resíduo de soja com coco

□ Ingredientes

◊ 4 colheres de sopa de óleo

◊ 2 xícaras de açúcar mascavo

◊ 1 xícara de coco-ralado

◊ 1 xícara de resíduo de soja

◊ 3 xícaras de farinha de trigo integral peneirada

◊ 1 1/2 xícara de leite de soja (caso a massa fique muito seca, acrescentar mais leite)

- Modo de preparo
  - Bater o óleo, o açúcar e o coco.
  - Acrescentar a soja quando a mistura anterior estiver homogênea.
  - Em seguida, juntar a farinha e o leite, pouco a pouco.
  - Levar ao forno quente em forma untada e enfarinhada por 20 a 30 minutos.
  - Usar o palito para testar o cozimento.

- Bolo de castanha-portuguesa
  - Ingredientes
    - 1 xícara de chá de farinha de trigo integral peneirada
    - 1/2 colher de sopa de fermento em pó químico
    - 1/2 colher de sopa de sal
    - 2 xícaras de chá de castanhas assadas ou cozidas com a casca (sem a tampa superior)
    - 3/4 de xícara de chá de açúcar mascavo
    - 1/2 xícara de chá de manteiga em temperatura ambiente
    - 1/2 xícara de chá de *maple syrup* ou melaço de cana
    - 2 colheres de sopa de essência de baunilha
    - 3 ovos grandes.
  - Modo de preparo
    - Deixar o forno aquecendo a 180ºC.
    - Untar e enfarinhar uma forma média/pequena
    - Misturar a farinha integral, o fermento e o sal numa vasilha.
    - Picar metade das castanhas bem miudinhas e a outra metade grosseiramente.

◊ Reservar uma xícara de castanhas picadas miudamente.

◊ No liquidificador, juntar: 1 xícara da castanha picada grosseiramente, o açúcar, a manteiga, o *maple syrup* (ou o melado) e a baunilha.

◊ Fechar e bater tudo muito bem.

◊ Ainda batendo, acrescentar 1 ovo de cada vez.

◊ Detalhe, bater cada ovo até que se agregue à massa, antes de adicionar o outro.

◊ Juntar à mistura a farinha de trigo. Caso esteja difícil, prosseguir no liquidificador, bater numa tigela a partir desse ponto.

◊ Em seguida acrescentar meia xícara das castanhas picadinhas.

◊ Se desejar mais docinho, misturar 1 colher de açúcar mascavo à outra metade das castanhas picadinhas.

◊ Despejar a massa batida de forma a ficar homogênea na forma untada.

◊ Sobre a massa espalhar a meia xícara de castanhas picadinhas (com ou sem o açúcar).

◊ Assar cerca de 25 a 30 minutos até o bolo dourar.

◊ Desenformar depois de esfriar.

Nota importante: o fermento deve ser evitado. Mesmo que nos pães e bolos deste livro os fermentos sejam parte dos ingredientes, eles devem ser evitados. Quanto menos o ingerirmos, mais saudáveis seremos!

Nossos rins não recebem bem o fermento químico. Isso pode gerar pedras neles. Já comentamos no livro sobre alimentos mortos e, fermento químico se inclui neles.

Muito fermento, inclusive o biológico (Fleischmann, granulado ou em tabletes), altera nosso corpo, provocando gases desagradáveis e acidez no estômago.

O bicarbonato de sódio é mais natural e não é tão prejudicial por também existir no organismo. Mas, ainda assim, é importante comê-lo o mínimo possível.

Podemos fazer experiências alimentares, retirando ou transformando as receitas. Os fermentos químicos podem ser trocados pelo bicarbonato de sódio na metade da quantidade indicada para o fermento químico em pó. E o fermento biológico pode ser deixado para levedar e nenhum fermento ser usado.

A finalidade das receitas do livro com fermento é de incluir pessoas. Adultos e crianças gostam de bolo e de pão, seria rígido demais retirá-los de vez da alimentação. O sábio é não reprimir, mas sim reeducar, passo a passo, para não haver vacilos, cansaço ou desejos não satisfeitos.

Estágios da Vida que Merecem Atenção

Gestação

- Comidas cruas, se possível, uma percentagem diariamente. Há crudíveros que usam 100% da dieta crua durante a gravidez.
- Evitar massas e açúcares em excesso.
- Fugir de alimentos quimicamente processados, que deixam resíduos.
- Tomar banhos frios durante esse período predispõe o corpo a um parto consciente e atento.
- Procurar sempre estar ativa, gravidez não é doença!
- Caminhada, ginástica adequada e dança apropriada.

Yoga

Exercícios indispensáveis recomendáveis:

- 1. Bolas de ginástica (que devem ser da altura da perna, do chão até o joelho).

Sentar na bola massageia o períneo. O movimento deve ser realizado da seguinte maneira:

- círculos nos dois sentidos;
- a forma do oito (horizontais e verticais);
- de um lado ao outro; e
- para frente e para trás.

- 2. Borboleta

Sentar-se com as pernas dobradas, mantendo os pés unidos pelas laterais externas e os joelhos dobrados, soltos para as laterais, o mais perto do chão possível. A coluna vertebral fica ereta, e as mãos seguram os pés ou os tornozelos. Nessa posição, balançar as pernas para cima e para baixo, como as asas da borboleta, querendo chegar os joelhos o mais perto possível do solo. Isso aumentará a flexibilidade dos quadris.

- 3. Andar em ritmos diversos

Isso dará ritmo, energia e agilidade.

- 4. Nadar

Além dos benefícios físicos, do exercício livre de impactos e pesos, dará identidade com o bebê que está no ventre, em água.

- 5. Gato ou marjaryasana

Na posição de quatro apoios, que melhora a postura da gestante e reduz as dores lombares:

> Expirar contraindo o diafragma, levando o queixo no peito, a pélvis na direção do umbigo e arredondando a coluna vertebral para cima.
>
> Inspirar realizando o movimento oposto, erguendo o queixo, estendendo o pescoço, abrindo o peito, arrebitando os quadris e arredondando a coluna para baixo.

- 6. Árvore ou vriksasana

Posição "yogue" de equilíbrio psíquico emocional para acalmar, dar concentração e foco:

> Pose da Montanha — juntar os pés com os dedões tocando um no outro e os calcanhares ligeiramente separados (observar se as laterais externas dos pés estão paralelas).

Dividir o peso sobre os dois pés e focar o olhar num ponto central à frente.

Fechar os olhos sentindo o corpo. Haverá um leve cambalear, que deve durar alguns segundos, até o corpo centrar e firmar.

Abrir os olhos, voltando a focar num só ponto e juntar as palmas das mãos no peito.

Passar todo o peso para o pé esquerdo, erguendo o direito do piso.

Pegar o pé direito com as mãos e levar até a virilha ou em qualquer altura da parte interna da perna esquerda. O quadril deve abrir, e o joelho direito deve ficar bem na lateral.

Retornar as mãos à frente do peito e manter o equilíbrio.

Permanecer até 1 minuto.

Manter a pose respirando conscientemente.

Repetir do outro lado desde o primeiro passo.

- 7. Bhastrika, respiração do fole ou "cachorrinho"

Ideal para preparar a gestante para o parto.

Inspirar e expirar rapidamente, projetando o diafragma para cima ao expirar, e para baixo ao inspirar.

Fazer inicialmente 3 séries de 11 respirações sucessivas em cada uma delas.

Essa respiração vai ajudar no momento das contrações. Estando o bebê encaixado, isso ajuda a encontrar a saída.

- 8. Nadi Shodhan Pranayama, respiração polarizada – essa respiração está descrita na explicação de bons complementos para uma boa dieta.

- 9. Yoganidra, sonho do yogue, relaxamento total, bom antes de dormir, ao acordar ou a qualquer momento do dia que houver estresse e excitação demais.

Velhice

Comidas de fácil digestão.

Diminuir a quantidade e cuidar da qualidade dos alimentos.

Evitar ser glutão.

Fugir do álcool e do fumo.

Praticar Yoga, pranayamas, meditações e caminhadas.

Jejuns periódicos.

Procurar ter uma vida ativa, nunca aderindo ao sedentarismo.

Higienizar pensamentos lembrando sempre dos momentos mais felizes.

O primeiro ano de vida

Leite materno é o melhor alimento quando possível.

Há quem diga que, ao primeiro dente nascer, o bebê deve parar de mamar no peito. Outros já comentam que quanto mais o bebê mamar no peito, melhor. Amamentar é bom para a mulher que tem vontade e pode amamentar. Não precisa ser uma obrigação, mas algo fácil, alegre e bom.

Quando não há leite materno, existem outros leites vegetais, além dos de origem animal. Desde que haja boa aceitação.

- Creme de arroz integral:

  Cozinhar 1 porção de arroz em 4 porções de água, por 4 horas, em fogo baixo.

  Retirar do fogo, esfriar um pouco e passar numa peneira fina.

  Testar a temperatura e dar para o bebê.

As frutas podem ser dadas a partir do 5 ou 6 meses.

Quanto mais o nenê ficar no piso, mais agilidade vai ter para engatinhar e desenvolver seu aprendizado motor.

Chás bons para os bebês são os de camomila e erva-doce.

Banhos de sol diários e cedinho são importantes.

Banhos quase frios ou frios no Brasil são recomendáveis.

Alguns exercícios para os nenês:

> Segurar os pés, flexionar e estender os joelhos sobre a barriguinha (vai ajudar a eliminar os gases). Respirar fundo, soltar o nenê e repetir. Tudo deve ser feito com gentileza e atenção para que o exercício seja agradável e eficiente.

Pegar as mãos do bebê, esticar suavemente os bracinhos à frente e elevar ao lado das orelhas. Voltar, descansar e, se estiver tudo bem, repetir.

Segurando os pulsos do bebê, cruzar os bracinhos e abrir sucessivamente.

Todos esses movimentos devem ser feitos com muita atenção e muito carinho. Manter o contato visual é fundamental. O bebê deverá expressar satisfação para que se prossiga realizando os exercícios. Nenhum movimento deve ser forçado. Se o músculo do bebê demonstrar reação contrária ao movimento, é bom parar.

Shantalla ou tuiná ou zen shiatsu para bebês é aconselhável, saudável e fortemente indicado.

Complementos de uma boa dieta

- Jejum

Jejuns periódicos limpam e purificam, sendo boa ajuda para o autoconhecimento e para o encontro de si mesmo.

É necessário se preparar para iniciar e terminar um jejum.

A preparação consta da diminuição da quantidade de alimentos.

Para a purificação, diminuir a quantidade de alimentos e realizar jejuns periódicos, constantes e sucessivos (meio dia, um dia, dois dias etc.).

Buscar orientação profissional segura, médico naturista, acupunturista, nutricionista, nutrólogo ao menor sinal de dúvida e interesse integral.

O jejum purificador deve vir acompanhado de Yoga, relaxamentos, meditações, pranayamas, água e banhos de sol.

Ao sair do jejum, cuidar para não comer demais e cair para o outro extremo.

Apelos, meditações e mantras

Apelos são orações. Mas é um termo usado em contextos mais espiritualistas do que religiosos. Conhecer orações chamadas de apelos fizeram muita diferença na minha vida. Eles me ajudaram a ir mais profundo dentro de mim mesma, sentindo e sendo cada palavra.

Tudo é energia neste universo e com certeza nos universos paralelos. Concentrar energia e realizar qualquer coisa é um milagre divino.

No *Dieta Para Mudar Sua Vida*, edição atualizada, vamos convidar vocês a conhecer e praticar apelos, meditações e mantras que ajudam, tanto quanto comida, a dar força, leveza, alegria, clareza e foco para a vida.

Bênção do Alimento

Bem-amado Santo Ser Crístico

Eu Sou em meu coração

Eu Vos amo e Vos adoro

Apelo a Vós:

Seja este alimento

A Vossa substância

Que sustenta nosso corpo

E que, juntamente com ele

Recebamos o sustento

De nossas almas;

Nós vos damos graças

Pelo alimento que nos dais agora.

Assim Seja!

A gratidão cura; se quando um mal nos atingir, em vez de maldizermos, agradecermos, logo tudo vai melhorar. É só fazer uma experiência! O agradecer nos alivia, alegra, dá paz e compreensão real da vida.

Gratidão

Gratidão! Gratidão! Gratidão para Vós!

Gratos pela vida eterna!

Feliz agora! Ocupado agora!

Servindo livre a vida!

Grato! Grato! Grato!

Pela oportunidade

Gratidão! Gratidão! Gratidão para Vós!

Desejando que Vossa vontade

Seja feita eternamente

Assim seja!

Eu Sou luz!

O próximo apelo elimina nossos carmas e nos alivia das tensões, evitando que aqueles que, porventura, magoamos, permaneçam ressentidos. A lei do perdão atua igualmente no justo e no injusto.

Lei do Perdão

Eu Sou a Lei do Perdão

E da Chama Transformadora

De todo erro que cometi

(visualizar, aqui, as pessoas com quem estamos em atrito, envolvendo-as com a purificadora Luz Violeta e repetir três vezes esse apelo)

Eu Sou a Lei do Perdão

E da Chama Transformadora

De todo erro da humanidade

(envolver a Terra e seus habitantes na Luz Violeta)

Apelo à Tocha da Chama Violeta – com visualização e expressão corporal

Em nome da Bem-Amada Presença Divina EU SOU, apelo por Vós, Bem-Amado Saint Germain: neste momento, visualizo uma tocha de Chama Violeta (levantar a mão direita como segurando a tocha), esta é a que purifica a todos e a tudo...

Agora, eu deposito esta Tocha de Chama Violeta aqui no solo (fazer o gesto). Avivo com minha respiração o poder da atividade da Chama expandindo-se, expandindo-se, abrangendo, purificando e curando a tudo e a todos...

Entro agora no centro desta Chama Violeta (colocar-se) e sinto esta Chama penetrando-me completamente e purificando todos os meus corpos inferiores (físico, etérico, emocional e mental), célula por célula, molécula por molécula, átomo por átomo...

Sinto também esta Chama Violeta transmutando todos os meus carmas de vidas passadas e vida presente, curando-me de toda doença ou deficiência, renovando-me completamente, tornando-me, assim, uma nova criatura em Cristo...

Agora eu retomo esta Tocha de Chama Violeta (fazer o gesto) e, em nome de Saint Germain, eu a lanço ao Universo (fazer o gesto) para que sejam purificados todos os carmas de vidas passadas e vida presente da humanidade em geral e sejam curadas todas as suas doenças e deficiências, de modo que em todo lugar e em toda parte haja perfeição, paz, sabedoria, santidade, amor, pureza e sanidade.

Assim Seja, eu Vos agradeço,

Eu Sou Luz!

Mantras yogues

"OM" — Mantra universal usado para iniciar encontros, aulas, reuniões, sessões etc. É o som do vazio, da mente silenciada e é relativo ao chakra frontal, "Ajña", o terceiro olho. Pode ser cantado apenas uma vez ou repetido 3, 108, 1.296 (108 x 12) o dia todo. Há monastérios em que ele é entoado no dia a dia sem interrupção; os monges vão revezando a tarefa do mantra.

Shanti, mantra da paz. Ao final da aula ou das sessões e reuniões

Om Shanti, Shanti, Shanti

Gayatri Mantra, mantra da Terra. É uma oração que objetiva proteger qualquer um.

Om bhur bhuvaha svaha,

Tat savitur varenyam

Bhargo devasya dhimahi

Dhiyo yonah prachodayat

Lord Ganesha, mantra para remover medos, obstáculos e atrair prosperidade, compaixão e graças.

Om gam ganapataye namaha,

Om gam ganapataye namaha...

Panchakshari Shiva Mantra. Mantra para Shiva, a terceira pessoa da divindade hindu. Cantado 108 vezes, durante 21 dias, ajuda a purificar o corpo.

Om Namah Shivaya (108 vezes)

Mantra indiano para prosperidade, também é para Ganesha

Om shri gam (108 vezes)

Mantra para a abundância, de Louise Hay

Com os braços abertos para o céu, em forma de cálice, diga:

"Eu abro meus braços a todo bem e toda abundância (incluo por minha conta: amor, saúde, prosperidade...)"

Mantra da Mestra Nada

"Eu Sou Luz, Você É Luz, Nós Somos Um"!

Ho'oponopono

Ho'oponopono é a filosofia Kahuna do Havaí de efeitos milagrosos e quase imediatos. Ela ensina que cada um é responsável por absolutamente tudo que passa por sua percepção consciente. Tudo que existe e já existiu está registrado na memória, nos registros "akashikos" (registro de todas as experiências vividas por cada célula de nosso ser ao longo dos tempos). Não se trata de culpa, mas de responsabilidade libertadora. Suas quatro frases mágicas libertam e trazem tudo em ordem. A oração principal do Ho'oponopono é higienizadora, pode limpar até quatro gerações antes da nossa.

Oração Ho'oponopono

"Divino Criador, pai, mãe, filho – todos em um.

Se eu, minha família, parentes e antepassados ofendemos Sua família, parentes e antepassados, em pensamentos, fatos ou ações, desde o início de nossa criação até o presente, nós pedimos o Seu perdão.
Deixe que isto se limpe, purifique, libere e corte todas as memórias, bloqueios, energias e vibrações negativas.
Transmute essas energias indesejáveis em pura Luz.
E assim é.

Para limpar o meu subconsciente de toda a carga emocional armazenada nele, digo uma e outra vez durante o meu dia as palavras-chave do Ho'oponopono.

Eu Sinto Muito, Me Perdoe, Eu Te Amo, Sou Grata.

Declaro-me em paz com todas as pessoas da Terra e com quem tenho dívidas pendentes. Por esse instante e em seu tempo, por tudo o que não me agrada de minha vida presente.

Eu Sinto Muito, Me Perdoe, Eu Te Amo, Sou Grata.

Eu libero todos aqueles de quem eu acredito estar recebendo danos e maus-tratos, porque simplesmente me devolvem o que eu fiz a eles antes, em alguma vida passada.

Eu Sinto Muito, Me Perdoe, Eu Te Amo, Sou Grata.

Ainda que me seja difícil perdoar alguém, sou eu quem pede perdão a esse alguém agora, por este instante, em todo o tempo, por tudo o que não me agrada em minha vida presente.

Eu Sinto Muito, Me Perdoe, Eu Te Amo, Sou Grata.

Por este espaço sagrado que habito dia a dia e com o qual não me sinto confortável.

Eu Sinto Muito, Me Perdoe, Eu Te Amo, Sou Grata.

Pelas difíceis relações das quais guardo somente lembranças ruins.

Eu Sinto Muito, Me Perdoe, Eu Te Amo, Sou Grata.

Por tudo o que não me agrada na minha vida presente, na minha vida passada, no meu trabalho e o que está ao meu redor, Divindade, limpa em mim o que está contribuindo com minha escassez.

Eu Sinto Muito, Me Perdoe, Eu Te Amo, Sou Grata.

Se meu corpo físico experimenta ansiedade preocupação, culpa, medo, tristeza, dor, pronuncio e penso: 'minhas memórias, eu te amo! Estou agradecida pela oportunidade de libertar vocês e a mim.'

Eu Sinto Muito, Me Perdoe, Eu Te Amo, Sou Grata.

Neste momento, afirmo que TE AMO. Penso na minha saúde emocional e na de todos os meus seres amados...
TE AMO.

Para minhas necessidades e para aprender a esperar sem ansiedade, sem medo, reconheço as minhas memórias aqui neste momento.

Eu Sinto Muito, Te Amo.

Minha contribuição para a cura da Terra:

'Amada Mãe Terra, que é quem Eu Sou...

Se eu, a minha família, os meus parentes e antepassados te maltratamos com pensamentos, palavras, fatos e ações desde o início da criação até o presente, eu peço o Teu perdão deixa que isso se limpe e purifique, libere e corte todas as memórias, bloqueios, energias e vibrações negativas, transmute estas energias indesejáveis em pura LUZ e assim é.'

Para concluir, digo que esta oração é minha porta, minha contribuição à tua saúde emocional, que é a mesma minha, então, esteja bem. E na medida em que você vai se curando eu te digo:

Eu sinto muito pelas memórias de dor que compartilho com você.

Te peço perdão por unir meu caminho ao seu para a cura.

Te agradeço por estar aqui para mim...

E Te Amo por ser quem você é."

Ho'oponopono – Oração Resumida

"Divino Criador, pai, mãe, filho – todos em um.

Se eu, minha família, meus parentes e antepassados ofendemos Sua família, parentes e antepassados em pensamentos, fatos ou ações, desde o início de nossa criação até o presente, nós pedimos o Seu perdão. Deixe que isto se limpe, purifique, libere e corte todas as memórias, bloqueios, energias e vibrações negativas. Transmute essas energias indesejáveis em pura Luz. E assim é.

Para limpar o meu subconsciente de toda a carga emocional armazenada nele, digo uma e outra vez durante o meu dia as palavras-chave do Ho'oponopono.

Eu Sinto Muito, Me Perdoe, Eu Te Amo, Sou Grata.

Barra de Access

- Mantra varinha mágica do "Barra de access"

  "Tudo na vida vem a mim com facilidade, alegria e glória!". Repetir 10 vezes e sempre que sentir vontade.

Yoga

Essa filosofia milenar indiana declarada Patrimônio Imaterial da Humanidade pela ONU, em 2016, é uma prática atemporal que transforma vidas, gerando paz e saúde a tudo e a todos. O Yoga cura, aumenta a autoestima, promove qualidade de vida, inteireza, purificação, alinhamento e muito contentamento.

Ele traz reencontro, unificação e equilíbrio psicoemocional. Os Pranayamas (exercícios respiratórios) promovem oxigenação geral e, combinados com certos exercícios, oxigenam o cérebro, promovem domínio das emoções e dos pensamentos. Além disso tudo, dá concentração e limpeza dos nadis (canais de energia prânica. Eles ligam os chakras e aos pontos de energia).

Pranayama *Nadi Shodhana,* ou Pranayama polarizado e ritmado – exercício respiratório para adquirir paz, equilíbrio e purificação. Essa prática limpa os nadis, dá uma excelente introdução ao estado de meditação profunda e, realizada com regularidade, amplia a consciência. Execução:

Sentar-se com a coluna ereta e os olhos fechados.

Tampar a narina direita e inspirar pela esquerda, contando, mentalmente, até quatro.

Fechar as duas narinas, prendendo o ar. Contar até seis (pode ir até 16).

Tampar a narina esquerda e expirar pela direita, contando até oito.

Contar até quatro com os pulmões vazios.

Com a narina esquerda tampada, inspirar pela direita contando até quatro.

Fechar as duas narinas, prendendo o ar. Contar até seis.

Tampar a narina direita e expirar pela esquerda, contando até oito.

Repetir 3, 5, 7 ou 9 vezes.

Caso haja desconforto na execução, realizar o exercício com um ritmo pessoal natural e confortável.

- Tartaruga – postura para eliminar a tensão dos ombros

Sentar-se com a coluna ereta.

Contrair os ombros para cima e o pescoço para baixo, soltando o ar.

Relaxar respirando.

Fazer três vezes seguidas.

- Invertida – há várias poses invertidas e são todas excelentes e trazem resultados fantásticos. Todas são rejuvenescedoras, relaxam os órgãos, oxigenam o cérebro, ativam e ajudam a circulação de retorno e evitam as varizes. Essa pose também vai eliminar a prisão de ventre, as infecções genitais e vai trazer saúde para a tireoide. Contudo, devem ser feitas com muita cautela e, se houver hipertensão não é recomendado praticá-las sem ajuda profissional. É importante iniciar da maneira mais fácil para chegar nas paradas de mãos e invertidas mais difíceis. A invertida mais simples é a Viparita Karani, a pose da foice, na parede e fora dela.

- Viparita Karani na parede

Colocar o yoga mat perpendicularmente, encostado na parede.

Deitar com o quadril encostado na parede.

Elevar as pernas para cima e apoiar na parede.

Permanecer enquanto estiver confortável.

- Viparita Karani

Relaxar o corpo no yoga mat.

Unir os pés e elevar as pernas e os quadris.

Apoiar as nádegas nas mãos, com os braços e cotovelos apoiados no chão.

O corpo deve ficar no formato de uma foice.

Manter a pose enquanto estiver confortável.

Aos poucos, a pose vai se tornando mais fácil e se pode demorar mais tempo nela ou ir adiante para um acompanhamento profissional e para a execução de invertidas mais complexas.

Depois de descer e relaxar, sentir o corpo renovando, o sangue circulando vigorosamente.

Sentir dores nas costas, após a execução, no início, é comum. Nesse caso, relaxar, mentalizando o local afetado e respirar bem para oxigenar essa área do corpo. A cada expiração, a dor vai dissipando mais e mais.

Essa pose só deve ser feita uma vez em cada prática.

- Matsyasana, pose do peixe, é a compensação da invertida sobre os ombros. Posição boa para perder a gula, regular o funcionamento da tireoide, intestinos e fortalecer o músculo abdominal.

Deitar de costas com as pernas estendidas.

Levar as mãos sob os glúteos de modo que os ombros fiquem arredondados e o peito mais aberto.

Apertar os cotovelos no piso erguendo o peito, deixando o topo da cabeça apoiado no solo e a parte anterior do corpo bem estendida (tudo que se contraiu na invertida, nessa pose se estende).

Nessa pose se deve ficar menos tempo do que na invertida.

Essa também não deve ser repetida.

- Yoga Nidra, relaxamento, executado na postura de relaxamento chamada Shavásana

Deitar em Shavásana, de costas, num tapete de Yoga, com os braços ao longo do corpo, as palmas voltadas para cima e os pés afastados pendendo para os lados.

Alinhar bem a cabeça com o centro dos pés.

Soltar completamente o peso do corpo sobre o chão.

Respirar profundamente sentindo se ao longo do corpo existe algum foco de tensão. Caso haja, respirar focando a consciência no ponto tenso e procurar soltá-lo na expiração.

Assistir ao corpo respirando, sem interferir, só assistindo.

Sentir a temperatura do ar entrando e saindo.

Observar o movimento do abdômen na respiração.

Passear pelo corpo, relaxando parte por parte.

Um relaxamento de 20 minutos bem-feito equivale a uma noite de 8 horas bem dormida.

- Expressão Corporal, Biodança, Bioenergética

Todos os complementos acima dão resultados satisfatórios quando feitos com disciplina. Uma academia, geralmente, convida seus alunos a manter constância. Outro ponto positivo das academias é o momento social que acaba contribuindo para o resultado, que é o corpo trabalhado em prol de mais saúde.

Mas nem todos gostam do som, da malhação e preferem algo mais zen.

As práticas acima são dinâmicas, holísticas, saudáveis e visam não apenas ao corpo, também tratam traumas, promovem autoconhecimento e maior desenvoltura.

Quem pratica essas técnicas terapêuticas e executa as práticas com prazer, essa disciplina é uma satisfação e não um fardo.

Há laboratórios de criatividade de eliminação de couraças energéticas e desenvoltura do corpo em ação. Vou ensinar apenas um laboratório que poderá ser feito sempre. É bom deixar uma música instrumental ou clássica ou *new age* de fundo.

Relaxar profundamente ao som da música agradável de fundo.

Quando se acalmar totalmente, deixar o som penetrar em seu interior.

Ao sentir o som, permitir que o corpo expresse o som com movimentos.

Evitar se reprimir, pensar, julgar ou criticar; deixar os sentimentos fluírem.

Soltar-se nas notas musicais, fazendo qualquer coisa que der vontade: encolher-se, esticar-se, mexer os dedos, pular, girar, gritar, girar a cabeça, enfim, a intenção é se soltar!

Para que essa sincronia aconteça, é preciso que a música seja pura, harmoniosa, alegre e profunda!

Nas repetições dessa atividade, criar situações, tais como chuva caindo, sol brilhando, mar agitado ou a calmaria de um entardecer na praia, uma criança nascendo, um extraterrestre de um planeta de gravidade diferente etc. Usar e abusar da criatividade, deixar a imaginação livre para que o autoconhecimento flua.

Nas primeiras vezes, pode não acontecer nada, todos os movimentos podem ficar bloqueados, mas, depois, tudo será diferente.

Dança ou ballet

A técnica de ambos é rigorosa e necessária. Para que se mantenha uma postura correta e firme, são fundamentais os seguintes pontos:

> A coluna deverá estar totalmente ereta e sustentando o corpo todo alongado, como se a pessoa estivesse crescendo.
>
> A barriga deve estar na sua cavidade natural, "presa" e firme.
>
> As nádegas também devem estar "presas", sustentadas com a musculatura do períneo contraída e os quadris encaixados no lugar certo, sem provocar um arrebite na coluna sacral.

Como saber se estamos com essas formas perfeitas? Existe uma posição que poderá nos responder a essa pergunta, além de corrigir essas posições:

> Deitar-se de costas no piso com os joelhos flexionados e os pés apoiados perto das nádegas.
>
> Deixar as mãos sobre o abdômen, os olhos fechados e a coluna completamente apoiada no solo.

Estender a perna direita devagar com os pés tocando no chão, sem desencostar as costas do piso (não deixar passar nem ar entre o chão e as costas) e voltar.

Repetir o movimento com a perna esquerda. E fazer com as duas pernas ao mesmo tempo.

Agora, em pé, manter a coluna ereta, o quadril encaixado, a barriga e as nádegas contraídos. Virar os pés para os lados em *en dehors* e voltar com os pés para o centro, em *en dedans*. Repetir várias vezes o exercício. Esse movimento vai fortalecer os músculos das nádegas, pernas e do períneo.

- *Demi-plié*

Com as pernas *en dehors*, sentir todo o pé no chão e o resto do corpo encaixado, ereto para cima.

Flexionar os joelhos sem arrebitar os quadris.

Os joelhos devem seguir a linha do segundo dedo do pé e não caírem para frente.

Sem retirar os calcanhares do piso, ir até onde for possível e voltar.

- *Grand-plié*

Ir ao ponto anterior, descer até mais baixo, retirando os calcanhares do piso sem desencaixar.

E, depois, voltar, pressionando forte os calcanhares no piso, sentindo a firmeza muscular da parte interna das pernas.

Nota: É importante que a dança seja estudada profundamente, pois sua técnica é muito sutil e deve ser observada por um bom professor, para não provocar defeitos no corpo e sim correções.

Ginástica/ **work out/ fitness**

- Aeróbica – trata-se de acelerar o pulso a um ponto máximo e mantê-lo nesse ponto por, no mínimo 12, minutos. Se não se ativar o pulso a um ponto máximo, como, por exemplo, nas caminhadas, serão necessários mais minutos de prática. Isso provoca várias horas de consumo de colesterol ruim no corpo. Nem todos estão habilitados, é importante perguntar ao médico se pode fazer essa atividade. Permaneça nessa corrida de 12 a 60 minutos, diariamente (aumente gradativamente), isso fará o oxigênio renovar todas as células do corpo físico.

Se morar na praia, corra até ela, nade, caminhe e se exercite!

Se morar no campo, corra até ele, respire, caminhe e pratique alguma atividade física!

Se morar na cidade grande e sem recursos naturais, ligue o som, siga seu ritmo e corra no ritmo da música.

Se o lugar onde estiver for bem pequeno, corra parado, sem sair do lugar.

- Agachamentos – ajudam a fortalecer os músculos da perna, evitam varizes e flacidez.

Abaixar e levantar com as pernas afastadas, procurando manter os calcanhares no piso, descer até onde puder e for confortável.

Sumô, mesmo procedimento que o exercício anterior, apenas virando os pés para fora.

Flexão do tronco à frente, trabalhando a parte posterior das pernas e eliminando as gorduras do abdômen. Esse exercício é bom para a flexibilidade.

Com os pés unidos, alongar a coluna erguendo os braços para o alto ao lado das orelhas inspirando e flexionar o tronco para frente, com os braços descendo pelos lados do corpo expirando e aproximando as mãos o mais perto do chão que for possível.

Com as pernas bem afastadas, expirando, levar a mão direita no pé esquerdo e inspirando subir. Repetir para o outro lado. Isso diminui os "pneuzinhos" da cintura, reduzindo medidas e trazendo mais saúde.

- Abdominais – melhoram o funcionamento orgânico, ativam o movimento peristáltico do aparelho digestivo, diminuem gorduras localizadas e melhoram a postura evitando dores lombares.

Deitar-se de costas, esticando os braços para trás e mantendo os joelhos dobrados e os pés perto dos quadris; soltando o ar, sentar-se. Repetir o movimento enquanto estiver confortável.

Repetir o exercício anterior, mantendo as pernas estendidas e quando sentar, expirar flexionando sobre as pernas.

- Retroflexões – fortalecimento da musculatura dorsal

Deitar-se em decúbito frontal, flexionando os joelhos, segurar os pés e erguer peito e joelhos do solo.

Ainda deitado em decúbito frontal, erguer pernas e braços e movimentá-los alternadamente para cima e para baixo, como nadando.

Com esses exercícios básicos e simples poderemos movimentar as grandes articulações do corpo, conservar a saúde e a beleza natural.

Cuidados naturais com a aparência

Massagem para deixar firmes os seios (receita do Dr. Woo de Brasília:

Sob uma boa ducha fria ou morninha, friccionar as mãos de baixo para cima, uma na outra, 30 vezes.

Deixar a água cair entre os seios.

Com as palmas das mãos sobre os mamilos, fazer movimentos ciurculares de dentro para fora e de fora para dentro. O número de vezes que se deverealizar o movimento para cada sentido deve ser igual ao número de anos de vida da mulher.

- Depilador de cera natural

  - □ Ingredientes

    - ◊ 2 colheres de mel

◊ 1 colher de suco de limão ou de vinagre

□ Modo de preparo

◊ Misturar os ingredientes e levá-los ao fogo.

◊ Ao obter o ponto de puxa-puxa, guardar num pote fechado.

◊ Observação: quanto mais aguado o mel, mais mole ficará a cera depilatória. O mel poderá até conter açúcar, mas, se tiver água, é necessário mais tempo para desidratar. Tente até alcançar o ponto correto.

Máscara facial natural simples

Todas as manhãs, passar a polpa ou a parte interna da casca de uma fruta no rosto e deixar por 30 minutos. Retirar com bastante água.

A aplicação deve ser feita de baixo para cima, fortalecendo o tônus dos músculos da face. Sob os olhos, aplique de fora para dentro. Sobre os olhos, passar de dentro para fora. Na testa, aplicar do meio para as extremidades em direção ao couro cabeludo.

Ao comer uma fruta pela manhã, ela também será será aproveitada para aplciar no rosto.

A mistura banana com aveia e mel é uma excelente máscara natural para o rosto.

Esoterismo

Estamos nesta fase transitória da Era de Peixes para a Era de Aquário, desenvolvendo o "bem falar". Na era passada, de Peixes, desenvolvemos os sentimentos, os quais agora já serão nosso cotidiano: "Amai teu próximo como a ti mesmo", ou seja: aquele que não se ama, não ama a ninguém. O chakra do sentimento que cria, transborda e mantém a criação e realização da ideia é o coração e, por essa razão, quando o Mestre

Jesus orava unia as mãos sobre ele. Essa posição das mãos é importante, porque no centro das palmas das mãos temos chakras secundários chamados de chakras curadores, que se fortalecem com a prática dos apelos em posturas corretas.

Nesta nova fase, oramos (apelamos) com as mãos unidas em frente à região do chakra laríngeo (no pescoço), incluindo a boca, como se fizéssemos as palavras passarem entre as mãos.

Essa explanação das posturas manuais visa a dar consciência a todos do porquê e da necessidade de sabermos aproveitar as energias corretamente. Por exemplo, numa igreja, é normal vermos os fiéis orando com os dedos cruzados, impedindo que pela extremidade deles flua a energia tão benéfica que ali está canalizada e que deveria ser reciclada.

Quanto às palavras, a importância delas está no fato de serem a concretização do pensamento. Tudo o que se fala concretiza-se. "Tudo o que se diz de outra pessoa, mesmo que seja por brincadeira, o que não chega a ser uma bênção, é, por isso mesmo, uma maldição".

Desenvolver o silêncio, mesmo que não seja necessário, treinar e tentar ficar em silêncio desenvolve o poder da consciência de todos os pensamentos e das palavras que se manifestam em seu ser e em seu mundo.

A importância dos apelos e mantras nesta Nova Era é vital para o equilíbrio e a transmutação das energias densas que pairam em nossa aura, na dos que nos cercam e em toda a atmosfera.

São necessárias frases positivas, afirmações puras, com palavras-chaves para o bem geral. É fundamental usar e abusar do BEM FALAR.

NOTA FINAL DA 6ª EDIÇÃO

Este foi o primeiro, quiçá Deus permita virem outros. Se o tempo previsto pelas profecias para os acontecimentos apocalípticos der chance, darei a todos os que gostaram e viram possibilidades de desenvolverem suas consciências com este trabalho inicial a continuação da estrada e a própria transformação da carne em luz!

Sigam sempre em frente, avancem os limites e, se este trabalho já for ultrapassado para você, passe-o para os menos esclarecidos, dando-lhes oportunidade de se transformarem em Cristos.

"Muitos serão chamados, mas poucos serão escolhidos!". O que importa é a não omissão de cada lampejo de Luz vindo da consciência.

Não há quem não queira a felicidade plena na vida, e a felicidade transcende a razão e muito longe está da emoção.

Quanto mais próximo do centro a busca, mais próximo de Deus estará. Quanto mais simples e natural o alimento, idem.

A alternativa dessa Nova Idade de Ouro na Terra é a comunidade agrícola. Quanto mais plantarem melhor. Quem tiver a graça de plantar sua própria horta, mesmo que pequena, que o faça. Colha e coma, sinta como a Mãe Terra já nos dá tudo pronto, não há o que transformar demais; os condimentos são a gratidão e as bênçãos dos anjos e devas – nada há de melhor!

Quanto aos que iniciam esta jornada ou pretendem fazê-lo, não percam mais tempo. Provem todas as receitas que ensinei, uma de cada vez. Depois, passem às receitas mais simples, os crus, seguindo para os frutos e jejuns. Esta é uma jornada maravilhosa que levará todos à realização crística aqui na Terra.

Queridos irmãos, sou grata pela vossa busca e por vossa realização! Vosso trabalho é louvado quando construtivo!

Que nossos pés sejam os Mensageiros do Bem para a Terra! Breve está o dia em que a Terra assumirá sua condição verdadeira de Estrela Sagrada e Livre!

Fé, Força e Paz Interior!

Eu Sou uma Ponte de Luz Vivente!

Margot Shalders

Fragmentos de Conhecimento

(1) "O germe astral deixado no corpo humano pelos cadáveres que ele ingere, é a causa do grande medo que ele tem. Esse medo será a morte de muitos nas intempéries apocalípticas."

(2) Os produtos químicos usados nos enlatados, além de cancerígenos, deixam resíduos que aderem às paredes dos tecidos orgânicos, sendo de difícil eliminação."

(3) "O DDT é tão mortífero para os bichinhos como o é para os humanos; só que nestes últimos ele atua mais lentamente."

(4) "Ao escolher os alimentos para comprar, é preciso, primeiramente, pensar em sua qualidade."

(5) "A quantidade pode matar a qualidade."

(6) "Quanto maiores os legumes, maior é a probabilidade de fertilizantes antinaturais levarem."

(7) "Leite de vaca é para bezerro."

(8) "O alimento cru conserva a qualidade da vida."

(9) "Todos os produtos de origem animal geram medo."

(10) "É melhor pensar de barriga vazia. Todos os grandes Mestres na Terra se iluminaram após um longo jejum".

(11) "Cuidado para não dilatar o estômago das crianças, enchendo-as de comida, quando não estão com vontade de comer."

(12) "As carnes embotam o cérebro."

(13) "As crianças nutridas pelo leite materno tendem a ter a ossatura mais estreita."

(14) "Frutas, legumes, verduras, cereais devem ser frescos; quando passados, em putrefação, são quase tão nocivos quanto as carnes."

(15) "As frituras são muito indigestas."

(16) "O sono também cura."

(17) "Os olhos do recém-nascido podem ser lavados com o leite materno."

(18) "A saliva é o melhor remédio para as espinhas, especialmente, quando em jejum. A saliva materna também serve para secar o umbigo do nenê."

(19) "O sal é indispensável na alimentação macrobiótica, porque os sais minerais da maioria dos legumes e vegetais são mortos no cozimento."

(20) "O sal impede a telepatia."

(21) "Cinco minutos diários no mínimo para pranayamas podem ampliar a consciência global do ser."

(22) "O excesso de yanguização enrijece o ser e o deixa rígido consigo mesmo e com os outros."

(23) "O alimento cru traz felicidade, leveza, maior capacidade cerebral e maior ligação cósmica. As frutas são chamadas de Manjares de Deus!"

(24) "O hexaclorofeno é cancerígeno – deve-se usar pastas dentais que não o contenham, de produtos naturais, como dentil ou sal grosso marinho."

(25) "Para tirarmos os ovos de uma receita devemos usar maior quantidade de leite de soja ou de vaca ou trocamos cada ovo por 1/3 de xícara de queijo de soja."